LK 6034
A

NOUVELLE
DESCRIPTION
DES
CURIOSITÉS DE PARIS.

Le même Libraire fait des abonnemens pour la lecture de toutes sortes de Livres anciens & nouveaux, le prix est de 24 liv. pour un an, 15 liv. pour six mois, & 3 liv. par mois ; outre le Prix de ces abonnemens qui se payent d'avance, on laisse toujours 12 liv. de nantissement. Il vend aussi toutes les Nouveautés, au même prix qu'elles sont annoncées dans les Journaux & Catalogues.

NOUVELLE DESCRIPTION DES CURIOSITÉS DE PARIS:

CONTENANT l'Hiſtoire & la Deſcription de tous les Etabliſſemens, Monumens, Edifices anciens & nouveaux, les Anecdotes auxquelles ils ont donné lieu, enfin les détails de tous les objets d'utilité & d'agrémens qui peuvent, intéreſſer les Etrangers & les Habitans de cette Ville.

SECONDE ÉDITION,

Corrigée & augmentée;

DÉDIÉE AU ROI DE SUEDE,

Par J. A. DULAURE.

PREMIERE PARTIE.

Prix 3 liv. br., 3 l. 12 ſ. relié en 4 liv. 4 ſ. en deux.

A PARIS,

Chez LEJAY, Libraire, rue N Petits-Champs, près celle de Rich

---

M. DCC. LXXXVII.

AVEC APPROBATION ET PRIVILEGE DU ROI.

A
SA MAJESTÉ
LE
ROI DE SUEDE.

SIRE,

Quel moment plus heureux pour vous offrir la Description historique de cette Capitale, que celui où Votre Majesté vient elle-même observer, dans les

a

principales villes de l'Europe; ce qui fait la grandeur des Rois & le bonheur des Peuples! Cette affabilité si touchante qui vous donne des sujets dans tous les Etats, cette sagesse si éclairée qui vous fait descendre du Trône, & cacher l'éclat de la Majesté sous celui du grand Homme, ajoutent un nouveau prix à la faveur insigne dont vous daignez honorer mon Ouvrage.

Je suis, avec le plus profond respect,

SIRE,

DE VOTRE MAJESTÉ,

Le très-humble & très-obéissant serviteur,
DULAURE,
Ingénieur-Géographe.

INTRODUCTION.

On a tant écrit sur Paris, on a tant copié, recopié & présenté sous diverses enveloppes les anciennes histoires de cette Capitale, que je craindrois le reproche d'inutilité, si, dans une ville où tout change & se renouvelle, il ne s'offroit pas continuellement de nouveaux objets à décrire, & si je n'avois pas adopté une méthode toute différente de celle des Auteurs qui ont traité la même matiere.

J'ai vu sans prévention, & décrit sans partialité, tous les Monumens que renferme la Capitale. Négligeant tout ce qui constitue la médiocrité, rejettant comme très-fastidieuses & peu instructives ces descriptions où l'Auteur, dans les détails d'un Edifice, ne fait pas grace à son Lecteur d'une seule moulure, j'ai voulu tout de suite fixer les regards des curieux sur le point qui mérite leur admiration.

A la vue des tombeaux des grands hommes, des chef-d'œuvres des Arts, je me suis pénétré de cet enthousiasme qu'excitent les grandes choses, & que j'ai tâché de communiquer à mes Lecteurs.

Pour fixer leur admiration sur les hommes illustres dont les restes sont déposés dans nos Eglises, j'ai cru qu'il étoit important de peindre par quelques traits, leur vertu, leurs vices, ou leur génie.

Parmi les Epitaphes que j'ai rapportées, quelques-unes intéressent par leur singularité, quelques autres par les grands Hommes dont elles conservent la mémoire, & la plupart n'avoient pas encore été publiées, & méritoient de l'être.

J'ai eu la hardieſſe de ne pas tout admirer, & en cela, je me ſuis écarté de la marche ordinaire des faiſeurs de Deſcriptions de cette Capitale, dont les opinions ſont tellement unanimes, qu'on croiroit qu'ils ſe ſont copiés ſucceſſivement; mais ſi je me ſuis permis quelques obſervations, je les ai faites ſans amertume; quelques critiques, je les ai motivées. C'eſt ainſi qu'en rendant hommage au bon goût, à la vérité, j'ai tâché de faire diſparoître l'aridité d'une nomenclature, indiſpenſable dans une deſcription auſſi concis.

Un point non moins eſſentiel, peut-être plus intéreſſant pour la plupart de mes Lecteurs, ce ſont les traits piquans, les anecdotes curieuſes & ſouvent plaiſantes qu'offre l'hiſtoire des différens Monumens & des Institutions de la Capitale. C'est sur-tout par ces traits qui peignent la Nation, que je crois mériter le suffrage des Etrangers, & distinguer mon Ouvrage de ceux écrits sur la même matiere.

J'ai fait précéder cette Description d'un Agenda *Hebdomadaire*, que j'avois autrefois composé pour mon usage, & qui m'a toujours paru très-commode aux Amateurs des Bibliotheques & Cabinets publics.

J'ai conservé l'ordre alphabétique & le format portatif, afin que les curieux puissent, dans le cours de leurs observations, plus commodément consulter cet Ouvrage.

AVERTISSEMENT

SUR CETTE SECONDE ÉDITION.

LE Public a fait à ma premiere Edition un accueil que j'ai voulu mieux mériter dans cette seconde; ainsi pendant deux années, j'ai continuellement fait des corrections nécessaires, & des additions intéressantes; de sorte qu'il n'est presque point d'articles qui n'aient éprouvé quelques changemens avantageux, tant pour le fond que pour le style. Presque tous les morceaux importans ont été refondus, ou entiérement refaits, & tous les nouveaux établissemens exécutés ou projettés y sont exactement décrits. Afin que mon Ouvrage, sans devenir trop volumineux, pût contenir les additions curieuses que j'y ai faites, il m'a fallu retrancher quelques détails qui faisoient longueur, ou qui étoient indifférens au Public; mais je n'ai rien ôté d'utile, & j'ai beaucoup augmenté ce que j'ai cru pouvoir plaire ou intéresser.

J'ai profité des critiques justes, & j'ai repoussé vigoureusement celles que l'esprit de parti avoient dictées. Autant on aime à se rendre (1).

―――――――――――

(1) Je veux parler des Auteurs de l'Année Littéraire, qui accueillirent dans leur Journal une Lettre Monacale contre ma Description de Paris. L'Auteur de cette Lettre, pour avoir occasion de faire plus à son aise un petit Sermon anti-philosophique, avoit, en me citant, adroitement retranché un mot qui changeoit tout le sens de ma phrase. Ce changement donnoit beau jeu à ses déclamations. Mais j'ai mis au grand jour la petite ruse de cet agresseur. Ne sachant alors qu'opposer à l'évidence

aux conseils de la raison, autant l'on dédaigne ceux de l'injustice.

Ce n'est pas seulement aux traits

---

de mes démonstrations, il a répondu enfin, & cette réponse contenoit sa rétraction, & l'aveu de son péché, que je lui pardonne de bon cœur. Mais ce qu'il y a de remarquable en cette affaire, c'est l'impartialité des Auteurs de l'Année Littéraire: le croiroit-on! après avoir reçu dans leur Journal la Lettre de mon agresseur; ils ont poussé l'équité jusqu'à y insérer ma réponse. Ces Auteurs même n'ont pu se défendre d'un petit mouvement d'orgueil, en se prévalant de ce rare désintéressement: *la place, disent-ils, que nous avons donnée dans ce Journal à cet Auteur doit être à ses yeux, & à ceux du Public,* UNE PREUVE ASSEZ ÉCLATANTE DE NOTRE IMPARTIALITÉ. En effet, accorder à celui qui est attaqué la même faculté qu'à l'agresseur, & s'en glorifier ensuite, c'est *une preuve assez éclatante de l'impartialité de l'Année Littéraire.*

traits littéraires qu'il m'a fallu résister; l'envie & l'intérêt ont suscité contre mon Ouvrage, une cabale d'hommes, qui sous l'extérieur d'une profession honnête, trahissent la foi publique, en remplissant en secret un état, dont le nom seul est une injure. Mais un Magistrat aussi sage qu'éclairé, a reconnu la bassesse & l'injustice de mes délateurs, & a détourné le coup dont j'étois menacé.

TABLE

Des articles contenus dans cet Ouvrage.

PREMIERE PARTIE.

A.

Abbayes Royale de Sainte-Genevieve, Page 8
—de Saint-Germain-des-Prés, ... 15
—de Saint-Victor. 20
—de Port-Royal. 22
—de Panthemon. 23
—du Val-de-Grace. .... ibid.
—Aux Bois. 26
—des Cordelieres. .... ibid.
—de Montmartre. 27
—De Saint-Antoine-des-Champs, ... 44
Académie Françoise. 27
—des Sciences. 29
—des Inscriptions & Belles-Lettres, ... 31
—de Peinture & Sculpture. 33
—d'Architecture. 34

(*xvj*)

Académie de Chirurgie. (Voyez Ecole de Chirurgie).
—de Musique. (Voyez Opéra).
—de Danse. Page 36
—d'Armes. *ibid.*
—d'Équitation. 37
Académique d'Ecriture (Bureau). *ibid.*
André-des-Arcs, (Saint). 38
Annonciades célestes. 44
Antoine-des-Champs, (Abbaye de Saint). *ibid.*
Antoine, (Petit Saint). 46
Arsenal. *ibid.*
Asyle. 49
Augustins, (Grands). 50
Augustins, (Petits). 54
Augustins Réformés *ou* Petits-Peres. 56

B.

Bains. 60
Bains chauds. 61
Bains Chinois. *ibid.*
Bains de Vapeur. 62
Bal de l'Opéra. 63
Barnabites. 64
Barrieres devant les Hôtels. 65

Barrieres nouvelles. (Voyez Enceintes)
Barthelemy, (Saint). Page 66
Basoche. 68
Bastille. (Château de la) 69
Bénédictines de l'Adoration Perpétuelle du Saint-Sacrement, rue Cassette. 70
Bénédictines de l'Adoration Perpétuelle du Saint-Sacrement au Marais. 71
Bénédictines de la Ville-l'Evêque. *ibid.*
—de Notre-Dame de Consolation. 72
—de Notre-Dame de bon Secours. *ibid.*
Bénédictines réformées de la Madeleine de Trainel. *ibid.*
Bénédictins Anglois. *ibid.*
Bénédictins de Saint-Germain-des-Prés. (Voyez Abbaye de). 15
Bénédictins du Collége de Cluny. (Voyez Collége de Cluny). 190
Bénédictins de Saint-Martin-des-Champs. (Voyez Saint-Martin).
Benoît, (Saint). 73
Bernardines, rue de Vaugirard. 76
Bernardines. (Voyez Filles)
Bernardins. (Voyez Collége des Bernardins). 188

(xviij)

Bibliotheque du Roi.	Page 76
—de Saint-Victor.	79
—Mazarine.	ibid.
—des Avocats.	80
—de la Doctrine Chrétienne.	ibid.
—de la Ville.	ibid.
—de l'Université.	ibid.
Bibliotheques particulieres.	ibid.
Bibliotheque de Saint-Germain.	ibid.
—de Sainte-Genevieve.	82
Blancs-Manteaux.	ibid.
Bois à brûler.	84
Bon Pasteur. (Voyez Communauté du Bon Pasteur).	
Bon Secours. (Voyez Bénédictines de Notre-Dame de Bon Secours).	72
Bonne-Nouvelle. (N. D. de).	84
Boulevards.	ibid.
Bourse. (la)	87
Bureaux.	ibid.
Bureau Académique d'Ecriture.	37
Bureau Royal de Correspondance Nationale & étrangere.	ibid.
—des Assurances.	88
Bureaux des Carrosses de Places, & Voitures

des Environs de Paris. Pages 88, 89
—des Coches d'Eau. *ibid.*
—des Coches *ou* Galiotes de Saint-Cloud. 90
—des Diligences fur l'Oife, l'Aifne, & fur la Seine, depuis Paris jufqu'à Rouen. *ibid.*
—des Diligences & Meffageries Royales, partout le Royaume. 90, 91
—Du Roulage de France. *ibid.*
—de la Douane. *ibid.*
—des Voitures de la Cour de Saint-Germain-en-Laye. *ibid.*
—Du Transport des Ballots, paquets, meubles, &c. pour l'intérieur de Paris. 91, 92.
—des Fiacres. *ibid.*
—des Brouettes. *ibid.*
—de la Pofte aux Chevaux. *ibid.*
—de la Pofte aux Lettres. *ibid.*
—général de la Régie de la Petite Pofte. *ibid.*
—de la Direction des Nourrices. *ibid.*
—du Département des Mines. *ibid.*
—des Domaines du Roi. *ibid.*
—Pour les Domeftiques. *ibid.*
—des Falots. 93

Bureau du Contrôle général. Page 93
—des Décimes, &c. *ibid.*
—des Fermes Générales. *ibid.*
—de M. Gojard. *ibid.*
—des Receveurs des Impositions du Royaume.
ibid.
Bureau d'Insinuation. *ibid.*
—des Invalides de la Marine. *ibid.*
—des Papiers & parchemins timbrés. *ibid.*
Bureau des Parties Casuelles. *ibid.*
Le grand Bureau des Pauvres. 94
Bureau de la Police. *ibid.*
Bureau des Pompes pour les Incendies. *ibid.*
Bureau de M. le Prévôt des Marchands.
ibid.
Bureau des Privilégiés. *ibid.*
Bureau des Rentes du Domaine de la Ville.
95.
Bureau des Rentes de la Ville. *ibid.*
Bureau des Rentes sur le Clergé. *ibid.*
Bureau des Rentes sur les Etats de Bretagne.
ibid.
Bureau des Rentes sur les Etats de Bourgogne. *ibid.*
Bureau des Rentes sur les Etats du Languedoc

doc. Pages 95.
Bureau des Rentes sur la Compagnie des Indes. 96
Bureau pour le recouvrement des Pensions Militaires, &c. *ibid.*
Bureau de la Régie générale des Aides. *ibid.*
Bureau de la Régie des Etapes & Convois. *ibid.*
Bureau de la Régie des Poudres. *ibid.*
Bureau des Receveurs des Consignations. *ib.*
Bureau de sûreté. *ibid.*
Bureau du Tabac. 97
Bureau des Tonneaux pour l'eau de la Seine clarifiée. *ibid.*
Bureau des Trésoriers généraux de la Marine. *ibid.*
Bureaux des Trésoriers généraux des Guerres. *ibid.*
Bureau du Trésor Royal. *ibid.*
Bureau des vivres de la Marine *ibid.*
Bureau des vivres de Flandres & d'Allemagne. *ibid.*
Bureau général du Ventillateur. *ibid.*
Bureaux des Gazettes & Journaux, *ibid.* 98
Bureau de Musique. *ibid.* 99.

b

C.

Cabinets d'Antiques & Médailles.	P. 99, 100
Cabinets de Tableaux.	ibid.
Cabinets d'Estampes.	101
Cabinet de Marine.	102
Cabinets d'Histoire Naturelle.	ibid.
Cabinet de l'Ecole Royale des Mines.	103
Cabinets d'Anatomie.	104
Cabinets Littéraires.	ibid.
Idem.	105
Cafés.	ibid.
Caisse d'Escompte.	107
Calvaire. (le Couvent du)	108
Calvaire. (les Dames du)	109
Capucines.	110
Capucins.	114
Capucins de Saint-Honoré.	115
Capucins de la Chaussée d'Antin.	119
Capucins du Marais.	121
Carmelites de la rue Saint-Jacques.	ibid.
Carmelites de la rue Chapon.	127
Carmelites de la rue de Grenelle.	ibid.
Carmes de la Place Maubert.	128
Carmes de la rue des Billettes.	134

Carmes Déchauffés.	Pages 137
Carroffes.	140
Cartes à jouer.	141
Caſernes.	143
Céleſtins.	144
Cenſeurs Royaux.	159
Chaire d'Hydrodinamique.	160
Chaiſes à Porteur.	ibid.
Chambre Syndicale.	161
Chancelier de France.	ibid.
Change. (Agens de)	162
Chanoineſſes de Belle-Chaſſe.	163
Chanoineſſes Régulieres.	ibid.
Chanoineſſes de Saint-Auguſtin.	164
Chapelle. (Sainte), ibid. (v. Supplément).	
—de Saint-Eloi.	169
—des Enfans Rouges.	170
—de Sainte-Marie Egyptienne.	ibid.
Chapelle de Saint-Nicolas du Roule.	171
Charnier des Innocens. (Voyez ci-après les Saints-Innocens).	134
Chartreux	172
Château d'Eau.	177
Châtelet, grand & petit	ibid. 178
Idem.	179

Cimetiere des Innocens. (Voyez ci-après les
    Saints-Innocens).   134
Coches d'Eau, (Voyez Bureau des Coches).
              Pages 88, 89, &c.
Clubs, (Voyez ci-après Sociétés).
Colléges.   180
—d'Harcourt.   *ibid.*
—du Cardinal-le-Moine.   *ibid.*
—de Navarre.   181
—de Montaigu.   182
—Duplessis-Sorbonne;   *ibid.*
—de Lizieux.   *ibid.*
—de la Marche.   183
—des Grassins.   *ibid.*
—de Mazarin, *ou des quatre Nations*. 183
—de Louis-le-Grand.   187
—des Bernardins.   188
—de Clugny.   190
Collége Royal de France;   *ibid.*
Côme. (Saint)   194
Comédie Françoise.   196
Comédie Italienne.   199
Commissaires de Police.   203
Communauté de l'Enfant-Jésus.   204

Communauté des Filles Angloises. P. 204
—de Sainte-Anne. 205
—des Filles de Sainte-Agnes, ibid.
—de Sainte-Aure. ibid.
—du Bon Pasteur. ibid.
—de Laon. 206
—des Filles Ouvrieres. ibid.
Concert Spirituel. ibid.
Conciergerie. (Voyez ci-après Prisons).
Consuls. (les) 208
Cordelieres.(V. Abbaye des Cordelieres). 26
Cordeliers. 209
Cordonnier. (Voyez ci-après Freres Cordonniers).
Corps-de-Garde. 220
Correspondance-générale & gratuite, &c. (Voyez *Sallon de la Correspondance*).
Cour du Commerce. 221
—du Dragon. ibid.
—des Miracles. ibid.
Cours, *ou* Promenades. 222
Cours publics, *ou* Leçons. ibid.
Cours gratuit de Minéralogie ibid.
Cours de Minéralogie, au Collége Royal.

	Pages
Cours gratuit d'Architecture.	ibid.
Cours gratuit d'Anatomie.	ibid.
Croix de la Bretonnerie.	ibid.
Croix de la Cité. (Sainte)	225
Curés.	ibid.

D.

Denis de la Chartre. (Saint)	226
Denis-du-Pas. (Saint)	227
Dépôt Militaire des Gardes-Françoises,	ibid.
Dépôt de Cryſtaux.	228
—des Cartes, & Journaux de la Marine.	ibid.
—des Archives de la Chancellerie.	ibid.
—du Miniſtre ayant le département de Paris.	ibid.
—de la Guerre.	ibid.
—des titres, pieces & cartes de la Marine.	ibid.
—des anciennes minutes du Conſeil des Finances.	ibid.
—de la Maiſon du Roi.	229
—des Lettres-Patentes Edits, &c.	ibid.
—de Légiſlation.	ibid.

—des Chartres & autres Monumens Historiques. Pages 116
—des anciennes Minutes du Conseil-d'Etat Privé du Roi. ibid.
—de la Filature des Pauvres de Paris. ibid.
Deuils. ibid.
Diligences. (Voyez Messageries, Coches & Carrosses, &c. Voyez Bureau des Diligences. 88, 89, 90, &c.)
Doctrine Chrétienne. 231
Douane. 232
Drapiers. (Bureau des Marchands). ibid.

E.

Eau clarifiée. ibid.
Eau épurée. 233
Eau de la Seine. ibid.
Eaux de Paris, par le moyen de la Machine à feu. ibid.
Échevins. 235
Écoles de Médecine. 236
École de Chirurgie. 238
École Royale des Mines. 242
École de Droit. ibid.
École gratuite de Dessin. 243

(xxvij)

Ecoles Nationales.	Pages 244.
Ecoles de Charité.	245
Ecole Royale Vétérinaire.	ibid.
Ecole Royale Militaire.	ibid.
Ecole ou Institution en faveur des pauvres Enfans Orphelins Militaires.	246
Ecoles de Natation.	ibid.
École Royale de Chant, de Déclamation, de Danse, &c.	247
Ecole de Filature des Enfans aveugles.	248
Ecole de Boulangerie.	ibid.
Ecuries de Monsieur.	ibid.
Ecuries de Monseigneur Comte d'Artois.	249
Ecuries de Monseigneur le Duc d'Orléans.	ibid.
Egouts de Paris.	ibid.
Elisabeth. (Dames de Sainte)	ibid.
Enceintes de Paris.	250
Espion de Police.	254
Etienne-des-Grecs. (Saint)	255
Etienne-du-Mont. (Saint)	256
Eudistes.	264
Eustache. (Saint)	265
Exécuteur de la Haute-Justice.	272

(xxix)

Experts-Jurés des Bâtimens.   Pages 273
Experts-Jurés des Ecrivains.   *ibid.*

F.

Fabriques Royale de la Soie vraie galettte
    de la France.   *ibid.*
Fabrique d'Etoffes impénétrables à l'humi-
    dité,   *ibid.*
Fabrique Royale de Crayons de différentes
    couleurs.   274
Fabrique de Crayons & d'Encres coloriés.
    274
Facultés.   *ibid.*
Falots.   275
Feuillans.   *ibid.*
Feuillans des Anges Gardiens.   282
Feuillantines.   283
Fiacres. (Voyez Bureau des Fiacres)   92
Filles de l'Assomption, rue Saint-Honoré.
    ibid.
Filles de la Conception, rue Saint-Honoré.
    ibid.
Filles de l'Immaculée Conception rue du
    Bacq.   285
Filles de la Congrégation de N. D.   286

Filles de la Croix. Pages 287
Filles de l'Instruction Chrétienne. ibid.
Filles de la Madeleine. (Voyez ci-après *Madelonettes*).
Filles de la Petite Union Chrétienne. 288
Filles de Saint-Chaumont. ibid.
Filles de la Providence. ibid.
Filles de la Providence, rue de l'Arbalêtre. 289
Filles de N. D. de Miséricorde. ibid.
Filles Bleues. (Voyez Annonciades Célestes). 4*
Filles de l'Ave-Maria. 290
Filles de Sainte-Elisabeth. (Voyez Elisabeth). 249
Filles de Saint-Thomas d'Aquin. 294
Filles de Sainte-Marthe. 295
Filles-Dieu. ibid.
Filles Pénitentes & Volontaires. 297
Filles Pénitentes de Sainte-Valere. 298
Filles Pénitentes de Saint-Magloire. ibid.
Filles publiques. 301
Foires. 304
Foire Saint-Germain. 305
Foire Saint-Laurent. ibid.
Foire des Jambons. 306

Foire du Temple.	Pages 307
Foire Saint-Clair.	ibid.
Fontaines.	ibid.
Fontaine de Biragues.	308
Fontaine des Innocens.	ibid.
Fontaine de la rue de Grenelle.	309
Fontaine de la Samaritaine.	ibid.
Fontaine des Audriettes.	310
Fontaine à la pointe Saint-Eustache.	ibid.

SECONDE PARTIE.

Francs-Maçons.	Pages 1
Freres des Ecoles Chrétiennes.	2
Freres Tailleurs.	3
Freres Cordonniers.	ibid.

G.

Gallilée. (haut & puissant Empire de)	ibid.
Garde-Meuble.	4
Germain-l'Auxerrois. (Saint)	8
Germain-le-Vieux. (Saint)	18
Gervais. (Saint)	19
Gobelins.	21
Grand Prieuré de France.	26
Guet de Paris.	ibid.

b vj

Guinguettes.	Pages 28

H.

Halles.	ibid. 29
Halle à la Marée.	30
—au Poisson.	ibid.
—aux Draps & aux Toiles.	ibid.
—au Vin.	31
—aux Cuirs.	ibid.
—au Poisson d'eau douce.	ibid.
Halle au Bled & à la Farine.	ibid.
—aux Veaux.	34
Hilaire. (Saint)	ibid.
Honoré. (Saint)	35
Hôpitaux de Paris.	36
Hôtel-Dieu.	ibid.
Hôpital-Général, dit la Salpêtriere.	41
Hôpital de Bicêtre, (Voyez Bicêtre, au Volume des Environs de Paris)	
Hôpital des Incurables.	43
Hôpital des Petites-Maisons.	44
Hôpital de Santé, ou de Sainte-Anne.	45
Hôpital de Saint-Louis.	ibid.
Hôpital du Saint-Nom-de-Jésus.	46
Hospice de la Paroisse Saint-Meri.	ibid.

(xxxij)

Hospice de la Paroisse Saint-André-des-Arcs.
                                       Pages 46
Hospice de Saint-Jacques-du-haut-pas.   47
Hospice Médico-Electrique.   ibid.
Hôpital de la Charité des Hommes.   48
Hôpital des Convalescens de la Charité. 50
Hôpital des Quinze-Vingts.   ibid.
Hôpital de Saint-Gervais.   51
Hospice, *ou* Maison Royale de Santé.   52
Hôpital Militaire des Gardes-Françoises.
                                        ibid.
Hospice de Saint-Sulpice.   53
Hôpitaux destinés aux Femmes & aux Filles.
                                        ibid.
Hospitalieres de la Miséricorde.   ibid.
Hospitalieres de Saint-Thomas.   54
Hospitalieres, près les Minimes.   ibid.
Hospitalieres de la Roquette.   55
Hôpital, *ou* Hospice de huit Femmes veuves.
                                        ibid.
Hôpitaux pour les Garçons seulement.   56
—la Pitié.   ibid.
—Enfans Rouges.   ibid.
—Maison des Orphelins.   ibid.

Hôpitaux pour les Filles seulement. P. 57
Hôpital de N. D. de la Miséricorde. ibid.
Les Orphelines de l'Enfant Jésus. 58
Hôpital de Sainte-Catherine. ibid.
Hôpitaux pour les Enfans des deux Sexes. 59
Hôpital des Enfans-Trouvés du Fauxbourg
 Saint-Antoine. ibid.
Hôpital des Enfans-Trouvés, vis-à-vis
 l'Hôtel-Dieu. 60
Hôpital du Saint-Esprit. 63
Hôpital de la Trinité. 64
Hospice de M. de Beaujeon. 65
Hôpital des Teigneux. ibid.
Hôtels. ibid.
Hôtel-Dieu. (Voyez Hôpital) 36
Hôtel de la Monnoie. 65, &c.
Hôtel-de-Ville. 68
Hôtel Royal de l'Arquebuse. 72
Hôtel d'Antin. 73
— d'Aumont. 74
— d'Auvergne. ibid.
— de Beauvais. ibid.
— de Beauvillier. 75
— de Biron. ibid.

—de Bouillon. ibid.
—de Bretonvillier. ibid.
—de Broglie. 76
—de Bullion. ibid.
—de Madame de Brunol. 77
—de Carnavalet. ibid.
—de Chatillon. ibid.
—de la Compagnie des Indes. ibid.
—du Contrôle-Général. 78
—de Clugny. ibid.
—des Fermes-Générales. 79
—de Hollande. 80
—de Laval. ibid.
—de Lambert. ibid.
—de Longueville. 81
—de Luynes. ibid.
—de Luxembourg. ibid.
—de Monteſſon. ibid.
—de Monteſquiou. 82
—de Monaco. ibid.
—Mazarin. ibid.
—de Mazarin. ibid.
—de Matignon. ibid.
—de Meſme. ibid.
—de Montmorenci. 83
—de Montholon. ibid.

—de Noailles. Pages 83
—de Nivernois. 84
—d'Ormesson. ibid.
—d'Orsay. ibid.
—de Praslin. ibid.
—de Rochechouart. ibid.
—de la Rochefoucault. 85
—de S. A. S. Mademoiselle de Condé. ibid.
—de Savoisi. ibid.
—de Soubise. 86
—de Tellusson. 88
—de Toulouse. ibid.
—d'Usez. 89
—de Valentinois. ibid.
Hipolyte. (Saint) 91

J.

Jacobins. 92
Jacobins de la rue Saint-Jacques. 93
Jacobins de la rue Saint-Dominique. 100
Jacobins de la rue Saint-Honoré. 102
Jacques de la Boucherie. (Saint) 105
Jacques de l'Hôpital. (Saint) 111
Jacques-du-haut-Pas. (Saint) 112
Jacques & Saint-Philippe. (Saint) 113
Jardins publics. 114

Jardin des Tuilleries.	Pages 114
Jardin du Luxembourg.	118
Jardin du Roi.	119
Jardin du Palais Royal, 121 (*V. Supplém.*)	
Jardin de l'Arſenal.	126
Jardin de Soubiſe.	ibid.
Jardin du Temple.	ibid.
Jardin des Apothicaires.	ibid.
Jardin des Chevaliers de l'Arc.	127
Jean-de-Latran. (Saint)	ibid.
Jean en Greve. (Saint)	129
Joſeph. (Saint)	132
Joſſe. (Saint)	ibid.
Julien-des-Méneſtriers. (Saint)	133
Julien-le-Pauvre. (Saint)	134

I.

Imprimerie Royale.	ibid.
Innocens. (Egliſe des Saints)	ibid.
Inſtitution de l'Oratoire.	143
Inſtitution des Sourds & Muets.	ibid.
Inſtitution des Enfans aveugles nés.	144
Invalides. (Hôtel Royal des)	145
Iſle-Saint-Louis.	152
Iſle Louvier.	153
Iſle des Cignes.	ibid.

Contraste insuffisant

NF Z 43-120-14

(xxxviij)

Isle du Palais, ou de la Cité.   Pages 153

L.

Landit. (le)	ibid.
Landry. (Saint)	155
Laurent. (Saint)	156
Lazare. (Saint)	157
Leu & Saint-Gilles. (Saint)	159
Loteries.	161
Louis-du-Louvre. (Saint)	ibid.
Louis-en-l'Isle. (Saint)	163
Louis. (Saint) rue Saint-Antoine.	164
Louvre. (le)	168
Luxembourg. (le)	177
Lycée (le)	180

M.

Madeleine de la Cité. (Sainte)	181
Madeleine de la Ville-l'Évêque. (Sainte)	182
Madelonettes.	ibid.
Magloire. (V. Filles Pénitentes de Saint-Magloire, I. Partie, page 298, Séminaire Saint-Magloire, II. Partie, page 336)	
Magnétisme.	184

Maison Philantropique. (Voyez Société, II. *Partie*). Pages 342
Manufacture Royale des Gobelins, (Voyez Gobelins, II. *Partie*). 25
Manufactures de, &c. 186, 187
Marcel. (Saint) *ibid.*
Marchés aux Chevaux. 188
Marchés, &c. 189, 190
Maréchaux de France. (Tribunal des) 191
Marguerite. (Sainte) *ibid.*
Marine. (Sainte) 192
Martin. (Saint) *ibid.*
Martin-des-Champs. (Saint) *ibid.*
Mathurines. 195
Mathurins. *ibid.*
Médard. (Saint) 199
Médecine. (Voyez Ecole de Médecine, page 236 de la I. *Partie*, & Société Royale de Médecine, II. *Partie*. 342
Merci. (Religieux de la Merci) 201
Merri *ou* Médéric. (Saint) 202
Michel. (Filles de Saint) 205
Minimes. *ibid.*
Miramionnes. 210
Monasteres. 211

Monnoie. (la) Voyez Hôtel de la Monnoie, II. *Partie*.   Pages 65, 66
Monnoie des Médailles.   212
Mont-de-Piété.   *ibid.*
Montmartre. (Voyez le Volume des Environs).
Montre des Huissiers. (Cérémonie de la) Voyez Procession.   305
Musée de Paris.   212
Musée des Demoiselles.   215

N.

Nazareth. (les Pères de)   *ibid.*
Nicolas-des-Champs. (Saint)   216
Nicolas du Chardonnet. (Saint)   218
Notre-Dame. (Eglise Cathédrale de)   212
Nouveaux Convertis.   233
Nouvelles Catholiques.   *ibid.*

O.

Observatoire Royal.   *ibid.*
Opéra.   235
Opportune (Sainte)   238
Oratoire, rue Saint-Honoré.   239
Oratoire (Institution de l') Voyez Institution de l'Oratoire, II. *Partie*.   143

P.

Palais Bourbon.	Pages 243
Palais Royal.	249
Palais du Luxembourg (Voyez Luxembourg II. *Partie*).	177
Palais du Louvre. (Voyez Louvre, II. *P.*),	168
Palais des Tuilleries.	255
Palais de Justice en la Cité.	257, &c.
Palais des Thermes. (Voyez *Thermes*).	
Panthéon.	265
Parlement. (V. Palais de Justice.)	257, &c.
Paul. (Saint)	267
Pavillon de la Chartreuse	270
Pélagie. (Sainte)	*ibid.*
Picpus.	271
Pierre-aux-Bœufs. (Saint)	272
Pierre-des-Arcis. (Saint)	*ibid.*
Pilliers des Halles.	273
Pilori.	*ibid.*
Places publiques.	*ibid.*
Place Baudoyer.	*ibid.*
Place Dauphine.	274
Place devant les Barnabites.	*ibid.*
Place de Greve.	275

Place de Cambrai.	Pages 276
Place du Carousel.	ibid.
Place Gatine.	ibid.
Place de l'Estrapade.	ibid.
Place Maubert. (Voyez Marchés, page 188 & suivantes de la II. *Partie*).	
Place du Puits d'Amour. (Voyez rues de la petite & grande Truanderie, II. *Partie*.	328
Places décorées de Statues.	277
Place d'Henri IV.	ibid.
Place Royale.	278
Place des Victoires.	279
Place de Louis-le-Grand, ou de Vendôme,	282
Place de Louis XV.	ibid. &c.
Police de Paris.	286
Pompes pour les incendies.	287
Pompe à feu. (Voyez Eaux de Paris, par le moyen de la Pompe à feu, I. *Partie*, page 233 & suivantes.	
Pont-au-Change.	288
Pont-au-Double.	289
Pont-Saint-Charles.	ibid.
Pont de Grammont.	290

Pont Marie.	Pages 290
Pont Neuf.	ibid.
Pont Notre-Dame.	291
Petit Pont.	292
Pont Rouge.	293
Pont Royal	ibid.
Pont Saint-Michel.	294
Pont de Louis XVI.	ibid.
Ponts & Chaussées.	295
Ports.	296
Portes.	ibid.
Porte Saint-Bernard.	ibid.
Porte Saint-Denis.	297
Porte Saint-Martin.	298
Portes nouvelles, ou barrieres pour la perception des droits d'entrées. (Voyez Enceintes, I. *Partie*.	250
Postes aux Chevaux.	299
Postes aux Lettres.	ibid.
Poste (petite) de Paris.	ibid.
Prémontrés. (Collége des)	ibid.
Prémontrés réformés.	300
Présentation (Religieuses de la)	ibid.
Prisons.	301
Prisons de l'Hôtel de la Force.	ibid.

—de la Conciergerie. Pages 301
—du Grand Châtelet. 303
—de l'Abbaye. *ibid.*
—Pour les Filles débauchées. *ibid.*
—de la Tournelle. *ibid.*
—de Saint-Eloi. *ibid.*
—de l'Hôtel-de-Ville. *ibid.*
Prix de l'Université. 304
Processions du Recteur. *ibid.*
Procession *ou* cérémonie de la Montre des Huissiers. 305
Procession de la Réduction de Paris. *ibid.*
Procession de la Fête-Dieu. 307

Q.

Quais. 307
—de la Mégisserie, *ou* de la Ferraille. *ibid.*
—des Augustins, *ou* de la Vallée. *ibid.*
—de Gesvres. *ibid.*
—Pelletier. 308
Quais projettés. *ibid.*
—d'Orsal. *ibid.*
—Bignon. *ibid.*

R.

Rapée. (la) 308
Récollets.

Recollets.	Pages 308
Recollettes. (Voyez Filles de l'Immaculée-Conception, II. *Partie*).	285
Recteur.	310
Roch. (Saint)	311
Rues fameuses.	319
Rue Saint-André-des-Arcs. Voyez I. *Partie*.	43
Rue Saint-Antoine.	319
Rue de l'Arbre-sec.	*ibid.*
Rue de Bétizy.	*ibid.*
Rue du Petit-Bourbon.	320
Rue Brisemiche. Voyez II. *Partie*, la note.	205
Rue du Coq. Voyez II. *Partie*, la note	176
Rue Culture Sainte-Catherine.	321
Rue Dauphine.	*ibid.*
Rue Saint-Denis.	322
Rue de la Ferronnerie.	323
Rue de la Harpe.	324
Rue des Marmouzets.	325
Rue Quincampoix.	326
Rue du Roi de Sicile.	327
Rue Royale. Voyez Place de Louis XV. II. *Partie*.	285

Rue Tire-Boudin. Pages 327
Rues de la grande & petite Truanderie. 328
Rue Troussevache. 329

S.

Salle des Antiques. (Voyez Louvre, II. Partie). 174
Sallon des Arts. Voyez Sociétés, II. Partie. 346
Sallon de la Correspondance. 329
Sallon des Echecs. (Voyez Société du Sallon des Echecs, II. Partie). 345
Sallon du Louvre. 331
Salpétriere. (Voyez Hôpital de la Salpétriere, II. Partie). 41
Samaritaine. 332
Sauveur. (Saint) ibid.
Séminaires. 334
— des Bons Enfans. 335
— des Ecossois. ibid.
— des Clercs Irlandois. ibid.
— des Prêtres Irlandois. ibid.
— des Missions Etrangeres. ibid.
— du Saint-Esprit. ibid.
— de Laon. Voyez Communauté, I. Partie. 106

Séminaire de Saint-Louis. Pages 336
—de Saint-Magloire. *ibid.*
—de Saint-Marcel. *ibid.*
—de Saint-Nicolas-du-Chardonnet. *ibid.*
—de Saint-Sulpice. *ibid.*
—des Trente-Trois. *ibid.*
Sépulcre. (Eglise du Saint) 337.
Severin. (Saint) *ibid.*
Société Royale d'Agriculture. 341
Société Royale de Médecine. *ibid.*
Société, ou Maison Philantropique. 342
Société Olympique. 345
Société du Sallon des Echecs. *ibid.*
Société, ou Assemblée Militaire. 346
Société, dite le Club. *ibid.*
Société du Sallon sur le Boulevard. *ibid.*
Société, appellé Club, ou Sallon des Arts.
ibid.
Société, ou Club des Colons. 347.
Sœurs de la Charité. *ibid.*
Sorbonne. 348
Spectacles. 352
—des Grands Danseurs. 353
—de l'Ambigu Comique. *ibid.*
—des Variétés Amusantes. *ibid.*
—des Petits Comédiens de S. A. S. Mon-

(xlviij)
Seigneur le Comte de Beaujolois. Pages
354
—des Associés. 355
—de l'Amphitéâtre du sieur Astley. ibid.
—du Cabinet du sieur Curtius. 356
—des Ombres Chinoises. 357
—du Combat du Taureau. ibid.
Sulpice. (Saint) 357

T.

Temple. (le) 364
Théatins. 366
Théâtre François. 368
Théâtre Italien. 372
Théâtre de l'Opéra. (Voyez Opéra)
Théâtre des Boulevards. (Voyez Spectacles).
Thermes. (Palais des) 375
Tournelle. (le Château de la) ibid.
Trésor de Chartres. 376
Trésor-Royal. ibid.
Thuileries. (Voyez Jardin des), pages 114
115 & suivantes; Palais des, page 255)

U.

Université. 377

Ursuline de la rue Saint-Jacques. P. 378
Ursulines Sainte-Avoie. 379

V.

Val-de-Grace. (Voyez Abbaye du Val-de-Grace, I. *Partie*)
Visitation rue Saint-Antoine. 380
Visitation du Fauxbourg Saint-Jacques. 381
Visitation rue du Bacq. 382
Visitation de Sainte-Marie, à Chaillot. *ibid.*
Waux-hall d'hiver. (Voyez Panthéon). 365
Waux-hall d'été. 383

Y.

Yves. (Saint) 384

SUPPLÉMENT.

Barthélemy. (Saint) Pages 385
Chapelle. (Sainte) *ibid.*
Jardin du Palais Royal. 386
Salle de Vente. 389
Séminaire des Missions Etrangères. 390

Fin de la Table.

APPROBATION.

J'AI lu, par ordre de Monseigneur le Garde des Sceaux, un Manuscrit ayant pour titre: *Nouvelle Description des Curiosités de Paris*, & je n'y ai rien trouvé qui m'ait paru devoir en empêcher l'impression. A Paris le 17 Février, 1787.

DE SAUVIGNY.

PRIVILEGE DU ROI.

LOUIS, PAR LA GRACE DE DIEU, ROI DE FRANCE ET DE NAVARRE: A nos amés & féaux Conseillers, les Gens tenans nos Cours de Parlement, Maîtres des Requêtes ordinaires de notre Hôtel, Grand Conseil, Prévôt de Paris, Baillifs, Sénéchaux, leurs Lieutenans Civils, & autres nos Justiciers qu'il appartiendra: SALUT: Notre amé le Sieur LEJAY, Libraire, à Paris, Nous a fait exposer qu'il desireroit faire imprimer & donner au Public un Ouvrage intitulé: *Nouvelle Description des Curiosités de Paris, & de ses Environs, en deux Parties*, &. Ouvrage qui sera orné de plusieurs Gravures & de Cartes; s'il Nous plaisoit lui accorder nos Lettres de Privilége pour ce nécessaires. A CES CAUSES, voulant favorablement traiter l'Exposant, Nous lui avons permis & permettons, par ces Présentes, de faire imprimer ledit Ouvrage autant de fois que bon lui semblera,

& de le faire vendre & débiter par tout notre Royaume, pendant le temps de dix années consécutives, à compter du jour de la date des Présentes. Faisons défenses à tous Imprimeurs, Libraires, & autres personnes de quelque qualité & condition quelles soient, d'en introduire d'impression étrangere dans aucun lieu de notre obéissance : comme aussi d'imprimer ou faire imprimer, vendre, faire vendre, débiter ni contrefaire ledit Ouvrage, sous quelque prétexte que ce puisse être, sans la permission expresse & par écrit dudit Exposant, ses hoirs ou ayans causes, à peine de saisie & de confiscation des exemplaires contrefaits, de six mille livres d'amende, qui ne pourra être modérée, pour la premiere fois, de pareille amende & de déchéance d'état en cas de récidive, & de tous dépens, dommages & intérêts, conformément à l'Arrêt du Conseil, du 30 Août 1777, contenant les Contrefaçons. A la charge que ces Présentes seront enregistrées tout au long sur le Registre de la Communauté des Imprimeurs & Libraires de Paris, dans trois mois de la date d'icelles; que l'impression dudit Ouvrage sera faite dans notre Royaume & non ailleurs, en beau papier & beaux caracteres, conformément aux Réglemens de la Librairie, à peine de déchéance du présent Privilége; qu'avant de l'exposer en vente, le Manuscrit qui aura servi de copie à l'impression dudit Ouvrage, sera remis dans le même état où l'approbation y aura été donnée, ès mains de notre très-cher & féal Chevalier Garde des Sceaux de France, le Sieur HUE DE MIROMENIL, Commandeur de nos Ordres ; qu'il en sera ensuite remis deux exemplaires dans notre Bibliotheque publique, un dans celle de notre Château du Louvre, un dans celle de notre très-cher & féal Chevalier Chancelier de France, le sieur DE MAUPEOU, & un dans celle dudit Sieur HUE DE MIROMENIL ; le tout à peine de nullité des Présentes : du contenu desquelles vous mandons & enjoignons de faire jouir ledit Exposant & ses ayans causes pleinement & paisiblement, sans souffrir qu'il leur soit fait aucun trouble ou empêchement. Voulons que la copie des Présentes, qui sera imprimée tout au long au commencement ou à la fin dudit ouvrage, soit tenue pour duement signifié & qu'aux copies collationnées par l'un de nos amés & féaux Conseillers-Secrétaires, foi soit ajoutée comme à l'original. COMMANDONS au premier notre Huissier ou Sergent sur ce requis, de faire, pour l'exécution d'icelles, tous Actes requis & nécessaires, sans demander autre permission, & nonobstant clameur de Haro, Charte Normande, & Lettres à ce contraires : Car tel est notre plaisir. DONNÉ à Paris le quinzieme jour du mois de Septembre, l'an de grace mil sept cent quatre-vingt-quatre, & de notre règne le onzième. Par le Roi, en son Conseil.

Signé, LE BEGUE.

Regiſtré ſur le Regiſtre XXII, de la Chambre Royale & Syndicale des Libraires & Imprimeurs de Paris, No. 3259, fol. 183, *conformément aux diſpoſitions énoncées dans le préſent Privilége; & à la charge de remettre à ladite Chambre les huit Exemplaires preſcrits par l'Article CVIII du Réglement de* 1723. *Paris, le* 5 *Octobre.* 1784. VALEYRE jeune Adjoint.

Je ſouſſigné, certifie avoir cédé & tranſporté un ouvrage de ma compoſition, intitulé : Nouvelle Deſcription de Paris & de ſes environs, dédiée à à Sa Majeſté le Roi de Suede, &c., *au ſieur* LE-JAY, *Libraire, pour le faire imprimer autant de fois que bon lui ſemblera, & pour en jouir, lui & ſes héritiers à perpétuité, comme d'un ouvrage à lui appartenant, lui cédant tous mes droits & prétentions ſur cet objet, moyennant le prix convenu entre nous, ce vingt deux Mai,* 1784.

　　　　　　DULAURE, Ingénieur-Géographe.

On trouve chez le même Libraire, la *Description des Environs de Paris*, deux volumes du même format; prix brochés, 3 liv.; reliés en un volume, 3 liv. 12 f., & reliés en deux volumes, 4 liv. 4 f. On y trouve aussi un autre Ouvrage, intitulé *Singularités Historiques, pour servir de suite aux Descriptions de Paris, & des Environs*, même format, & caractere que ces Descriptions, en un volume; prix broché, 2 liv., & 2 l. 10 f. relié. On y trouve encore des Plans de Paris, & des Environs, collés sur toile, & ployés dans des étuis; ainsi que toutes les Nouveautés Littéraires.

ERRATA

Premiere Partie.

Avertissement, page XIII, la seconde ligne de la note, Rétraction; *lisez* rétractation.

Page 42, ligne 25, la pasque la veinquit; *lisez* la parque.

Bains, page 61, ligne 2; *effacez* au Palais Royal.

Après la page 79, aulieu du folio 83; *lisez* 80, & à la page suivante, aulieu de 80; *lisez* 81.

Après la page 97, aulieu du folio 89; *lisez* 98.

Page 218, ligne pénultieme de la note, & préféra; *lisez* & aima mieux.

Page 219, ligne 1, de la premiere note, Henri IV; *lisez* Louis XIII.

Idem, ligne 7, carvagal; *lisez* carvajal.

Seconde Partie.

Page 36, ligne 13, *& fumus*; lisez *& vapor*.

Page 125, ligne 3, après le mot Restaurateur] *effacez* le reste de l'alinéa.

AGENDA HEBDOMADAIRE.

LUNDI.

Matin.	Soir.
BIBLIOTHEQUES. Mazarine, de Louis-le-Grand, de Saint-Germain-des-Prés.	Mazarine, de Louis-le-Grand, de Saint-Germain-des-Prés, de Saint-Victor, de Sainte-Geneviève.
CABINETS.	d'Antiques à Sainte-Geneviève.

MARDI.

Matin.	Soir.
BIBLIOTHEQUES. du Roi, de la Doctrine Chrétienne, de Saint-Germain-des-Prés.	des Avocats, de la Doctrine Chrétienne, de Saint-Germain-des-Prés.
CABINETS. de Gravures, à la Bibliothèque du Roi.	d'Histoire Naturelle, au Jardin du Roi.

MERCREDI.

Matin.	Soir.
BIBLIOTHEQUES. de Louis-le-Grand, de Saint-Germain-des-Prés.	de Louis-le-Grand, de Saint-Germain-des-Prés, de Saint-Victor, de Ste Geneviève, de la Ville.
CABINETS.	d'Antiques à Sainte-Geneviève.

JEUDI.

Matin.	Soir.
BIBLIOTHEQUES. Mazarine, de Saint-Germain-des-Prés.	Mazarine, de Médecine.
CABINETS.	d'Histoire Naturelle, au Jardin du Roi.

VENDREDI.

Matin.	Soir.
BIBLIOTHEQUES. du Roi, de la Doctrine Chrétienne, de Saint-Germain-des-Prés.	de la Doctrine Chrétienne, de Saint-Germain-des-Prés, des Avocats, de Sainte-Geneviève.
CABINETS. de Gravures, à la Bibliothèque du Roi.	

SAMEDI.

Matin.	Soir.
BIBLIOTHEQUES. du Collège de Louis-le-Grand, de Saint-Germain-des-Prés.	du Collège de Louis-le-Grand, de Saint-Germain-des-Prés, de Saint-Victor, de la Ville.
CABINETS.	

NOUVELLE DESCRIPTION

DES

CURIOSITÉS DE PARIS.

Dissertation sur cette Capitale.

Nous n'avons que des conjectures sur l'origine de Paris, ainsi je ne parlerai pas des chimériques Fondateurs, que lui donnent de très-graves Historiens : c'est un *Samothes*, qui vivoit du temps de Noë, ou bien ce sont des Peuples d'Arcadie, appellés *Parrhasiens*, qu'Hercule conduisit dans les Gaules ; ou c'est une compagnie de ces malheureux Troyens qui, fuyant la fureur des Grecs & leur ville embrâsée, ont bâti une nouvelle ville dans la Gaule, sous le nom de *Paris*, fils de leur Roi Priam.

Ces différens systêmes sur la noblesse originaire de cette ville, que la vanité patriotique a pris plaisir d'enfanter, sont tous dépourvus de fondement, puisqu'aucune Histoire n'en a fait mention avant les Commentaires de César; on y voit, dans le VIIe livre, que cet Historien Conquérant envoya son Lieutenant Labienus vers *Lutèce*, c'est le nom que les Gaulois donnoient à cette Capitale du peuple Parisien, qui étoit contenue alors toute entiere dans l'isle de la Seine, qu'on appelle encore aujourd'hui la Cité.

Si la Lutèce des Parisiens, par sa petite étendue, se trouve si différente du Paris des François, elle ne l'est pas moins par son architecture : les maisons étoient de forme ronde, très-petites, sans cheminées, bâties de bois & de terre, & couvertes de paille & de roseaux.

Après l'avoir conquise, les Romains l'embellirent d'un Palais, l'entourerent de murs, & y éleverent deux Forteresses situées, l'une où est encore le grand Châtelet, & l'autre, sur l'emplacement où étoit le petit. Julien, Gouverneur de la Gaule, y fit un assez long séjour, pendant lequel il étendit les limites de cette ville bien au-delà de son isle, sur la rive méridionale de la riviere où il fit bâtir un Palais, appelé *des Thermes*, dont on voit encore des restes dans la rue de la Harpe (1).

L'art de la navigation que les habitans de cette ville possédoient avec distinction, & la

---

(1) Ecoutons l'Empereur Julien lui-même. « J'étois en quartier d'hiver dans ma chère Lutèce; c'est ainsi que l'on appele dans les Gaules, la petite Ca-

situation favorable du local, déterminerent les Romains à y établir un entrepôt de voitures par eau, pour le transport des munitions nécessaires à leurs troupes. Dans la suite, cet établissement fut encouragé; on institua une compagnie de Négocians par eau, sous le nom de *Notæ Parisiaci*, on lui accorda des priviléges & des honneurs, & sur-tout une Jurisdiction, qui firent fleurir le commerce, & accroître la population.

Il fut élevé, en mémoire de cette Compagnie, un Monument dont les débris & les inscriptions ont été trouvés en 1711, dans l'Eglise de Notre-Dame, lorsqu'on y creusa un caveau pour les Archevêques. Ces débris servoient de fondement à l'ancienne Cathédrale, bâtie par Childebert.

Il est tout naturel de croire que la faveur dont jouissoit le commerce par eau, fut cause que les Parisiens se choisirent, pour armes, un vaisseau voguant sur l'onde.

En 508, Clovis déclara Paris la Capitale de son Royaume. Le séjour habituel que ce Prince faisoit dans cette ville, favorisa son accroissement, qui fut arrêté, à différentes époques, par les guerres des Normands & des Anglois. Enfin, par le concours général des arts, du commerce & des emplois, Paris devenant le centre de tous les intérêts,

---

pitale des Parisiens. Elle occupe une isle peu considérable, environnée de murailles, dont la riviere baigne le pied. On y entre de deux côtés par des ponts de bois, &c. ».

comprit infenfiblement dans fon enceinte un grand nombre de Bourgs & de Hameaux qui l'environnoient autrefois. Tels étoient les Bourgs *de Sainte-Géneviève*, *de Saint-Germain-des-Prés*, de *Saint-Marcel*, *le Bourg-l'Abbé*, ou le Bourg de l'Abbaye Saint-Martin; le *beau Bourg*, fur les terres du Temple, le *Bourg Thibouft*, ainfi nommé de Guillaume Thibouft, Prévôt de Paris, & le *Bourg Saint-Eloi* dans la Paroiffe de Saint-Paul.

Philippe-Augufte fit entourer Paris de murailles, & les travaux de cette entreprife durerent l'efpace de vingt ans. Le même Roi fit encore, pour la premiere fois, paver les rues de cette ville, avec la fomme d'onze mille marcs d'argent, don volontaire, ou, felon quelques-uns, reftitution forcée de *Gérard de Poiffy*, qui étoit à la tête des finances de ce Prince.

Les guerres des Anglois exigerent de nouvelles fortifications; & ce fut fous le Roi Jean que l'on creufa des foffés autour de cette ville, & qu'on éleva la Baftille. Ces travaux furent continués fous les regnes de Charles V & de Charles VI, fous la direction d'Hugues Aubriot, Prévôt de Paris.

François I, régénérateur des Lettres & des beaux Arts, s'attacha à tout ce qui pouvoit contribuer à l'agrément de cette Capitale. Il fit percer plufieurs rues, abattre plufieurs édifices gothiques, &, le premier en France, fit revivre l'Architecture Grecque, dont les restes, enfouis par la main du Temps, ou mutilés par celle des Barbares, recueillis, comparés, commençoient, à Rome, à féconder le génie de ces Artistes célebres dont cette ville se glorifie.

Les Rois, ses successeurs, ont exécuté une partie des projets de ce Prince; & cette immense ville quitte insensiblement sa physionomie irréguliere & gothique; c'est à Louis XIV, à Louis XV, & au Prince bienfaisant qui nous gouverne, que nous devons les Monumens les plus beaux & les plus utiles dont la Nation Françoise puisse se prévaloir.

Les Ponts enfin débarrassés des maisons qui obstruoient la route & le courant d'air, des projets adoptés pour construire de nouveaux Ponts, pour dégager le rivage de la Seine, des masures incommodes qui le déshonorent, répandront la lumiere & la salubrité dans des quartiers obscurs & humides, embelliront le centre de Paris, faciliteront le commerce, en contribuant à la santé des habitans, & assureront à cette ville la supériorité sur toutes les Capitales de l'Europe.

L'immensité de son étendue & de sa population, son Commerce, ses Edifices, ses Théâtres, la magnificence de ses Jardins, ses Académies célebres, ses riches Bibliotheques, ses Ecoles, ses Cabinets curieux, où les leçons du savoir & du génie s'offrent, pour ainsi dire, d'elles-mêmes aux Amateurs, lui ont mérité depuis long-temps l'admiration des Peuples civilisés.

Elle est percée d'environ 1000 rues, qui sont éclairées par un nombre suffisant de réverbères : on y compte 46 Eglises Paroissiales, & 20 autres Eglises qui en remplissent les fonctions, 3 Abbayes d'hommes, 8 de filles, 133 Monasteres ou Communautés séculieres ou régulieres d'hommes ou de filles, 15 Séminaires, 10 Colleges de plein exercice, 26 Hôpitaux, 45 Egouts & 60 Fontaines, 12 Marchés, 3 Arcs de triomphe, cinq Statues colossales dont quatre équestres & une pédestre, &c.

D'après un tableau exact dressé depuis peu par un homme digne de foi, & qui a travaillé long-temps dans les Bureaux de la Capitation, il résulte que le nombre des habitans de cette ville se monte, y compris les Etrangers, à 1,130,452, dont 780,452 payent la capitation, 200,000 sont exempts pour cause de pauvreté ; les Etrangers sont au nombre de 150,000 (1).

Charles-Quint disoit de son temps : *Lu-*

_____

(1) Il s'y consomme tous les ans deux cents vingt-huit mille rames de papier. On y compte 200 mille Domestiques. Que d'esclaves ! Je voudrois connoître le nombre des Domestiques qui ne servent que pour l'opinion, le nombre des chevaux qui portent ceux qui peuvent aller à pied, le nombre des Abbés sans bénéfices, qui ne remplissent aucune fonction sacerdotale ; enfin, de tous ceux qui vivent sans travail & sans revenu. Quelle étonnante clarté, quel bien ne produiroit pas un exact dénombrement !

tetia non urbs, sed orbis. Paris n'est pas une ville, mais un univers. Que diroit-il donc aujourd'hui ! Mais la multitude étonnante de tant de choses & d'individus réunis, surprennent bien moins le Philosophe, que l'harmonie & le bon ordre qui y règnent: on peut dire que la police de cette ville est le chef-d'œuvre de la prudence humaine.

Vingt-six Corps-de-garde, placés en différens endroits de cette ville, cent soixante hommes du Guet à cheval, six cents quarante du Guet à pied, veillent jour & nuit à la sûreté des habitans; de plus, deux cents vingt-six hommes sont destinés à la garde des ports, & sont munis de tous les remedes qu'il est nécessaire d'administrer aux Noyés, établissement qui fait honneur à notre siecle.

La ville de Paris se divise ordinairement en trois parties, *la Cité, l'Université & la Ville.* La Cité comprend toute l'isle du Palais ; elle est la souche de la ville, d'où se sont étendus, comme des racines, les nombreux quartiers qui l'entourent.

L'Université est bornée par la Seine, les fauxbourg St-Bernard, St-Victor, St-Marcel, St-Jacques & le fauxbourg St-Germain; c'est le centre de l'érudition. Les nombreux Colleges que renferme cette partie de la ville, la multitude des étudians qui l'habitent, l'ont fait appeller *le pays Latin* (1).

---

(1) On assure que, pour la commodité des habitans

(8)

La Ville comprend le reste de la ville qui n'est point fauxbourg.

Paris se divise encore en vingt quartiers, mais cette division n'apprendroit rien aux Etrangers, pour lesquels cet Ouvrage est particulierement composé.

ABBAYES.

ABBAYE *Royale de Sainte-Génevieve.* C'est sur le Mont, anciennement nommé *Locutitius*, & sur les fondemens de l'ancienne Eglise consacrée aux Apôtres Saint-Pierre & Saint-Paul, bâtie par Clovis, & détruite par les Normands, que fut construite, au neuvieme siecle, la vieille Eglise de Ste-Génevieve, que l'on voit aujourd'hui sur la montagne qui en a pris le nom. C'est le chef-lieu d'une Congrégation, à la tête de laquelle est un Abbé électif, sous le titre de Général, qui porte la crosse, la mitre & l'anneau, & qui jouit de plusieurs autres prérogatives particulieres à cette dignité.

Le Pape Eugène III, qu'une sédition avoit forcé de quitter Rome, se rendit à Paris. Comme il devoit dire la Messe dans cette Eglise, le Roi Louis-le-Jeune envoya un superbe tapis pour couvrir le marche-pied de l'Autel. La Messe dite, & le Pape étant dans la Sacristie, ses Officiers vou-

---

des autres quartiers, on se propose d'y établir un certain nombre de Colleges.

lurent s'emparer du tapis, comme un droit qu'on n'avoit jamais osé disputer aux gens de sa Sainteté. Les gens de l'Abbaye s'y opposerent. Les deux partis commencerent par discuter leurs prétentions sur ce tapis, avec la plus vive chaleur ; puis ils en vinrent aux coups. Le tumulte étoit violent. Le Roi qui étoit encore dans l'Eglise, voulut s'avancer pour mettre le hola. Mais la fureur des combattans ne respectoit ni la sainteté du lieu, ni la Majesté Royale. Le Roi de France, qui s'étoit imprudemment engagé dans la mêlée, reçut un grand coup de poing d'un valet d'Eglise.

Le scandale de ce combat, joint à celui que causoit la conduite très-irréguliere de ces Chanoines Réguliers, déterminerent le Pape & le Roi à les réformer, & à mettre à leur place des Moines de Cluny. Ces Chanoines consentirent bien à leur réforme, mais ils demanderent la grace de n'être point remplacés par des Moines ; ils ajouterent qu'ils préféroient l'être par les Chanoines réguliers de St-Victor. En conséquence, on tira de cette Abbaye douze Religieux : Eudes fut leur Abbé. C'est à cette époque, en 1148, que cette Eglise a pris le titre de Ste-Géneviève ; elle portoit auparavant celui de St-Pierre & St-Paul.

Cette Congrégation a cent neuf Maisons en France, & nomme à plus de cinq cents Cures, dont elle dispose toujours en faveur de ses Religieux.

A-v

Cette Abbaye a plus de soixante-dix mille livres de revenu, & est ordinairement composée de soixante Chanoines réguliers & de trente Novices.

On voit dans la nef de cette Eglise, quatre grands Tableaux votifs. Le premier, à gauche en entrant, fut fait pour la cessation de la famine causée par l'hiver de 1709 : il est peint par *de Troy le pere*.

Le second est un vœu que la Ville de Paris fit en 1699, après deux années de famine : il est de *Largilliere*. Ce Tableau offre une singularité ; c'est que parmi un grand nombre de spectateurs, le Peintre s'y est représenté lui-même avec le Poëte Santeuil à côté de lui.

Le troisieme Tableau, à droite en face de ce dernier, fut voté après une année de stérilité qu'éprouva la France en 1725 : il est l'ouvrage de *de Troy le fils*.

Le quatrieme fut fait à l'occasion de la convalescence de Louis XV en 1744 : il est peint par *Tourniere*.

Un objet qui doit fixer ici les regards du Philosophe, c'est le tombeau du célebre Descartes : décédé en Suede, en 1650, âgé de cinquante-sept ans, son corps fut transporté en France dix-sept ans après sa mort, & fut déposé dans cette Eglise, où l'on voit son Epitaphe à droite sur l'un des piliers de la nef (1).

---

(1) On a proposé par souscription, un projet pour l'érection d'un Monument plus digne des restes

Au milieu du Chœur, on voit le Tombeau de Clovis. Le corps de Clotilde, femme de ce Roi, y reposoit autrefois, mais à cause de la sainteté de cette Reine, & pour exposer ses Reliques à la vénération publique, on les a retirées de ce Tombeau, pour les enfermer dans une Châsse qui est derriere le Chœur.

Que les Amateurs de l'Antiquité ne pensent pas trouver dans ce Monument un échantillon des beaux Arts du siecle de Clovis. Le Tombeau élevé lors de la mort de ce Roi, dégradé par le temps, fut six cents ans après reconstruit avec la figure que l'on y voit, par un Abbé de cette Maison; l'inscription suivante qui y est gravée en caracteres gothiques, en est la preuve : *Clodovæo Magno Regum Francorum primo Christiano, hujus Basilicæ fundatori, sepulcrum vulgari olim lapide structum & longo ævo deformatum, Abbas & convent. Meliori opere, cultu & forma renovaverunt.*

On regarde le Pupitre qui est au milieu du Chœur, comme un ouvrage digne de la curiosité des Artistes. Sa forme représente une Lyre décorée de trois Génies, & surmontée d'une Aigle. Le Candelabre donné par la Ville, exécuté par *Germain*, est aussi généralement estimé.

Sur le Maître-Autel, qui est de marbre

---

de ce grand Homme. Mais ce projet & cette souscription n'ont point eu de succès.

s'éleve un Tabernacle de forme octogone ; il est supporté par un pied de marbre bleu turquin, & décoré par quatre colonnes doriques de brocatelle antique, dont les chapiteaux & les bases sont de bronze doré. Ce Tabernacle, enrichi de pierres précieuses, est un don du Cardinal de la Rochefoucauld, dont on voit le tombeau dans la même Eglise, aux dépens duquel, & du petit Page qui lui porte la queue, M. de Saint-Foix, dans ses Essais sur Paris, n'a pas manqué de s'égayer comme à son ordinaire.

Au-dessus d'un ordre de quatre colonnes Ioniques de marbre, dont deux de brèches d'Alep, paroît la fameuse Châsse de Sainte-Génevieve, toute couverte de richesses & de pierres précieuses ; monumens sacrés de la dévotion de nos Souverains, qui se sont, comme à l'envi, disputés l'honneur de l'enrichir. Cette Châsse, d'un dessin gothique & détaillé, a, dit-on, été fabriquée par *St-Eloy*, Orfévre, Evêque & puis Ministre du Roi Dagobert (1). Elle est soutenue par quatre Statues de Vierges plus grandes que nature. Un bouquet & une couronne de diamants, deux présens, le premier, de Marie de Médicis, le second, de Marie-Elisabeth d'Orléans, Reine douariere

―――――――――――――――――

(1) Suivant d'autres Historiens, elle fut faite en 1242, par les soins de *Robert de la Ferté-Milon*, Abbé de ce Monastere. L'Orfévre y employa 198 marcs d'argent, & 8 marcs d'or.

d'Espagne, ajoutent encore, non pas à la beauté, mais à la richesse de cette Châsse.

Ce n'est jamais infructueusement, que les Parisiens invoquent l'intercession de Sainte-Génevieve, leur Patronne. La grande vénération qu'ils ont pour elle, les a déterminés à ne promener processionnellement la Châsse de cette Sainte, que dans les grandes occasions.

Près de la porte par où les Religieux entrent au Chœur, sont deux Arcades, sous lesquelles on voit Jésus-Christ dans le tombeau, & sa résurrection : ces figures, de terre cuite, sont généralement estimées : on y reconnoît le ciseau ferme & hardi du célebre *Germain Pilon*.

La Bibliotheque, qui est ouverte les Lundis, Mercredis & Vendredis, est en forme de croix ; elle est éclairée au milieu par un petit dôme, dont la coupole fut peinte en 1730, par *Restout pere*. Plusieurs Bustes des Grands Hommes, dont la Salle est ornée, sont de *Coyzevox*. On y compte environ quatre-vingt mille volumes, & deux mille manuscrits.

Au fond de la partie qui est à droite, est le curieux Cabinet d'Antiques. Avant d'y entrer, on voit un très-grand plan en relief colorié de la ville de Rome, dont la proportion est d'un pouce pour quatre-vingt-dix pieds. Il a été exécuté en 1776 par M. *Grimani*. Ce Cabinet renferme une collection des plus rares & des plus précieuses qui existent, tant d'Histoire Naturelle, de Médailles, que des antiquités Egyptiennes, Etrusques, Grecques, Romaines & Gauloises. Ce Cabinet est ouvert les Lundis & Mercredis au soir seulement.

La nouvelle Eglise de Sainte-Géneviève, élevée sur les dessins de feu M. *Souflot*, est un Monument qui honore à la fois l'Architecte & la Nation. Sa forme est une croix Grecque, qui a trois cents quarante pieds de long, y compris le péristile, sur deux cents cinquante de large, y compris l'épaisseur des murs.

Son Porche, imité de celui du *Panthéon de Rome*, est composé d'un péristile de vingt-deux colonnes Corinthiennes, de cinquante-sept pieds de haut. Ces colonnes soutiennent un fronton évidé, dont la construction réunit la hardiesse Gothique à la beauté Grecque. Rien n'est plus magnifique & plus agréable que les ornemens de ce Portail.

L'ordre de l'intérieur de cette Eglise est aussi le Corinthien; il supporte des voûtes en forme de calotte sphérique, d'un dessin plus ou moins chargé, suivant l'exigeance du local : celles des bas-côtés sont d'un dessin si simple & si agréable, que l'œil ne peut se lasser de les admirer.

Le Dôme de cette Eglise doit être peint à fresque, par M. *David*.

Ce Monument, qui mérite d'être placé au rang des premieres Basiliques de l'Europe, a été commencé sous le regne de Louis

XV. Ce Monarque en posa la premiere pierre le 6 Septembre 1764 (1).

ABBAYE *de Saint-Germain-des-Prés.* A son retour de Sarragosse en Espagne, le Roi Childebert avoit apporté un morceau de bois de la vraie Croix, & l'étole ou tunique de Saint-Vincent, martyr. Pour loger dignement ces précieuses reliques, il fit bâtir en 543, sur les ruines, dit-on, d'un Temple à la Déesse *Isis*, une petite Eglise; mais en 555 ou 556, sollicité par Saint-Germain, Evêque de Paris, ce Roi en fit construire une seconde plus magnifique, avec un Monastere qui fut bientôt rempli de Moines, tirés de l'Abbaye de Saint-Simphorien d'Autun. *Authaire*, en fut le premier Abbé, & *Saint-Droctovée* le second: Le 23 Décembre 558, même jour que Childebert, fut enterré dans cette Eglise, Saint-Germain en fit la dédicace. A cause des reliques qu'elle renfermoit, elle porta le nom de *Sainte-Croix & de Saint-Vincent* jusqu'au IX siecle, que Saint-Germain y fut enterré, & y fit des miracles. Alors cette Eglise garda le nom de *Saint Germain*, ou de *Saint-Germain-le-Doré*, à cause de son comble de cuivre doré, ou simplement de l'*Abbaye*, parce qu'elle fut

---

(1) Les travaux de cette Eglise, interrompus pendant la guerre, ont été repris depuis le commencement de l'année 1784, & se continuent avec beaucoup d'activité.

pendant plus de cent ans l'unique à Paris.

 Les Normands, dans les années 846, 853, & 886, pillerent, brûlerent le Monastere & l'Eglise; il n'échappa à la dépradation de ces barbares, que le portail de la principale entrée de cette Eglise, & la partie inférieure de la grosse tour, qu'on assure être un reste de l'ancien Temple d'Isis.

 En 990, l'Abbé *Morardus* fit rétablir l'Eglise telle qu'on la voit aujourd'hui; le Roi contribua pour beaucoup à cette construction. Le même Abbé fit en même-temps réparer les tombeaux des Rois fondateurs & bienfaiteurs de cette Maison, & laissa dans l'oubli ceux qui n'avoient rien donné. On voit que Morardus étoit Moine.

 Dans le Chœur s'éleve, au-dessus du maître-Autel, qui a été exécuté par *Slodtz*, un Baldaquin, soutenu par six colonnes d'ordre composite, d'un marbre verd antique, très-estimé.

 La Châsse de vermeil, de quatre pieds de long, représente une Eglise; elle est toute enrichie de perles & de pierres précieuses; on y a employé deux cens cinquante marcs d'argent, & vingt-sept marcs d'or. C'est un présent de Guillaume l'Evêque, soixantieme Abbé de cette Maison.

 Des deux côtés du Maître-Autel, sont deux Tableaux; l'un représente le martyre de Saint-Vincent, l'autre, la translation de Saint-Germain: ils sont peints par *Hallé*.

De neuf Tableaux qui sont dans le Chœur, quatre représentent la vie de Saint-Germain, quatre autres celle de Saint-Vincent, & le dernier, qui termine le rond-point, est une descente de croix : ils sont tous peints par *Cazes*.

Dans la Nef, sont dix autres Tableaux, qui offrent différens sujets des actes des Apôtres, ils sont peints par *Cazes*, *le Clerc*, *Bertin*, *Restout*, *Vanloo*, *le Moine*, *Christophe*, *Hallé* & *Natoire*.

Cette Eglise renferme les Tombeaux ou Sépultures sans tombes, de plusieurs Princes & Princesses, & Hommes Illustres : des deux côtés du Maître-Autel, sont les Tombeaux des Princes de la premiere race. L'opinion de ce temps faisoit desirer le voisinage du Maître-Autel, comme les meilleures places pour l'autre monde. C'est là que reposent les restes de Chilpéric & de Frédégonde, de Childéric I, de Childéric II, de la Reine Bilihilde, & de Dagobert, son fils, de Clotaire II, & de la Reine Bertrude, &c.

Au milieu du Chœur est le Tombeau de *Childebert*, fondateur de cette Abbaye, où il repose à côté d'*Ultrogotte*, son épouse.

Dans une des Chapelles qui sont à côté du Chœur, est le tombeau de Ferdinand, Prince de Furstemberg, en stuc, sculpté par *Coyzevox* : à côté est aussi le tombeau de Castellan, par le fameux *Girardon*.

Dans une autre Chapelle, on voit le Tombeau de Jean Casimir, Roi de Pologne, mort à Nevers, en 1672, étant Abbé de cette Maison. Ce Tombeau, fait par *de Marsy*, ne renferme que le cœur de ce Prince, dont le corps fut transporté en Pologne.

Dans cette même Chapelle, est enterré *Pierre Danés*, un des plus grands Hommes du seizieme siecle, on lit sur sa tombe l'épitaphe suivante :

Ci-dessous est Révérend Pere en Dieu, Messire-Pierre DANÉS, en son vivant, Evêque de Lavaur, institué premier Lecteur ès-Lettres Grecques, par le Roi François Ier, & envoyé pour son Ambassadeur au Concile de Trente (1), *lequel décéda dans la Maison de céans, le 23 jour d'Avril l'an 1577.*

Dans la Chapelle de Saint-Simphorien, on remarque l'Epitaphe de Saint-Germain qui y fut enterré : elle est en vers latins exametres & pantametres ; elle fut, dit-on, composée par le Roi Chilpéric.

La Sacristie renferme plusieurs curiosités intéressantes. C'est un Tableau qui repré-

―――――――――

(1) Pendant que ce Docteur François haranguoit au Concile de Trente contre les abus des matieres bénéficales, de la pluralité des Bénéfices, &c. un Evêque Italien, que ces abus accommodoient fort, s'écria en colere : *Gallus cantat.* Le coq ou le François chante. Danés répondit aussi-tôt : *Utinam illo Gallicinio Petrus, ad resipiscentiam, & fletum excitetur.* Plut à Dieu qu'au chant de ce coq, *Pierre puisse se repentir & pleurer.*

sente une Descente de Croix, dont la perspective offre la vue de l'ancien Louvre, celle de l'Abbaye & de la ville de Paris, comme elles étoient sous Philippe-Auguste. Ce sont des Ornemens très-riches, des Reliquaires précieux, parmi lesquels on distingue une Croix d'argent doré, où l'Empereur Adrien est représenté sur un saphir d'Orient, & une grande Croix d'or bordée de pierres précieuses, où est enchâssé un morceau de bois d'un demi-pied de long, qui est une portion de la vraie Croix elle est un présent d'Anne de Gonzague de Cleves, Princesse Palatine (1). Deux vers Grecs qu'on y lit, prouve qu'elle a appartenu à Manuel Comnene, Empereur de Constantinople.

Dans l'intérieur du Monastere, on remarque un superbe escalier, un fort beau cloître, & un Réfectoire immense au fond duquel est une Nativité, par *Van-Mol*, & à l'autre extrémité, une copie du Pélerin d'Emaüs, de *Paul Veronese*, & surtout la Chapelle de Notre-Dame. Elle a été construite du temps de Saint-Louis, par Pierre de *Montreuil*, qui y est inhumé avec sa femme *Agnès*; on y voit aussi les tombeaux des PP. Mabillon & Montfaucon.

―――――――――――

(1) Cette pieuse Princesse fit en même-temps don à cette Abbaye de plusieurs Reliques, entr'autres du Sang miraculeux, & d'un Clou qui a servi à attacher J. C. sur la Croix.

L'Architecture de cette Chapelle est ce que le genre gothique offre de plus distingué dans la Capitale.

La Bibliotheque est fameuse, sur-tout par le choix & l'antiquité de ses Livres & par le nombre de ses Manuscrits, aussi anciens que rares. Un *Psautier* de Saint-Germain, que l'on y conserve, est un monument du luxe des Saints de ce temps-là; il est écrit en lettres d'argent sur un velin pourpre; les mots *Deus* & *Dominus* & les titres sont en lettres d'or. Les Manuscrits de cette Bibliotheque sont au nombre de plus de neuf cents. Elle est ornée de plusieurs bustes de marbre, parmi lesquels on distingue ceux d'Arnaud & de Boileau, par *Girardon* : on y remarque aussi le meurtre d'Abel, peint par *le Brun*.

Les habitans de Chaillot doivent tous les ans, le jour de l'Ascension, porter à l'Abbé de Saint-Germain-des-Prés huit bouquets, deux gros, & six petits, un denier parisis pour chaque vache qui paissent dans l'isle Maquerelle (*des Cygnes*), & un fromage gras, fait absolument du lait de ces mêmes vaches.

ABBAYE *de Saint-Victor.* Sur l'emplacement du Clos d'Arènes, où Childéric avoit fait bâtir en 577 un Cirque pour les Jeux publics, fut depuis un petit Hermitage habité par un Moine noir, ensuite par Guillaume *Champeaux* (1) & quelques autres

---

(1) Il avoit professé long-temps à Paris les Hu-

Chanoines de la Cathédrale. La ferveur de ces Hermites détermina la dévotion de Louis-le-Gros à y fonder en 1113 une Abbaye, que François premier a fait rebâtir en 1517, telle qu'elle est aujourd'hui.

Cette Maison jouit au moins de quarante mille livres de rente. On y compte trente Chanoines réguliers.

On remarque dans l'Eglise de cette Abbaye, le Tableau de *Vignon*, qui est sur le Maître-Autel : c'est une Adoration des Mages. On y voit aussi quatre autres grands Tableaux de *Restout*.

Les Chapelles collatérales, à l'entrée du Chœur, sont ornées chacune d'un médaillon peint à fresque, par M. *Robin*. L'un représente Sainte-Magdeleine, l'autre, Saint-Louis. La grille du Chœur, belle & dorée, est l'ouvrage de M. *Durand*.

Entr'autres Reliques qui sont renfermées dans la Sacristie, on trouve une croix d'or donnée par Louis-le-Gros, faite, dit-on, par *Saint-Eloy*, dans laquelle est précieusement enchâssé un grand morceau de bois qu'on assure être de la vraie Croix.

On voit dans l'Eglise & dans le Cloître de cette Abbaye, les Tombeaux de plusieurs savans Abbés de cette Communauté, & de plusieurs Hommes illustres; nous distinguerons celui du Jésuite Mainbourg,

---

manités, la Logique & la Théologie. Le célèbre Aballard fut son Disciple & puis son Emule.

mort dans cette Maison en 1686, après avoir été congédié de la Société de Jésus; & celui du Poëte Santeuil, dont l'Epitaphe en vers a été composée par *Rollin*.

La Bibliotheque de cette Abbaye est ce qu'il y a de plus curieux. C'est une collection de Livres rares & de Manuscrits anciens. On y trouve une Bible manuscrite du neuvieme siecle, un Tite-Live du douzieme. Entre plusieurs manuscrits Orientaux, on distingue un Alcoran que vit le dernier Ambassadeur Turc, qu'il baisa avec respect, & dont il attesta l'authenticité sur le premier feuillet.

L'emplacement de cette Bibliotheque ayant été employé à un autre usage, on en construit une autre sur les dessins de M. *Danjan*, Architecte. Le Public se trouve privé depuis plusieurs années de la jouissance de cette précieuse Bibliotheque à cause de la lenteur que l'on met dans sa construction.

ABBAYE *de Port-Royal, rue de la Bourbe, fauxbourg Saint-Jacques.* Cette Eglise a été construite, en 1646, sur les dessins du fameux *le Pautre*. Le nom seul de l'Architecte suffit pour piquer la curiosité des Amateurs. On voit que cet Artiste n'a rien négligé pour en faire un petit chef-d'œuvre.

Dans le Chœur des Religieuses, est un original de *Champagne*, qui représente la Cène. Ce tableau, qui est regardé comme le meilleur ouvrage de ce Peintre, est malheureusement caché aux regards des Curieux. Pour les en dédommager, l'Auteur s'est copié lui-même en faisant le tableau qui est sur le Maître-Autel.

On conserve dans cette Eglise une épine de la Sainte-Couronne, ainsi qu'une cruche antique que ces bonnes Religieuses assurent avoir servi aux noces de Cana.

Pensions d'éducation de 600 livres.

ABBAYE *Royale de Panthemon, rue de Grenelle, fauxbourg St-Germain.* Cette Abbaye n'a de remarquable que sa construction moderne, dont le dessin est de feu M. *Contant.* Elle est décorée d'un Ordre Ionique, & couronnée d'une coupole sans peinture.

Monseigneur le Dauphin, pere de Louis XVI, y posa la premiere pierre en 1749.

Pensions d'Education ordinaire, 700 liv. & 1000 liv. pour les Pensionnaires qui ont la table de l'Abbesse, dont le revenu est de 21,000 liv.

ABBAYE *Royale du Val-de-Grace, rue du fauxbourg Saint-Jacques.* Anne d'Autriche, femme de Louis XIII, après vingt-deux ans de stérilité, pour rendre grace à Dieu de sa grossesse inespérée, & de la naissance inattendue de Louis XIV, fit élever ce superbe Monument des beaux Arts & de sa piété.

Le célebre *François Mansard* en fournit les desseins, & les vit exécuter jusqu'au rez-de-chaussée; mais par une fatalité trop ordinaire aux gens à talens, *Mansard* fut forcé d'abandonner la direction de cet ouvrage. Des Architectes bien moins habiles que lui, voulant renchérir sur les desseins de ce grand Maître, altérèrent une foule de beautés. *Mansard*, piqué de se voir corrigé par ses inférieurs, entreprit, au Château du Fresne, à sept lieues de Paris, une Chapelle qui, en petite proportion, étoit l'exacte exécution de son dessein du Val-de-Grace, & il fit un chef-d'œuvre, en voulant prouver la préférence qu'il méritoit.

On voit sur le portail de cette Eglise, dans les entrecolonnes, les Statues en marbre de Saint-Benoît & de Sainte-Scolastique qui sont de *François Anguier*, qui a sculpté également la voûte, les médaillons & les pilastres de l'intérieur de l'Eglise. Au-dessus de ce portail, on lit cette inscription qui fait allusion aux circonstances qui avoient déterminé la Fondatrice : *Jesu nascenti, Virginique matri.*

Le Maître-Autel est couronné d'un baldaquin supporté par six colonnes torses compositcs d'un marbre noir veiné de blanc, dont les piédestaux & les chapiteaux sont de bronze doré : elles ont coûté soixante mille livres. Sur l'entablement sont six Anges avec des encensoirs à la main, &c.

Le jour des grandes Fêtes, on expose sur cet Autel un Soleil d'or émaillé de couleur

de

de feu, & tout brillant de diamants ; il est
soutenu par un Ange du même métal, dont
la robe est encore bordée de diamants. Ce
superbe ouvrage, qui a coûté sept ans de
travail, est un don de la Fondatrice.

Anguier le jeune a sculpté la crêche en
marbre que l'on voit sur l'Autel, ainsi que
le bas-relief représentant une Descente de
croix.

Mais toutes ces beautés & toutes ces richesses s'éclipsent à la vue du magnifique
Dôme de cette Eglise ; c'est le chef-d'œuvre
de la peinture à fresque. On peut dire que
dans ce genre, le génie de son auteur, le
célebre *Mignard*, a atteint les bornes prescrites à l'humanité. Cette peinture représente le séjour des bienheureux, divisé en
plusieurs hiérarchies.

On voit avec amertume que cet ouvrage
si justement & si généralement admiré, en
l'honneur duquel Moliere a composé un
Poëme, perd insensiblement de son effet &
de son mérite, en perdant de la vivacité des
couleurs.

Dans la partie inférieure, on voit Anne
d'Autriche offrant à Dieu le plan de l'édifice qu'elle vient de faire construire. Autour
de la frise du Dôme, on lit cette inscription : *Anna Austria D. G. Francorum
Regina, Regnique Rectrix, cui subjicit
Deus omnes hostes ut conderet Domum
in nomine suo.*

Dans une Chapelle à gauche qui est toute

B

tendue de noir, repose le cœur d'Anne d'Autriche. Dans un caveau qui est au-dessous de cette Chapelle, sont également déposés les cœurs de vingt-six Princes ou Princesses de la famille Royale, ou de la Maison d'Orléans.

Un usage particulier à cette Maison, c'est de conserver la premiere chaussûre de chaque fils & Dame de France.

ABBAYE *aux Bois, rue de Seve, fauxbourg St-Germain.* Ces Religieuses, de l'Ordre de Citeaux, vinrent du Monastère de *Batiz*, diocese de Noyon, où elles avoient été incendiées, pour s'établir à Paris. Elles acheterent cinquante mille écus cette Maison qui appartenoit aux Dames de l'*Annonciade des dix Vertus*, & entrerent en possession en 1719; elles y bâtirent une nouvelle Eglise, dont *Madame*, veuve de Philippe de France, posa la premiere pierre. Les revenus de cette Abbaye sont de 23,000 livres.

Les Pensions d'Education sont de 600 liv.

ABBAYE *des Cordelieres, rue de l'Oursine, fauxbourg Saint-Marcel.* Cette Abbaye, d'abord fondée à Troyes en 1170 par Thibaut VII, Comte de Champagne, fut transférée à Paris en 1289, par la Reine Marguerite de Provence, femme de Saint-Louis; après la mort de ce Roi, elle se retira dans cette Maison, *Blanche* sa fille, veuve d'un Roi de Castille, s'y fit Religieuse, & donna de grands biens à cette Communauté.

Ces Religieuses possédoient le Manteau Royal de Saint-Louis; elles viennent d'en faire faire un ornement complet.

Les Pensions d'Education sont de 400 liv.

La nuit du premier Avril 1579 un débordement de la riviere de Biévre fit beaucoup de ravage; les eaux s'éleverent à la hauteur de quatorze ou quinze pieds, & se répandirent dans l'Eglise des Cordelieres jusqu'au maître-autel; heureusement que cette innondation ne dura que trente heures.

ABBAYE *Royale de Montmartre*. Cette Abbaye est composée de 55 Religieuses, & jouit de 30,000 liv. de revenus. L'Abbesse est Dame du lieu. Les Pensions d'Education sont de 500 livres. (*Voyez le volume des Environs*).

ACADÉMIES.

Il y a plusieurs Académies à Paris. Mais nous nous garderons bien de les décrire toutes; car on a encore plus abusé du nom que de la chose. Nous nous bornerons donc à faire mention de celles qui peuvent intéresser le goût ou la curiosité des Etrangers.

ACADÉMIE *Françoise*. C'est pour conserver la pureté de la langue Françoise, l'embellir & l'augmenter, que cette Académie a été fondée par le Cardinal Richelieu, & approuvée par Louis XIII, en 1634, par Lettres-Patentes, que le Parlement ne vérifia qu'en 1637, & où il ajouta cette clause: *A la charge que ceux de l'Académie ne connoîtront que de l'ornement, embellissement & augmentation de la langue Françoise, & des livres qui seront faits par les Académiciens & par autres personnes qui le désireront & voudront, &c.*

La gloire de cette illustre Société a excité long-temps les clameurs de l'envie : on a critiqué jusqu'à sa devise : *à l'Immortalité.* Mais le silence prudent des Académiciens a fait taire la satyre. Il n'en est guere plus question aujourd'hui. Cette Société acquiert, de jour en jour, un nouveau lustre : des gens aussi distingués par leur naissance que par leur fortune, briguent & reçoivent le titre honorable d'Académicien François.

L'usage a établi que chaque Récipiendaire, dans son discours de réception, feroit l'éloge du défunt qu'il remplace, & du Cardinal fondateur de l'Académie. Il est malheureux pour cette Société, de devoir son existence à ce grand Politique ; car que des Gens de Lettres fassent, chacun à leur tour, l'éloge d'un Ministre aussi cruel, que le Cardinal Richelieu, cela n'est pas trop philosophe.

Les Membres ont chacun un fauteuil pour siege ; ils n'avoient auparavant que des chaifes. Mais les infirmités d'un Académicien puiffant, & l'égalité qu'on a voulu maintenir parmi eux, leur a procuré l'avantage d'être affis plus commodément.

Deux Prix, l'un d'Eloquence & l'autre de Poéfie, fe diftribuent alternativement tous les ans aux féances publiques du jour de la Saint-Louis. Ce même jour l'Académie fait chanter, dans la chapelle du Louvre, une meffe en mufique, après laquelle on y entend le panégyrique de ce Saint.

Les Affemblées fe tiennent les Lundis, les Jeudis & les Samedis après midi, depuis trois heures jufqu'à cinq heures, dans une falle au rez-de-chauffée, qui eft à gauche du grand pavillon. Cette falle eft décorée de plufieurs portraits, dont les plus remarquables font ceux du Cardinal Richelieu, du Chancelier Seguier, de Louis XIV, de la Reine Chriftine de Suede, dont elle fit préfent à l'Académie lorfqu'elle affifta à une de fes Affemblées. On y voit auffi les buftes de plufieurs hommes célèbres; & ce qui eft digne d'être remarqué; c'eft qu'on y a placé les buftes de Diderot & de Pyron, qui n'étoient point Académiciens.

Le Roi eft le protecteur de cette Académie.

ACADÉMIE *Royale des Sciences.* Après la paix des Pyrénées, Louis XIV fonda en 1666 cette Académie, dont l'objet eft le progrès des Sciences, l'encouragement des recherches & des découvertes, tant dans la Physique, la Géométrie & l'Astronomie, &c., que dans les Sciences dont on peut faire l'application aux besoins journaliers de la société. Cette Académie, qui se divise en quatre classes, est composée de soixante & seize Membres.

Le premiere Classe est celle des Honoraires ; la seconde, celle des Pensionnaires, qui sont obligés de résider à Paris ; la troisieme, des Associés, parmi lesquels il ne peut y avoir que huit Etrangers ; la quatrieme, des Adjoints : ils sont au nombre de douze.

Cette Académie est dirigée par un Président, un Vice-Président, par un Directeur & un Vice-Directeur, nommés tous les ans par le Roi ; de plus, par un Secrétaire & un Trésorier qui sont perpétuels. Elle tient ses séances dans une salle du Louvre, tous les Mercredis & Samedis.

M. *Rouillé*, Conseiller au Parlement, y a fondé, en 1714, deux Prix de deux mille livres chacun, l'un pour celui qui résoudra le mieux une question intéressante sur l'Astronomie que l'Académie proposera, & l'autre pour celui qui remplira le mieux une question proposée sur la navigation. Tous les ans il se donne alternativement un de ces Prix.

Un Anonyme a encore fondé deux Prix, l'un pour encourager la recherche des moyens de préserver les ouvriers des maladies auxquelles ils font exposés ; l'autre pour simplifier les procédés des Arts méchaniques : ces deux Prix font chacun de 1080 livres.

Feu M. de *Montigny*, Membre de ladite Académie, a aussi fondé, par son testament, un prix annuel de six cents livres en faveur de la Chymie & de la perfection des Arts.

Cette Académie tient deux séances publiques, l'une après la St-Martin, l'autre après la rentrée de Pâques. Elle donne tous les ans un volume *in-4°.* de ses Mémoires qui sont précédés d'une histoire faite par le Secrétaire. Elle prend pour sceau un soleil entre trois fleurs de lys, & pour devise une Minerve environnée des instrumens des Sciences & des Arts ; avec ces mots : *invenit & perficit.*

Le salle de cette Académie est décorée des bustes de plusieurs Académiciens, & d'un tableau d'*Antoine Coypel*, qui représente Minerve portant le médaillon de Louis XIV. Les modeles des différens ouvrages approuvés par l'Académie des Sciences, ainsi qu'une Bibliotheque qui lui est particuliere, remplissent d'autres pieces dépendantes de la premiere, lesquelles formoient jadis l'appartement d'Henri IV.

ACADÉMIE *des Inscriptions & Belles-Lettres.* Ce fut encore sous le ministere de Colbert que Louis XIV, en 1663, fonda cette Académie, seulement sous le titre *des*

Inscriptions & des Médailles, afin qu'elle s'occupât à composer des inscriptions, des sujets de médailles & leurs devises, pour servir à l'histoire de son regne. Mais ce Roi, en confirmant cet établissement par Lettres-Patentes du 4 Janvier 1713, lui ajouta le titre de *Belles-Lettres*. Ainsi, depuis ce temps, la recherche des mœurs, des usages, des coutumes, des monumens de l'antiquité, ainsi que toute littérature relative à l'histoire, est du ressort de cette Académie.

Un Secrétaire perpétuel, qui réunit la charge de Trésorier, est à la tête de cette Compagnie, qui est encore dirigée par un Président & Vice-Président pris dans la classe des Honoraires, par un Directeur & sous-Directeur pris dans celle des Pensionnaires, qui sont tous quatre nommés par le Roi, chaque premier Janvier.

La tête du Roi, trois fleurs de lys, avec cette inscription : *Regina inscript. & numismatum Academia*, forment le sceau de cette Académie. Elle prend pour devise la Muse de l'histoire, tenant de la main droite une couronne de laurier. A droite est un cippe; dans le lointain, à gauche, est une pyramide qu'elle montre, sur laquelle on lit ces mots : *vetat mori*.

Deux Prix, l'un d'une médaille d'or de quatre cents livres, fondé par le Président de *Noinville*, en faveur de la littérature ancienne; l'autre d'une médaille d'or de cinq cents livres, fondé par M. le Comte de

Caylus, pour l'éclaircissement des usages antiques, se distribuent tous les ans aux deux assemblées publiques, le premier à celle du Mardi après la Quasimodo, le second à celle du Vendredi après la St-Martin.

Tous les trois ans, cette Académie fait paroître deux volumes de ses Mémoires, & l'histoire de la Société par le Secrétaire.

La salle des assemblées, qui est près de celle de l'Académie Françoise, est décorée de quatre grands tableaux d'*Antoine Coypel*, & de plusieurs portraits peints par le fameux *Rigaud*.

ACADÉMIE *Royale de Peinture & de Sculpture*. Cette Académie, long-temps protégée par le Cardinal Mazarin, reçut enfin, en 1664, un établissement solide par le zèle de deux célebres Protecteurs des Arts, le Chancelier Seguier & le Ministre Colbert, qui lui obtinrent des Lettres-Patentes & un appartement au Louvre.

Le même Ministre ayant obtenu du Roi, en 1667, l'établissement d'une École Françoise de Peinture & de Sculpture à Rome, la source des beaux Arts, résolut de la réunir avec l'Académie de Paris. Louis XIV cimenta cette association par Lettres-Patentes du mois de Novembre 1676.

Le nombre, ni le genre des Académiciens n'est point fixé ; on y admet des femmes, dont les talens les en rendent dignes.

Un homme nud, dans une attitude prescrite par les Professeurs, est dessiné par les Etudians, chacun du point où ils sont assis. Ce dessin est ce qu'on appele *une Académie*.

Six grandes pieces, qui contiennent un nombre infini de Tableaux, de Statues, Bustes, Figures, Bas-reliefs, Médailles, Estampes, &c. forment l'Appartement de cette Académie.

On distribue, tous les trois mois, trois Prix de Dessin, & tous les ans à la St-Louis, quatre grands Prix, deux de Peinture, & deux de Sculpture. Ces derniers Prix sont chacun une médaille d'or. Ceux qui les remportent sont envoyés & pensionnés à Rome aux dépens du Roi, pendant l'espace de deux ans, pour se perfectionner le goût, & étudier les Monumens de l'antiquité.

Les Académiciens, ainsi que les Agrégés, ont le droit d'exposer, tous les deux ans, leurs ouvrages au Sallon du *Louvre*.

ACADÉMIE *d'Architecture*. C'est encore au grand Colbert que la France doit l'établissement de cette Académie : commencée en 1671, elle fut confirmée en 1717, & reconfirmée en 1776 avec quelques restrictions. Le Roi en est le Protecteur.

Elle est divisée en deux classes, la premiere est composée d'un Directeur & de seize Académiciens, dont un est Secrétaire perpétuel, un Professeur d'Architecture, & un Professeur de Mathématiques. La seconde est aussi composée de seize Académiciens, qui sont tous Architectes du Roi. Il y a de plus six Associés libres honoraires, qui participent de ces deux classes.

Le Roi nomme aux places vaquantes; mais l'Académie a préalablement le droit de choisir trois Candidats, l'un desquels est nommé par Sa Majesté.

Cette Académie, qui a pour Directeur le plus ancien des trois Intendans-Généraux des bâtimens, tient ses Assemblées tous les Lundis de relevée. Deux fois la semaine deux Professeurs se succédent pour donner publiquement des leçons gratuites d'Architecture & de Mathématique.

Tous les mois on distribue un Prix d'émulation aux Eleves, & tous les ans deux grands Prix; le premier consiste en une médaille d'or, de la valeur de deux cents livres; le second est une médaille d'argent. Celui qui remporte le premier de ces grands Prix est envoyé à Rome aux dépens du Roi, pour y étudier, dans l'Ecole Françoise d'Architecture, qui y est établie, les antiques Monumens de cet Art, dont ce Pays est le trésor.

Parmi les différens Desseins du Louvre qu'on rencontre dans les salles de cette Académie, on voit ceux du fameux *Cavalier Bernin*, qui n'ont point été suivis.

ACADÉMIE *de Chirurgie.* (Voy. *Ecole de Chirurgie*).

ACADÉMIE *Royale de Musique* (*Voyez Opéra*).

ACADÉMIE *de Danse*. Louis XIV l'établit en 1661. Les Académiciens, fixés au nombre de treize, ont droit de montrer l'Art de la Danse sans Lettres de maîtrise, & ils jouissent de plusieurs autres privileges. Les assemblées se tiennent rue Basse, porte Saint-Denis, Maison de M. Laval, qui en est le Directeur.

ACADÉMIE *d'Armes*. Ce n'est pas ici le lieu de disserter sur l'utilité de cet établissement, de montrer combien il autorise ce point d'honneur barbare, cette coutume destructive, digne monument de l'ignorance & de la cruauté des premiers François, cette bravoure inconnue chez les Nations belliqueuses de l'antiquité, qui arme deux citoyens l'un contre l'autre, & qui enleve à la patrie ses plus courageux défenseurs. Nous dirons seulement que cette Académie est composée de vingt Maîtres en fait d'armes, qui apprennent, avec privilege exclusif, aux jeunes gens, l'art de s'entretuer avec grace & méthode. Louis XIV, qui a donné des loix rigoureuses contre le duel, accordé à cette Compagnie des privileges & des honneurs qui ne peuvent que la faire fleurir. Il lui a permis de prendre, pour armes, le champ d'azur à deux épées en fautoir, les pointes hautes, les pommeaux, poignées & croisées d'or, accompagnées de quatre fleurs de lys, avec timbre au-dessus de l'écusson, & trophée d'armes autour. Au bout de vingt ans d'exercice, ces Maîtres en fait d'armes acquierent la noblesse pour eux & pour leurs descendans.

Dans l'Almanach Royal, on trouve leurs noms & leurs adresses.

ACADÉMIE *Royale d'Equitation.*
Cette Académie se tient dans le Manege des Tuileries, où les jeunes gens distingués apprenent à monter à cheval, & les autres exercices relatifs à cet Art.

ACADÉMIQUE *d'Ecriture (Bureau).*
Un Faussaire, que la Justice fit punir en 1569, pour avoir contrefait la signature de Charles IX, donna lieu à l'érection d'une Académie d'Ecriture, qui fut composée d'une Communauté d'Ecrivains, Jurés-Experts-Vérificateurs, suivant les Lettres-Patentes du mois de Novembre 1570. Tous les Rois ces successeurs ont confirmé cette Académie, qui n'a été en vigueur que depuis son ouverture du 25 Février 1762.

De nouvelles Lettres-Patentes du 23 Janvier 1779, ont donné une nouvelle constitution à cette Académie. Elle est composée de vingt-quatre Membres, à la tête desquels président M. le Lieutenant de Police, M. le

Procureur du Roi ; enſuite un Directeur & un Secrétaire, nommés chaque année à la fin de Mars. Il y a en outre vingt-quatre Agrégés, autant d'Aſſociés étrangers, & des Correſpondans Ecrivains, dont le nombre n'eſt point fixé. Le Bureau eſt ſitué rue Coquillere, vis-à-vis l'hôtel du Roulage. Les ſéances ſe tiennent les premier & troiſieme Vendredis de chaque mois, à ſix heures du ſoir.

Les ſéances des Profeſſeurs, en faveur de tous les Maîtres de Paris, ſe donnent les ſecond & quatrieme Dimanches de chaque mois, à onze heures du matin.

Ce Bureau académique a ſon ſceau & une médaille dont le coin lui appartient.

On y forme des Eleves, tant externes que penſionnaires ; les penſions y ſont de 800 livres.

(*Voyez* ci-après, *Inſtitution des Aveugles*).

ANDRÉ DES ARCS (*Saint*). L'Egliſe de Saint-André des Arcs fut bâtie à la place d'un ancien oratoire, ſous le titre de *Saint-Andiol*, qu'on prononçoit *Saint-Andeu* : on croit l'Egliſe actuelle du quinzieme ou ſeizieme ſiecle.

Derriere le maître-autel ſont les quatre Evangéliſtes peints par *Reſtout*, & au milieu un Saint-André, dernier ouvrage de *Hallé*, & qu'il a peint à l'âge de quatre-vingt-deux ans. Les autres tableaux qui sont au-dessus sont peints par *Sanson*.

Aux deux côtés du sanctuaire sont deux tombeaux adossés chacun à un pillier du chœur.

A gauche est celui d'*Anne Marie Martinozzi*, princesse *de Conti*; la figure symbolique & ses attributs sont l'ouvrage de *Girardon*.

A droite en face est le tombeau de son époux, *François - Louis de Bourbon, Prince de Conti*; il est du dessin de *Couſtou l'aîné*. On y voit une figure de Pallas, appuyée sur un lion & tenant le médaillon du Prince. Les Critiques n'ont pas trouvé bien décent que la Déesse Pallas fût placée dans le sanctuaire du Dieu des Chrétiens.

La Chapelle de la Vierge, qui est à gauche du maître-autel, est ornée de figures par *François*. Dans une Chapelle, du même côté, est le mausolée de *Claude Leger*, ancien Curé de cette paroisse, très-recommandable par ses vertus.

La Charité, appuyée sur le sarcophage, est dans la désolation de la mort du Pasteur, qui est représenté descendant au tombeau, encouragé par la Religion. Ce monument en stuc est l'ouvrage de M. *de Laître*.

A côté de cette Chapelle, est un monument élevé à la mémoire de l'Abbé *le Batteux*, littérateur distingué.

Ce monument est intéressant par la grace

de fa compofition ; c'eft un cippe, furmonté d'une urne cinéraire, & du médaillon du défunt, qui eft entouré des attributs de fes talens ; mais ce qui flatte davantage, fous le regne de l'égoïfme, c'eft cette infcription fi touchante, quand on eft sûr que l'intérêt ne l'a point dictée, *amicus amico*.

Dans la Chapelle de la famille de Thou à droite de la nef, on voit le bufte de *Chriftophe de Thou*, accompagné de deux figures de Vertus tenant des couronnes de lauriers, & de deux Génies en pleurs. Il mourut en 1582 à 74 ans. Henri III pleura fa mort, & difoit fouvent que Paris ne fe fût point révolté, fi *Chriftophe de Thou* avoit été à la tête du Parlement.

A côté eft le maufolée du célebre *Jacques-Augufte de Thou*, troifieme fils de *Chriftophe*, Préfident à mortier au Parlement de Paris. Sa figure eft repréfentée à genoux, entre celles de fes deux femmes, qui font dans la même attitude ; la premiere, du côté de l'autel, eft la figure de *Marie de Barbançon-Cani* ; l'autre eft *Gafparde de la Chartre*, feconde femme. Ce beau monument eft l'ouvrage de *François Anguier*.

Jacques-Augufte de Thou, célebre par l'*Hiftoire de fon temps*, écrite en latin, formant 138 livres, par l'impartialité & le bon fens qui y regne, eft regardé comme un de nos meilleurs Historiens ; il mourut le 8 Mai 1617 à 64 ans (1).

Dans cette Eglise repose aussi les cendres de plusieurs personnes distinguées ; tels sont, *Jacques Coctier*, Médecin de Louis XI (2) ; *Sébastien le Nain de Tillemont ; Nanteuil*, habile Graveur; *Charles Dumoulin*, Jurisconsulte ; *Henri d'Aguesseau*, Conseiller d'Etat ; *Antoine Houdard de la Motte*, de l'Académie-Françoise, mort le 26 Décembre 1731.

On a remarqué que le jour de l'enterrement de cet Académicien, Paris fut cou-

___

(1) M. de Thou avoit dans son histoire dit des vérités peu avantageuses à la mémoire d'*Antoine-Duplessis Richelieu*, grand oncle du fameux Cardinal de ce nom : ce Cardinal Ministre, eut la cruauté de s'en venger sur le fils aîné de cet Historien; il le fit condamner sous de faux prétextes à avoir la tête tranchée. Ce qui fut exécuté à Lyon en 1642. On assure que le Cardinal disoit à cette occasion : *de Thou le père a mis mon nom dans son histoire, je mettrai le fils dans la mienne.*

(2) En cinq mois, ce Roi donna à ce Médecin cinquante-quatre mille écus comptant, ce qui étoit prodigieux pour le temps; il donna de plus l'Evêché d'Amiens à son neveu, &c. Louis XI croyoit que Coctier pouvoit le faire vivre plus long-temps en le payant bien ; ce Médecin parloit très-dûrement à ce Roi. *Vous me renverrez au premier jour*, lui disoit-il, *comme vous faites de vos serviteurs ; mais*, continuoit-il, en jurant bien fort, *vous ne vivrez pas huit jours après.* Louis XI, qui épouvantoit tout le monde par sa cruauté, étoit lui-même épouvanté des menaces de son Médecin.

vert d'un brouillard si épais, que malgré les lanternes & les flambeaux multipliés, des carosses & de la procession, l'obscurité étoit si complette, que les équipages se heurtoient, & qu'il en résulta plusieurs accidens.

Je ne citerai aucune autre épitaphe de cette Eglise, que la suivante, qui m'a paru assez remarquable pour être transcrite entierement ; elle est gravée sur une table de cuivre, placée à côté de la Chapelle de Thou.

  Celui qui fut d'un cœur net & entier,
Repose ici, M*e* *Mathieu Chartier*,
Nay de Paris, homme prudent & sage,
Des sainctes lois l'ornement en son eage ;
Du palais fut le premier estimé ;
Des indigens le pere fut nommé,
Qui, sans orgueil, convoitise ou envie,
Quatre-vingts ans vesquit en cette vie.
  Jehane Brinon pour femme, il épousa,
Qui chastement près de lui reposa ;
Et cinquante ans, l'un à l'autre fidelle,
Eurent un lit sans noise, ni querelle.
Des ans soixante & deux elle vesquit,
Puis, comme tout, la Pasque la veinquit.
Leurs filles & petit-fils, plein de douleur amere
Pour le trépas de leurs bon pere & mere,
En larmoyant, ont basti ce tombeau,
Et honoré de ce présent Tableau.
  Or toi, passant, qui marches sur leur cendre
Ne t'ébays de ne voir ici pendre
De grands pilliers de marbre parien,
Elabourés d'ouvrages Phrigien,
Si tu ne vois un grand rang de colonnes ;
Tels vains honneurs sont bons pour les personnes
De qui la mort efface le renom,
Et fait périr la gloire avec le nom ;

Mais non à ceux dont les vertus fupremes,
Apres la mort les font vivre d'eux-mefmes.
Voire, & fi veux encore t'avertir
Qu'on ne devoit un tombeau leur baftir
Fait d'art humain, puifque leur renommée
Leur fert ici d'une tombe animée.
1559.

La naïveté touchante de cette épitaphe peu connue, le ton philofophique qui regne à la fin prouve qu'elle eft l'ouvrage d'un Poëte diftingué du feizieme fiecle.

L'œuvre qui eft au milieu de la nef eft remarquable par un médaillon en marbre repréfentant Saint-André, placé dans le couronnement; c'eft un *Exvoto d'Armand, Arrouet*, frere de Voltaire, auffi antiché du janfénifme, que celui-ci en étoit éloigné (1).

La rue qui tire fon nom de cette Eglife, eft célebre dans l'Hiftoire de France, par l'entrée furtive des troupes du Duc de Bourgogne, & le maffacre que firent ces factieux d'un grand nombre de citoyens.

« Pendant les guerres civiles, fous le regne
» de Charles VI, dit M. de Sainte-Foix, la
» nuit du 28 au 29 Mai 1418, Périnet le
» Clerc, fils d'un Quartenier de la Ville,
» prit, fous le chevet de fon pere, les clefs

---

(1) M. Arouet le pere, fatigué des exactions Janfeniftes & Poétiques de fes deux enfans, s'écrioit quelquefois, *j'ai pour fils deux fous, l'un en profe, & l'autre en vers.*

» de la porte de Buſſy, & l'ouvrit aux troupes
» du Duc de Bourgogne. Ces troupes, aux-
» quelles ſe joignit la plus vile populace,
» pillerent, tuerent ou empriſonnerent tous
» ceux qui étoient oppoſés à la faction de ce
» Prince, & qu'on appelloit *Armagnacs* ».

Les Bouchers érigerent une ſtatue à ce traître Périnet, dont le tronc ſervoit, dit-on, de borne à la maiſon qui fait le coin de la rue Saint-André des Arcs, & de la rue de Vieille Boucleric.

ANNONCIADES *Céleſtes, ou Filles Bleues*. Ces Religieuſes, dont le Couvent eſt ſitué rue Culture Ste-Catherine, furent inſtituées à Gênes en 1654, & fondées à Paris en 1637 par *Mademoiſelle*, fille de Gaſton de France, Duc d'Orléans. Outre les trois vœux ordinaires, ces Religieuſes en font un quatrieme très-méritoire pour des femmes, c'eſt celui de ne point regarder d'homme, ni de ſe laiſſer voir à perſonne, excepté trois fois l'année, en faveur des peres, meres, freres & ſœurs ſeulement.

Il faut aller voir le tableau du maître-autel; c'eſt une Annonciation par le *Pouſſin*. Dans un parloir au premier étage eſt un tableau de fleurs par *Fontenai*.

ABBAYE *Royale de St-Antoine des Champs, grande rue du fauxbourg St-Antoine*. Une ancienne Egliſe que l'on voit encore dans cette Maiſon, ſous l'invocation de Saint-Antoine, a donné son nom à cette Abbaye, aux fauxbourg & à la rue qui y conduit. Ce fut d'abord un asyle où des filles débauchées venoient pleurer & expier leurs débordemens. Par le conseil de *Guillaume*, Archevêque de Bourges, & avec la permission d'*Odon*, Evêque de Paris, elles embrasserent la regle de Citeaux. Les priviléges rares & les biens dont jouit cette Abbaye, sont dus à la dévotion de Saint-Louis.

Dans l'Eglise, ainsi que dans l'intérieur de cette Abbaye, sont les tombeaux de gens illustres, de Princes & Princesses, tels que ceux de Jeanne & Bonne de France, filles du Roi Charles V; Madame de Bourbon-Condé, Abbesse de cette Communauté; de Philippe Clérambaut & Louise Bouthillier de Chavigni, son épouse.

Dans l'enclos de cette Abbaye, est une Chapelle dite de *Saint-Pierre*; elle est l'Eglise paroissiale de l'enclos. Le Curé ne peut, ni baptiser, ni marier, mais seulement administrer les Sacremens aux malades & enterrer les morts.

Les nouveaux bâtimens de ce Monastere réunissent la beauté à la commodité. Ils ont été construits par M. *Goupil*, d'après les Dessins de M. *le Noir le Romain*, qui a également donné les Dessins du Sanctuaire de l'Eglise (1).

─────────────

(1) Un Capucin prêchoit au jour de Pâques dans

A la fin d'Août, 1432 l'Abbesse, & plusieurs Religieuses de cet Abbaye, furent mises en prison, parce qu'elles étoient complices du projet de favoriser l'entrée de Paris aux troupes de Charles VII.

ANTOINE (*Petit Saint*), rue Saint-Antoine. Cette Maison étoit anciennement une Commanderie ou Hôpital pour la maladie épidémique nommée de *Saint-Antoine*, fondé par *Saint-Louis. Charles V* y plaça des Antonins. *Hugues de Châteauneuf*, Abbé général, fit continuer l'Eglise en 1375, & elle ne fut consacrée & dédiée que le 3 Juin 1442 par l'Evêque de Paris, *Denis des Moulins*.

L'ordre des Antonins a été réuni à celui de Malte. Par cette réunion, ces Moines ont cédé tous leurs biens, & en récompense on les a gratifié d'une pension & de la croix de Malte.

L'Eglise n'a rien de remarquable que le tableau du maître-autel, qui représente une adoration des Rois par *Cazes*.

ARSENAL. Les granges de l'artillerie, bâties sous Charles V, appartenantes à la

---

cette Eglise. « Savez-vous, Mesdames, disoit-il, » pourquoi, après être ressuscité, Jésus-Christ ap» parut d'abord aux femmes? C'est que sachant » combien les femmes aiment à parler, il ne pou» voit mieux s'adresser pour rendre bientôt publique » la nouvelle de sa résurrection.

Ville, furent prêtées, mais de très-mauvaise grace, par le Prevôt des Marchands, à François I, qui en avoit besoin pour fondre des canons. Ce que le Prevôt des Marchands avoit appréhendé arriva; le Roi s'empara de ces granges, qui devinrent Maison Royale.

Le 28 Janvier 1562, le tonnerre tomba sur une tour, appellée la *tour de Billy*, qui faisoit partie de cet Arsenal. Quinze ou vingt milliers de poudre firent une explosion terrible. Trente personnes y furent blessées, trente-deux y perdirent la vie, tous les bâtimens furent renversés, & les pierres en furent lancées, par la violence du feu, jusqu'à l'Abbaye de Saint-Antoine & à celle de Saint-Victor. Cette commotion qui se fit sentir jusqu'à Melun, qui est situé à dix lieues de Paris, produisit un effet singulier : elle fit périr tous les poissons de la riviere.

Les Rois Charles IX, Henri III & Henri IV, rétablirent l'Arsenal, & l'augmenterent considérablement.

On assure que Louis XIII avoit formé le projet d'un canal qui auroit entouré Paris, depuis l'Arsenal jusqu'à la porte de la Conférence, que le plan en étoit arrêté, le traité terminé, & beaucoup de dépenses déjà faites, lorsqu'un Moine, un Capucin qui venoit parmi le satin des simares, l'or & la pourpre des Cours, confondre son extérieur d'humilité & sa robe de pénitence, pour donner son avis sur les grandes affaires de l'Etat, le frere *Joseph*, conseil intime du Cardinal de Richelieu, puissant protecteur de cette entreprise, se trouva être l'ennemi du Sur-Intendant des Finances, M. de Bullion. Celui-ci saisit avidemment l'occasion de contrarier son antagoniste, & l'ouvrage fut interrompu. C'est ainsi que les petites causes arrêtent souvent de grands effets.

En 1718, on fit abattre une partie des anciens bâtimens, pour y élever l'hôtel du Gouverneur, qui fut construit sur les dessins de *Germain Boffrand*.

Les bâtimens de l'Arsenal composent plusieurs cours. Les appartemens ci-devant occupés par le Grand-Maître de l'artillerie de France, sont richement meublés. Il ne faut pas oublier d'aller y admirer le grand Sallon que le célebre *Mignard* peignit à son retour d'Italie, la France triomphante en est le sujet.

La porte du côté du quai des Célestins, fut construite en 1584 ; elle est décorée, non de quatre colonnes, mais de quatre canons. Sur une table de marbre noir qui est au-dessus, on lit les deux vers de *Nicolas Bourbon*, remarquables par leur énergique précision & leur harmonie. On a dernierement essayé d'en faire deux vers François ; on est à peine parvenu à les traduire passablement. Ces vers étoient tellement admirés par le fameux Santeuil, Poëte latin, qu'il s'écrioit dans son enthousiasme

siasme poétique : *J'aurois voulu les avoir faits & être pendu.*

*Ætna hæc Henrico Vulcania tela miniſtrat :
Tela gigantæos debellatura furores.*

Malgré cette inscription, depuis que Louis XIV a établi des Arſenaux ſur les frontieres du Royaume, cet Arſenal n'en a plus que le nom. Les fonderies qui y ſont encore, ſervent à produire des figures de bronze qui doivent embellir les Jardins Royaux. « Quelques fuſils rouillés, quelques mortiers hors d'état de ſervir, voilà tout ce qu'on y voit », dit M. Mercier.

On remarque, à propos d'artillerie, que la poudre a été inventée par *Bertholde de Schwarts*, Moine Allemand, les bombes par *Galles*, Evêque de Munſter ; les cages de fer, ſous Louis XI, par l'Evêque de Verdun, qui fit lui-même la premiere épreuve de ce ſupplice : il fut enfermé dans la premiere cage qui fut faite, pendant l'eſpace de quatorze ans ; & ſous le miniſtere du Cardinal Richelieu, un autre Moine, le Pere *Joſeph*, Capucin, imagina les Eſpions ſoudoyés par la Police, & les Lettres de cachet.

ASYLE. Il y a à Paris des endroits de ſûreté, où l'on eſt à l'abri des pourſuites des Créanciers. Ce ſont les Maiſons Royales, le Palais Royal, le Temple, l'enclos de l'Abbaye Saint-Germain-des-Prés, l'Arſenal,

Saint-Jean de Latran, Saint-Martin-des-Champs, Saint-Denis de la Châtre & les Quinze-Vingts.

AUGUSTINS. Il y a dans cette ville trois Couvens d'Augustins; les Grands, les Petits & les Réformés, ou Petits-Peres.

GRANDS-AUGUSTINS. Plusieurs Congrégations d'Hermites de toutes les couleurs, formées en Italie, réunies en 1200 par le Pape Alexandre IV, vinrent s'établir à Paris, sous le regne de Saint-Louis, & se fixerent dans l'emplacement où ils sont aujourd'hui, qu'ils acquirent de certains Pénitens mendians, appellés *Freres Sachets* (1).

Cette Eglise fut rebâtie sous le regne de Charles V.

Dans la premiere Chapelle à gauche est un tombeau sur lequel sont deux figures à genoux : elles représentent Nicolas de Grimonville, Seigneur de l'Archant, & Diane de Vivonne de la Chateigneraie sa femme. Ce Seigneur mourut, d'une blessure reçue au pied, le 28 Février 1592 au siege de Rouen. Son corps fut transporté aux Augustins le 20 Juillet de la même année; sa femme lui fit élever ce mausolée, & y fit graver non-seulement l'inscription latine qu'on y voit,

─────────────────

(1) Le nom de ces Freres vient de ce qu'ils étoient vêtus d'un sac.

mais aussi une épitaphe composée de 70 vers François, que les Augustins n'ont pas jugé à propos de conserver.

L'Archant étoit Capitaine des cent archers de la garde de Henri III, & comme il étoit toujours auprès de ce Prince, il fut souvent employé dans des expéditions secrettes (1).

Diane de Vivonne son épouse mourut le 10 Mars 1603.

Dans la même Chapelle est, à côté de l'autel, une table de marbre blanc sur laquelle on voit le médaillon & l'épitaphe de *Bernard Cherin*, Généalogiste & Historiographe des Ordres du Roi, mort le 21 Mai 1785. Il étoit, dit l'inscription, *sévere, désintéressé, incorruptible, ardent ami*

---

(1) A la Saint-Barthelemi il fit tuer le sieur de *Theligny*, gendre de Gaspard de *Coligni*. Lorsque *Marguerite de Valois*, femme du Roi de Navarre, qui devint Henri IV, quittoit la Cour de France, pour aller rejoindre son époux, l'Archant, accompagné d'une troupe d'Arquebusiers, arrêta cette Princesse, par ordre de Henri III, entre Saint Clerc & Palaiseau, l'obligea de se démasquer, fouilla dans sa litière, donna quelques soufflets à Madame de *Duras*, & à Mademoiselle de *Bethune*, ses favorites, & mena ces Dames & autres, de la suite de la Reine de Navarre, prisonnières à l'Abbaye de *Ferrière*. Aux Etats de Blois, il arrêta un Page du Duc de Guise, qui lui portoit un mouchoir, dans lequel son Secrétaire avoit caché un papier qui contenoit un avis de sortir & de se sauver, s'il vouloit éviter la mort.

C ij

de la vérité & plein du courage qu'elle inspire.

On voit dans le chœur six grands tableaux, dont cinq représentent les réceptions des Chevaliers de l'Ordre du Saint-Esprit. Le premier, le quatrieme & le cinquieme, sont de *Vanloo l'aîné*, le second est peint par *de Troy fils*, le troisieme par *Philippe de Champagne*: ils représentent les cérémonies de l'Ordre du Saint-Esprit. Le sixieme, qui offre Saint-Pierre, dont l'ombre guérit les malades, est de *Jouvenet*.

Huit colonnes Corinthiennes d'un marbre breche violette, s'élevent au-dessus du maître-autel, & supportent une demi-coupole qui est ornée de figures du meilleur goût : c'est d'après les desseins de *le Brun*.

La menuiserie des stales & de la chaire, est un chef-d'œuvre de sculpture, que l'on doit au ciseau du célebre *Germain Pilon*.

Dans la Chapelle qui est à côté du maître-autel, appellée Chapelle du Saint-Esprit, parce que Henri III y tint le premier Chapitre de cet Ordre, est un tableau de *Jacob Bunel*, représentant la Pentecôte. Dans la Sacristie, est une adoration des Mages par *Bertholet Flamael*.

Derriere la Chapelle du Saint-Esprit en est une autre fort ancienne, fondée par *Philippe de Commines*, & dans laquelle est le tombeau de cet habile Historien des regnes de Louis XI & de Charles VIII. Cette Chapelle est depuis long-temps fermée aux

Curieux, parce qu'elle sert de magasin à Cire.

Dans la partie de l'Eglise, qui est à côté du Chœur, on voit dans des Chapelles quelques tableaux parmi lesquels on remarque dans la Chapelle de *Mesme*, une Transfiguration par *Porbus*, ainsi que plusieurs tombeaux.

Celui de *Jerôme l'Huillier*, que supportent deux figures.

Le tombeau de *Charles Brulart*, sur lequel est posé son buste : il possédoit plusieurs bénéfices, & il fut Ambassadeur en Suisse, à Ratisbonne. Il laissa un fils naturel qu'il avoit eu d'une Dame, nommée de Marolles : ce fils, appellé de Mesme, lui servoit de Secrétaire dans ses ambassades (1).

Dans le Cloître, on voit une figure de Saint-François en terre cuite, par *Germain Pilon*. Il est représenté en habit de Capucin, & dans l'attitude où il devoit être lorsqu'il reçut les stigmates de Notre-Seigneur.

Henri III choisit en 1579 cette Maison pour la cérémonie de l'institution de l'Ordre du Saint-Esprit; les salles consacrées à cet Ordre, ont été décorées de boiseries & des portraits, armes & qualités de tous les Commandeurs & Chevaliers qui y ont été reçus depuis l'établissement.

Depuis 1605, le Clergé tient ses Assem-

---

(1) Le Cardinal de Richelieu dit un jour à ce jeune homme, comme par méprise ; mais en effet, malicieusement, *vous direz de ma part, à votre pere,* puis se reprenant aussi-tôt, *vous direz à Monsieur l'Ambassadeur,* &c.

blées dans une des falles de cette Communauté, où font dépofés fes archives & fes regiſtres.

C'eſt dans une de ces falles que Louis XIII fut déclaré Roi, & Marie Médicis Régente.

Il exiſte encore pluſieurs autres falles vuides, où il fe fait fouvent des ventes de meubles, de tableaux & de livres.

Sous le regne de Charles VII, en 1439, des Huiſſiers voulant enlever le Pere Nicolas Aimeri, Me de Théologie, exciterent un ſi grand tumulte dans la Communauté, qu'un des Religieux fut tué par la main d'un Huiſſier. L'Univerſité fe joignit aux Auguſtins, pour demander au Prevôt des Marchands juſtice d'un pareil meurtre. Les Huiſſiers furent condamnés à faire amende honorable devant les Auguſtins; & pour éternifer cette réparation, les Peres ont fait faire un bas-relief, où l'on voit les Huiſſiers fubiſſant leur condamnation. Ce bas-relief eſt adoſſé à l'angle de la rue des Grands-Auguſtins (1).

PETITS-AUGUSTINS. Ce Couvent eſt fitué au fauxbourgs Saint-Germain. L'Eglife, dédiée à Saint-Nicolas Tolentin,

---

(1) L'an 1658, ces Peres donnerent encore une preuve de leur valeur guerriere; mais ce fut avec moins de fuccès. *Céleſtin Villiers*, Prieur, ayant fait une élection extrajudiciaire, ceux à qui elle étoit préjudiciable, obtinrent du Parlement un Arrêt qui ordonna qu'on en fît une autre, en préfence de quelques Conſeillers de la Cour. Les Re-

fut fondée le 15 Mai 1613, par Marguerite de Valois, premiere femme d'Henri IV,

---

ligieux refuserent d'obéir, & la Cour employa la force pour l'exécution de son Arrêt. Ces Moines mutins penserent à se défendre vigoureusement. En conséquence, ils firent provision d'armes & de cailloux, & bâtirent des murs derriere leurs portes. Les Archers de la Ville investirent cette religieuse citadelle, & ne pouvant entrer par les portes, ils essayerent de monter à l'assaut; ce que voyant, nos Guerriers enfroqués, commencerent à sonner le tocsin, à prendre les armes, & à tirer vivement sur les Archers. Ceux-ci répondirent sur le même ton. Tandis qu'une partie des assiégeans soutenoit le feu de ces enfans de Saint-Augustin, une autre partie s'occupoit à faire une breche au mur du côté de la rue Christine. Ces bons Moines voyant le péril approcher, prirent le parti de tirer, de son sanctuaire, le Saint-Sacrement, & de le porter sur la breche. Ce moyen, aussi lâche, aussi extrême qu'il est indécent & sacrilege, offre un de ces abus trop souvent répétés de l'ignorante dévotion des Peuples, où les Prêtres rendoient leurs querelles communes avec la Divinité. Bien loin d'avoir le succès que ces Peres en attendoient, cette ressource redoubla l'indignation & le courage de leurs ennemis. Les assiégés, presque vaincus, demanderent à capituler « L'on » donna des ôtages de part & d'autre, dit l'Histo- » rien de cette aventure (M. Brossette); le prin- » cipal article de la capitulation, fut que les as- » siégés auroient la vie sauve, moyennant quoi, » ils abandonnerent la breche, & livrerent leurs » portes. Les Commissaires du Parlement étant » entrés, firent arrêter onze de ces Religieux, qui » furent menés en prison à la Conciergerie ». Mais ils ressortirent triomphans au bout de vingt-sept jours. Le Cardinal Mazarin obtint leur liberté;

qui en avoit chassé les Augustins déchaussés, parce qu'ils s'étoient obstinés à ne pas vouloir chanter les cantiques & les louanges de Dieu *sur des airs qui seroient faits par son ordre. Ces Peres assurément n'aimoient pas la musique*, comme le dit M. de Saint-Foy.

Au milieu du retable du maître-autel est une niche dans laquelle est un groupe de trois figures en terre cuite, qui représente Saint-Nicolas de Tolentin, avec un Ange qui supporte un agonisant. La tête de ce dernier est un chef-d'œuvre admiré de tous les Connoisseurs, à cause de la vérité de son expression ; c'est l'ouvrage de *Biardeau*, qui a sculpté encore les statues de Sainte-Monique & de Sainte-Claire, qui sont des deux côtés de l'autel.

Le cœur de la Fondatrice, Marguerite de Valois, est conservé dans cette Eglise, où l'on voit aussi le tombeau de Nicolas *Mignard*, frere aîné du célebre *Pierre Mignard*.

AUGUSTINS *Réformés*, ou *Petits-Peres*. Les Moines de cette Communauté étoient les mêmes qui habitoient d'abord la

---

dans l'intention d'humilier le Parlement qu'il n'aimoit pas. Cette guerre Monacale, où deux Religieux furent tués les armes à la main, deux autres blessés glorieusement, a donné à Boileau l'occasion de faire dire, dans son Lutrin, à la Discorde qui raconte ses succès chez les Ordres Religieux : *J'aurois fait soutenir un siége aux Augustins.*

maison du fauxbourg Saint-Germain. Marguerite de Valois les en chassa, parce qu'ils n'avoient pas voulu chanter l'office à sa fantaisie (1).

En mémoire des victoires qu'il avoit remportées sur les Huguenots, Louis XIII fonda ce Couvent, sous l'invocation de Notre-Dame des Victoires, & lui accorda les mêmes privileges dont jouissent les Maisons de fondation Royale. L'architecture de cette Eglise est remarquable par sa belle simplicité. Le portail est sur les dessins de *Cartaud*.

Dans la premiere Chapelle à droite en entrant, est un tableau représentant Saint-Jean dans le désert, par M. *Lagrenée le jeune*. On y voit aussi le tombeau de M. Vassal, accompagné de deux figures sculptées par M. *Gois*.

Dans la quatrieme Chapelle est un Saint-Nicolas de Tolentin par *Galloche*. Et dans la sixieme, le tombeau du Marquis & de la Marquise de l'Hôpital, par *Poultier*.

Sur la porte de la Sacristie on voit Saint-Grégoire délivrant les ames du Purgatoire, peint par *Bon Boullongne*; & dans le fond de cette Sacristie, on admire le chef-

___

(1) On a observé que ces Petits-Peres, qui, dans ce temps-là n'avoient pas de goût pour la Musique, en ont beaucoup aujourd'hui pour l'Architecture. Ils ont vendu à des Entrepreneurs, pour y élever de superbes bâtimens, un terrein immense, à raison de 1500 livres la toise.

d'œuvre de *Galloche*, c'est une Translation des Reliques de Saint-Augustin, que fait faire Luitprand, Roi des Lombards, après les avoir achetées des Sarasins.

Dans la quatrieme Chapelle à gauche, est, sur l'autel, un Saint-Jean prêchant dans le désert, peint par *Bon Boullongne*. On y voit aussi le tombeau du célebre Musicien Lulli, construit aux frais de sa veuve. Le Musicien Lambert, beau-pere de Lulli, repose aussi dans ce tombeau.

On voit dans le Chœur sept tableaux du célebre *Carle Vanloo*; six représentent différens évènemens de la vie de Saint-Augustin; le septieme représente Louis XIII, accompagné du Cardinal de Richelieu, après la prise de la Rochelle, promettant à la Vierge de lui bâtir un temple (1).

Dans la croisée à droite est une statue de Saint-Augustin, par *Pigalle*. A gauche est celle de Notre-Dame de Savonne.

Le Frere Fiacre, mort en odeur de sainteté, après avoir fait une foule de miracles, étoit si généralement révéré, que son portrait étoit placé par-tout, & principalement sur les voitures de place, qui ont aujourd'hui conservé le nom de ce Bienheureux. Ce

---

(1) On vient de nettoyer, vernir, & pour ainsi dire ressusciter ces ouvrages de Carle Vanloo. Cette restauration nous rappelle le goût exquis, le coloris frais & argentin, le style gracieux & aimable, l'ordonnance tranquille, mais bien raisonnée des productions de cet estimable Artiste.

Saint-Fiacre étoit Moine de cette Maison. Il prédit à Anne d'Autriche, mere de Louis XIV, qu'elle auroit un fils : en considération de cette prophétie, qui ne tarda pas à s'accomplir, & à la sollicitation du Prophete, elle fit vœu de faire construire une Chapelle à Notre-Dame de Savonne, dans l'Eglise de ces Peres. Louis XIV, sous le ministere de Colbert, remplit la promesse de sa mere, & Notre-Dame de Savonne, qui devoit son culte aux visions d'un Paysan (1), dut sa Chapelle à la prophétie du Frere Fiacre.

Le Réfectoire est décoré de plusieurs superbes tableaux, peints par *Lafosse*, *Louis de Boullongne*, *Olivet*, *Alexandre* & *Galloche*.

(1) Le 18 Mars 1536, Antoine-Botta, Paysan du village de Saint-Bernard, près de la ville de Savonne, en se lavant les mains dans un ruisseau, vit une lumiere qui venoit du Ciel, & entendit une voix qui disoit : *Leve-toi, ne crains point, je suis la Vierge Marie, va trouver ton Confesseur, & dis-lui qu'il annonce au peuple de jeûner trois Samedis ; tu te confesseras & communieras, & le quatrieme Samedi, tu reviendras en ce lieu*. Botta vint à point nommé. La Vierge apparut vêtue d'une robe & d'un manteau blanc, ayant une couronne d'or sur la tête ; elle lui annonça que les crimes des hommes avoient irrité son fils contre eux, & que sa colere étoit prête à éclater. Le Pénitent & son Confesseur publierent cette apparition & ces paroles. Le Clergé, les Magistrats, le Peuple, firent des Processions, & instituerent une Fête solemnelle qui se célebre tous les ans le 18 Mars.

Dans la Bibliotheque, on voit le Portrait du Pere Euſtache (1), par le célebre *Rigaud*. Au milieu eſt une peinture à freſque, exécutée par *Mathei*, dans l'eſpace de dix heures.

Il y a auſſi dans cette Maiſon un Cabinet d'Antiquités, bien moins curieux par ſes bronzes & ſes médaillons, que par la précieuſe collection de tableaux qu'il renferme. On y trouve des productions des *Vender Meulen*, des *Wouvermans*, des *Rigaud*, des *Valentins*, des *Teniers*, des *Vandyck*, &c. On y trouve encore un tableau d'ancienne moſaïque, qui repréſente Saint-Jérôme avec un lion, & un bas-relief de l'hiſtoire de Saint-Léon & d'Atilla, tiré du Cabinet du Cavalier Bernin.

BAINS. Il exiſte dans la ville pluſieurs Baigneurs, qui procurent des Bains domeſtiques, qu'ils diſtinguent en Bains de ſanté & en Bains de propreté. Le prix des premiers eſt de quatre livres juſqu'à ſix livres, ſuivant la réputation du Baigneur; & les ſeconds, où le luxe des parfums eſt mis en uſage, coûtent depuis huit livres juſqu'à quinze livres. On trouve de ces Baigneurs dans

---

(1) Le Pere Euſtache fit à Rome un voyage exprés afin d'obtenir pour ſon ordre, la permiſſion de ne plus porter la barbe longue : on aſſure qu'il mit en uſage toutes les ruſes de la politique, pour réuſſir dans cette importante affaire.

les rues Pierre-Sarrasin, Saint-André-des-Arcs, rue de Richelieu, au Palais Royal, rue Jacob, fauxbourg Saint-Germain, rue du Sépulchre, rue de Condé, rue Serpente.

On trouve, pour un prix assez modique, sur la riviere, plusieurs autres Bains, communs ou particuliers. Mais on distingue surtout ceux qui sont des bateaux à demeure ou des maisons flottantes, divisées en appartemens, où sont des baignoires, dans lesquelles on se procure à volonté, par le moyen des réservoirs, des eaux chaudes ou froides. Ces Bains sont recommandables par l'ordre & la propreté qui y regnent. Le prix pour chaque personne, est de trois livres douze sous. L'un de ces Bains est à la pointe de l'isle Saint-Louis, l'autre au bas du Palais Bourbon.

BAINS *Chauds*, à 1 *livre* 4 *sous*, *établis sous la protection du Bureau de la Ville*. Ces Bains réunissent la commodité à la modicité du prix : on en trouve un au bas du quai des Théatins ; l'autre au côté opposé de la riviere, au bas des galleries du Louvre.

BAINS *Chinois*. Ces Bains, nouvellement construits au bas du pont de la Tournelle, quai Dauphin, sont formés de deux bateaux, décorés à la Chinoise. Ils ont mérité, dans l'espace d'un ou deux ans, le suffrage de tous les Citoyens, tant à cause de leur propreté, de leur commodité, que par rapport à la modicité de leur prix. Chaque cabinet de Bains reçoit séparément un courant d'eau de la riviere, qui ne communique point aux cabinets voisins. Le prix est de vingt-quatre sols pour une personne seule, trente sols pour deux, & trente-six pour trois. On trouve dans le même endroit une Ecole de Natation. (*Voyez Ecole de Natation.*) Ceux qui voudront se baigner dans le bassin de la Natation payeront douze sols.

BAINS *de vapeurs*. Nouvel établissement, situé quai d'Orsai, au coin de la rue Belle-Chasse, & composé de quatre corps-de-logis. Les différentes sortes de Bains que l'on y administre, sont approuvés par la Faculté de Médecine. Outre les Bains simples, les Bains secs & les Bains de vapeurs, on y donne encore des douches de différentes espèces. Les malades y rencontrent toutes les aisances, & tous les secours qu'ils peuvent exiger. *Voici les prix de ces Bains.*

Bains simples . . . . 2 l. 8.
Bains Russes de vapeurs ou de fumigations, simples ou composés . . 7   4.
Douches simples, y compris le Bain préparatoire 9
Douches composées 12
Douches ascendantes 3
Bains dépilatoires & de propreté . 12

Le sieur *Albert*, chef de cet établissement, offre aussi des souscriptions de vingt-quatre livres pour douze bains simples, qui feront de jour ou de nuit, à la volonté des foufcripteurs, auxquels on délivrera douze cachets.

Tous les Bains dont nous venons de faire la defcription, font divifés en Bains pour les hommes, & Bains pour les femmes.

BAL *de l'Opéra*. C'eſt au Chevalier de Bouillon qui fe faifoit nommer le *Prince d'Auvergne*, que l'on doit le projet des Bals de l'Opéra : ce projet, *difficile* à concevoir, luivalut 6000 livres de penfion. Le premier Bal de l'Opéra fe donna le 2 Janvier 1716, à l'inſtigation de M. le Duc d'Orléans, Régent.

Il commence le jour de la Saint-Martin ; il continue tous les Dimanches jufqu'à l'Avent, pendant lequel il eſt interrompu. Il reprend le jour des Rois ; on le donne les Dimanches & les Jeudis jufqu'à la fin du Carnaval, & les trois derniers jours fucceſſivement.

Il s'ouvre à minuit, fe termine fur les fept heures du matin. On y entre fans armes, mafqué ou non mafqué, pour la fomme de fix livres par perfonne.

« On ne danfe plus au Bal de l'Opéra,
» dit M. Mercier ; on ne fait plus qu'y cou-
» rir ; on n'y cherche que la confufion ; on
» fe marche fur les pieds ; on s'étouffe :
» voilà le grand plaifir ; mais plus de contre-
» danfe.... Il eſt réputé très-beau quand on
» y eſt écrafé ; plus il y a de cohue, & plus

» on se félicite le lendemain d'y avoir
» assisté.

» Les Filles entretenues, les Duchesses,
» les Bourgeoises, sont cachées sous le
» même Domino, & on les distingue.

» On donne six livres par tête, pour en-
» tendre une symphonie bruyante & mono-
» tone. Quand on n'a rien à demander aux
» femmes, on s'y ennuie ; mais on y va
» pour dire le lendemain, j'ai été hier au
» Bal, & j'ai manqué d'y étouffer. »

BARNABITES. C'étoit autrefois un Monastère de filles, fondé par *S. Eloy*, sous
l'invocation de S. Martial, Evêque de Li-
moges, qui porta quelque temps le nom de
Sainte-Aure, sa première Abbesse.

Le désordre qui s'introduisit parmi ces
Religieuses, dont le nombre montoit jusqu'à
300, obligea *Galon*, Evêque de Paris,
de les chasser. Les Lettres-Patentes que
donna Philippe Premier en cette occasion l'an
1107, portent que cet Evêque a chassé, du
consentement du Roi, les Religieuses qui de-
meuroient dans ce Couvent, « à cause de
» l'effronterie & débordement de vie qu'elles
» y menoient impudemment, quoiqu'elles
» en eussent été très-souvent canoniquement
» reprises, violant ainsi le Temple du Sei-
» gneur par les mauvais usages qu'elles en
» faisoient, sans se soucier, en façon quel-
» conque, de la correction de leurs Pas-
» teurs, &c. »

Par ces mêmes Lettres, cette Abbaye fut

donnée à Thibaud, Abbé de Saint-Pierre-des-Fossés pour en jouir, & y loger douze Moines avec leur Prieur. Ses successeurs la possédèrent jusqu'en 1530. Elle fut alors desservie par des Prêtres séculiers, ensuite par les Clercs réguliers de la Congrégation de S. Paul, dits *Barnabites*, qui, établis en France sous la protection d'Henri IV, en 1608, arrivèrent à Paris en 1629, & prirent possession, le 9 Juin 1636, de cette Maison qui étoit nommée *le Prieuré de St.-Eloy*.

La voûte de l'Eglise reste encore à faire. Le Portail, élevé en 1704, sur les Dessins de *Cartaud*, fait desirer que l'emplacement soit moins serré, pour que l'on puisse en admirer les beautés.

La petite Place qui est devant cette Eglise, en face du Palais, étoit autrefois occupée par la maison du pere de *Jean Chastel*. Elle fut rasée, & on éleva sur la Place une pyramide qu'Henri IV fit démolir, à la sollicitation de son Confesseur le Jésuite Coton. *Voy. place devant les Barnabites.*

BARRIERES *devant les Hôtels*. Lorsqu'un Prince du Sang, ou un grand Officier de la Couronne avoit quelque différend à juger parmi les gens qui dépendoient de sa jurisdiction, autrefois fort étendue, il descendoit à sa porte, se plaçoit derrière la Barrière, qui l'empêchoit d'être assailli par le peuple, & de là il donnoit ses audiences, & prononçoit son jugement. Voilà l'origine des Barrières devant les Hôtels.

Le Doyen des Maréchaux de France, le Chancelier & le Garde des Sceaux, ont le droit de Barrieres.

Le nouveau propriétaire d'un Hôtel à Barrieres, quoiqu'il n'en ait pas le droit, se gardera bien de les faire arracher; il préfere de les laisser pourrir honorablement à sa porte; il pense que cette pourriture ennoblit sa maison.

BARTHELEMY (1) (*Saint*). Cette Eglise est située proche le Palais de Justice. La partie, qui se reconstruit actuellement, fait honneur aux talens du sieur *Cherpitel*, Architecte du Roi.

La décoration du Maître-Autel mérite les regards des Curieux; elle est d'après les dessins de *Slodz*.

On trouve dans cette Eglise, le Tombeau de *Louis Servin*, Avocat-Général, également distingué par une ame ferme, une érudition profonde, & par un cœur droit. Il mourut en 1626, à la séance du Lit de Justice de Louis XIII, & en haranguant ce Prince.

On remarque encore dans cette Eglise le Tombeau & l'Epitaphe de *M. Clerseillier*, aussi dévoué à la doctrine chrétienne, qu'à la philosophie de Descartes. Il a traduit quelques ouvrages de ce Philosophe, & a fait

---

(1) C'étoit dans cette Eglise, dit M. de Saint-Foix, que le bon Roi Robert, fils de Hugues Capet, alloit souvent prendre une Chape, & chantoit au Lutrin.

la belle préface qui est à la tête de la Physique *Rohault*.

La nuit avant la Fête du Saint de cette Paroisse, le 24 Août 1572, il y eut environ trente mille personnes de tuées, tant à Paris que dans les Provinces ; le sang ruisseloit dans les rues de la Capitale. L'ambition, la haine d'une femme, la foiblesse & la cruauté d'un Roi, l'esprit de parti, le fanatisme du peuple, animoient ces scenes d'horreur, qui déposent moins contre la nation Françoise, qui étoit alors gouvernée par des étrangers, que contre les passions des grands, & le zele mal dirigé de la Religion d'une populace ignorante.

Dans ces temps malheureux, où le meurtre étoit ordonné par les Prêtres d'un Dieu de paix, & par le Souverain d'un peuple dont il auroit pu être le pere, il se trouva des ames courageuses, ennemies du crime, qui refuserent d'obéir à un Roi qui demandoit le sang de ses sujets. Répétons les noms de ces hommes chers à l'humanité : les Comtes de *Tendes* & de *Charny*, Messieurs de *Saint-Heren* en Auvergne ; *Tanegui le Veneur* en Normandie ; de *Gordes* en Provence ; de *Mandelot* à Lyon ; d'*Ortes*, de *Martigon*, &c.

Il y eut à Lyon deux mille hommes d'égorgés. « Le Bourreau de cette Ville, dit M. de
» Saint-Foix, à qui le Gouverneur ordonna
» d'aller en expédier quelques-uns en prison,
» lui répondit *qu'il ne travailloit que ju-*
» *diciairement*. Voilà l'homme le plus vil

» par son état, qui a plus d'honneur que
» la Reine & son Conseil. »

BASOCHE. Juridiction composée de Clercs du Parlement de Paris, instituée en 1302, avec le titre de *Royaume de la Basoche*. Cette Cour a été établie pour connoître tant en matiere civile que criminelle, les différends qui naissent entre les Clercs, & contre les Clercs. Les Audiences se tiennent Mercredis & Samedis dans la chambre de Saint Louis. Les Arrêts qui s'y rendent sont sans appel; ils commencent ainsi: *la Basoche régnante &, triomphante, & titre d'honneur*, SALUT. Ils se terminent par cette formule: *fait audit Royaume, le ... &c.* Un Arrêt du Parlement de Paris du 7 Août 1717, fait expresses défenses de se pourvoir par appel des Arrêts de la Basoche.

Philippe-le-Bel voulut que le chef de la Basoche portât le titre de *Roi*.

Le Roi de la Basoche, dans une révolte qu'il y eut en Guyenne, offrit à Henri II le secours de ses sujets, qui étoient au nombre de six mille hommes. L'offre fut acceptée, & à leur retour Henri voulut les récompenser de leurs bons services; ils remercierent en répondant qu'ils étoient toujours disposés à servir Sa Majesté. Le Roi Henri II leur accorda la permission de couper, dans ses bois, tels arbres qu'ils voudroient choisir pour la cérémonie de la plantation du mai, & plusieurs autres gratifications annuelles qui subsistent encore.

Le nombre des Clercs de la Basoche alloit jusqu'à dix mille. Ce Roi de la Basoche, avec ses dix mille sujets, épouvanta la timide politique du Roi de France Henri III ; il révoqua le titre de *Roi*.

Cette Jurisdiction n'a maintenant plus de Roi à sa tête ; c'est le Chancelier qui préside. Elle est composée de plusieurs Maîtres des Requêtes, d'un Grand-Audiencier, un Référendaire, un Procureur-Général, & un Avocat-Général ; quatre Trésoriers, un Greffier, quatre Notaires, &c. Elle porte pour armes *trois écritoires*. « Oh, quel
» fleuve dévorant, semblable aux noires
» eaux du Styx, sort de ces *armes par-*
» *lantes*, pour tout brûler & consumer sur
» son passage ! s'écrie M. Mercier. Quoi,
» Montesquieu, Rousseau, Voltaire &
» Buffon, ont aussi trempé leur plume dans
» une écritoire ! & l'Huissier exploitant &
» l'Ecrivain lumineux se servent chaque
» jour du même instrument » !

BASTILLE. (*la*) Prison d'Etat, bâtie sous Charles V en 1371, qui a été, sous plusieurs Rois, le dépôt du trésor Royal.

Nous ne parlerons

De cet affreux Château, Palais de la vengeance
Qui renferme souvent le crime & l'innocence,

que pour rapporter quelques traits qui pourront intéresser.

Au milieu d'un magasin d'armes, est une couleuvrine à deux coups, qui se charge par la culasse. On assure qu'elle a été faite par le Grand Dauphin.

En 1588, le Duc de Guise s'étant rendu maître de Paris, donna le commandement de la Bastille à *Bussi le Clerc*, Procureur au Parlement.

Ce Procureur Bussi vint, avec main armée, au Palais, contraignit tous les Présidens & Conseillers du Parlement à le suivre à la Bastille. Il se laisserent conduire tous en robes & en bonnets carrés, dans cette prison, où ils furent réduits au pain & à l'eau.

L'extérieur de cette ancienne forteresse a beaucoup de caractere; elle pourroit servir de modele à un Artiste, qui, en Architecture, auroit à peindre une belle horreur (1).

BÉNÉDICTINES. Il y a plusieurs Communautés de Bénédictines dans cette Ville.

Les Bénédictines de *l'Adoration perpétuelle du Saint-Sacrement*, rue Cassette, Fauxbourg Saint-Germain. La Reine Anne d'Autriche ordonna à M. *Picoté*, Prêtre habitué de Saint-Sulpice, qui vivoit en odeur de sainteté, de faire tel vœu qu'il voudroit pour obtenir la paix dans le Royaume,

___

(1) Bassompierre fut environ douze ans à la Bastille, sous le Ministere du Cardinal de Richelieu. Le Gouverneur qui le voyoit un jour lire l'Ecriture Sainte, lui dit : M. le Maréchal, que cherchez-vous dans ce Livre. — *J'y cherche*, répondit Bassompierre, *un passage pour sortir d'ici.*

& elle lui promit de l'accomplir ; on assure qu'aussi-tôt que M. Picotté eut formé son vœu, la paix fut faite (1).

Ce saint homme avoit voué l'établissement d'une Maison religieuse, consacrée à l'adoration perpétuelle du Saint-Sacrement. Plusieurs Dames dévotes, à la tête desquelles étoit Madame Catherine de Bar, dite *Mecthilde du Saint-Sacrement*, avoient formé depuis long-temps le même projet. Il ne pouvoit pas manquer de réussir.

Les Lettres-Patentes du Roi, en faveur de cet établissement, furent enregistrées au Parlement le 17 Juillet 1654.

Les Pensions d'éducation sont de 600 liv.

Les Bénédictines de l'*Adoration perpétuelle du Saint-Sacrement*, rue Saint-Louis au Marais. On admire au maître-autel, un tableau de *Hallé*, représentant la fraction du pain.

Pensions d'éducation de 600 liv.

Les Bénédictines de *la Ville l'Evêque*, fauxbourg Saint-Honoré. Elles furent fondées en 1613, par *Catherine* & *Marguerite d'Orléans-Longueville*, sœurs.

On remarque plusieurs tableaux dans cette Eglise. Celui du maître-autel, qui représente l'Annonciation, est attribué à *le Sueur* ; une Adoration des Mages, & un Jésus-Christ dans le désert, sont deux tableaux de *Boullongne* l'aîné.

---

(1) Ce M. Picotté, en refusant l'absolution au Duc de Liancourt, causa bien des querelles dans le Clergé, & des tracasseries au grand *Arnaud*.

Pensions d'éducation de 500 liv.

Les Bénédictines de *Notre-Dame de Consolation*, sous le nom de *Chasse-Midi*, rue du Cherche-Midi.

Madame de *Rohan-Guémené* en est la Fondatrice.

Les Pensions d'éducation sont de 600 liv.

Les Bénédictines de *Notre-Dame-de-Bon-Secours*, rue de Charonne, fauxbourg Saint-Antoine.

L'Eglise de ce Couvent vient d'être ragréée par M. *Louis*, Architecte. On remarque au vestibule, deux niches où sont deux vases d'une belle forme, qui servent de bénitiers.

Pensions d'éducation de 600 liv.

Les Bénédictines réformées de *la Madeleine de Traisnel*, rue de Charonne. On voit dans une Chapelle de l'Eglise, le tombeau de M. d'Argenson pere, par *Bousseau*.

BÉNÉDICTINS. Il y a plusieurs Communautés de Bénédictins à Paris ; mais comme elles sont connues sous des noms particuliers, nous y renvoyons les Lecteurs. Nous allons parler seulement des *Bénédictins Anglois* de la rue Saint-Jacques.

Réfugiés en France, ainsi que quelques autres Communautés, pour éviter la persécution des Religionnaires d'Angleterre, ils se logerent d'abord au fauxbourg Saint-Germain, ensuite ils s'établirent entre le Val-de-Grace & les Feuillantines. En 1674,
Marie-

Marie-Louise d'Orléans, depuis Reine d'Espagne, posa la premiere pierre de leur Eglise.

C'est dans cette Eglise qu'est déposé le corps du malheureux *Jacques II*, Roi de la Grande-Bretagne, mort à Saint-Germain-en-Laye, le 6 Septembre 1701. A côté de son cercueil est celui de *Louise-Marie Stuard*, sa fille, morte le 18 Avril 1717.

Ce Prince recommanda que ses funérailles fussent sans faste, & ne voulut sur son tombeau que cette épitaphe :

Ci-Gist
Jacques II,
Roi de la Grande-Bretagne.

On voit, dans la même Eglise, deux tableaux : l'un représente la Vierge, l'autre Saint-Benoît. Ils sont peints par une Abbesse de Montbuisson, Princesse Palatine.

BENOIT (*Saint*). C'est une Eglise Collégiale & Paroissiale : on l'appelloit autrefois Saint-Benoît le *Bétourné*, c'est-à-dire, le mal tourné, parce que, contre l'usage, l'autel étoit tourné du côté de l'occident. Sous François I, on bâtit la nef & le portail, & l'on plaça le maître-autel à l'orient ; alors cette Eglise fut nommée *Saint-Benoît le bien tourné*, ou le *Bistourné*, tourné deux fois (1).

---

(1) M. Jaillot assure que ce *Saint-Benoît le bien tourné* n'a jamais été un homme, que les noms

Si l'on en croit l'Auteur des *Nouvelles Fleurs des vies des Saints*, cette Eglise fut la premiere des quatre que Saint-Denis construisit dans ce canton. « La premiere, dit cet Auteur, fut en la place où est aujourd'hui l'Eglise de Saint-Benoît le bien tourné, en la rue Saint-Jacques, où l'on voit encore, pour mémoire de cela, en une ancienne vître de la Chapelle Saint-Nicolas, ces paroles bien écrites : *in hoc sacello S. Dionysius cœpit invocare nomen sanctissimæ Trinitatis* ».

Les pilastres corinthiens qui décorent le rond-point de l'Eglise, ont été faits sur les desseins du fameux *Claude Perrault*.

Sur l'autel de la Paroisse est une Descente de croix par *Bourdon*.

Sur un des pilliers de la nef on voit le tombeau en marbre d'Anne Deseffart, femme de Frédéric Léonard, fameux Imprimeur, exécuté par *Van Cleve*, sur les desseins d'*Oppenord*.

Cette Eglise renferme les cendres de plusieurs Hommes célebres, parmi lesquels nous citerons *Jean Dorat*, Poëte Limou-

---

de Benoît, Bénit, *Benedictus*, étoient souvent attribués à Dieu : on disoit le *Benoit Dieu* & la *Benoîte Trinité*, on trouve en effet dans la vie de Saint-Denis, qu'il invoqua pour la premiere fois, dans cette Eglise, le nom de la *Benoîte Trinité*. Ce nom de Benoît a resté, par corruption, à cette Paroisse, qui portoit anciennement celui de Saint-Bache & Saint-Serge, martyrs.

fin, qui mérita, en son temps, le titre de *Pindare François*; il est mort en 1588. *René Chopin*, Avocat en Parlement, fameux par six volumes *in-folio* de Jurisprudence; on trouve dans son épitaphe ces mots : *tota Galia gemit Chopinum*. *Claude Perrault*, aussi célebre dans les sciences que dans les arts, l'Auteur du plus beau morceau d'architecture qui existe en France, la colonnade du Louvre. Le Poëte *Boileau* a dit de Perrault :

> Vous êtes, je l'avoue, ignorant Médecin,
> Mais non pas habile Architecte.

Le fameux *Jean Domat*, Avocat au Présidial de Clermont en Auvergne, né dans cette ville le 30 Novembre 1625, & mort à Paris le 14 Mars 1696; pour faire son éloge, il sufit de dire qu'il est l'Auteur du livre intitulé : *les Loix civiles dans leur ordre naturel*. *Michel Baron*, dit le *Roscius François*, le plus habile Comédien qui ait paru sur notre Théâtre ; il est mort au mois d'Octobre 1653.

Dans une Chapelle de cette Eglise est la sépulture de la branche du Procureur-Général *Brulart* (1). Les enfans de Pierre

---

(1) Noël Brulart, Procureur-Général, enterré dans cette Chapelle, avoit coutume, quand il rencontroit dans les rues des Evêques en carrosses, de les faire arrêter, pour leur demander quelles affaires les retenoient à Paris? Si c'étoit un procès, il leur disoit : *Si ce n'est que cela, retournez à votre Diocèse, je le ferai terminer*.

le Petit, Libraire, rue Saint-Jacques, crurent beaucoup honorer leur pere, ou se donner un air de distinction, en le faisant enterrer furtivement & sans permission dans cette Chapelle. La famille *Brulart* fit assigner les deux fils du Libraire, qui avoient déjà fait un pas vers la noblesse en achetant des charges de Secrétaire du Roi. Ces deux Bourgeois Gentilhommes soutinrent quelque temps leurs ridicules prétentions, puis céderent à la force; ils firent secrettement déterrer leur pere, & lui donnerent une sépulture plus modeste. Cette aventure exposa ces fils de Libraire à la risée & au sarcasme du Public.

BERNARDINES, *rue de Vaugirard.* Ces Religieuses suivent la regle de Saint-Benoît & les constitutions de Saint-Bernard. Elles conservent, dans un vase de crystal enfermé dans une boîte d'argent, quelques gouttes miraculeuses du sang sorti d'un Crucifix de bois, percé par un Juif.

BERNARDINS. (Voyez *College des Bernardins.*)

Bibliotheques publiques.

BIBLIOTHEQUE *du Roi.* On peut regarder Charles V, surnommé *le Sage*, comme le premier Fondateur de cette Bibliotheque. Suivant M. le Président Hénaut, ce Roi avoit recueilli jusqu'à neuf cents volumes, tandis que son prédécesseur, le Roi Jean, n'en possédoit pas plus de vingt. Louis XII, & sur-tout François premier, en accrurent considérablement le nombre ; & c'est sous les derniers regnes qu'elle a acquis cette richesse, cette abondance, qui la fait regarder comme la premiere Bibliotheque d'Europe.

Cinq départemens composent cette Bibliotheque.

1°. *Le Cabinet des médailles & antiques* est curieux par les raretés qu'il renferme. M. l'Abbé *Barthelemi* en est garde.

Ce Cabinet contient une superbe collection de médailles d'or, d'argent & de bronze, des anciens & des modernes. On y remarque sur-tout deux boucliers votifs en argent ; l'un venant de Scipion l'Africain ; l'autre, qu'on juge avoir appartenu à Annibal. On y voit aussi, parmi plusieurs autres curiosités, les différens objets qui étoient renfermés dans le tombeau de Childéric, que des maçons découvrirent à Tournai en 1653.

Dans la salle qui contient ces curiosités, on voit des tableaux de plusieurs Maîtres François, comme *Boucher*, *Natoire*, *Vanloo*, ainsi que des portraits du Roi.

2°. *Le dépôt des manuscrits*, collection précieuse qui contient près de 60000 volumes. M. *Bejot* en est Garde.

3°. *Le dépôt des livres imprimés*

D iij

forme six grandes salles, qui contiennent plus de 200,000 volumes. Dans l'une des salles on voit le Parnasse François exécuté en bronze, donné par M. *Titon du Tillet*. Dans une autre de ces salles nouvellement construite exprès, on voit deux globes, l'un céleste & l'autre terrestre, d'une grandeur extraordinaire. Les pieds de ces globes sont au rez-de-chaussée, tandis que leurs hémisphères sortent par deux ouvertures faites au plancher du premier étage, & sont à la portée des observateurs. Ces globes, construits par le P. *Coronelli*, en 1683, ont resté long-temps dans un lieu obscur & humide, & n'en ont été retirés que depuis quelques années. Leur diametre est d'onze pieds, onze pouces six lignes. Le célebre *Butterfield* leur fit deux grands cercles de bronze, l'un pour les méridiens, l'autre pour l'horison. Ces cercles ont dix-huit pieds de diametre; c'est un présent du Cardinal d'Estrées à Louis XIV. M. l'Abbé *Desaunays* est Garde de ce dépôt.

4°. *Le Cabinet des titres & généalogies* placé au second étage à droite est un des plus riches de l'Europe. M. l'Abbé *Coupé* en est le Garde.

5°. *Le Cabinet des estampes.* Cette collection ne le cede en rien, en ce genre, pour le nombre, la rareté & la beauté des objets qu'elle renferme, à celle des Livres. Elle a même plus de piquant que la premiere, parce que ce qu'elle contient est moins ordinaire, & plus indépendant des différens goûts de chaque siecle. On ne peut pas lui faire le reproche que l'on fait à la Bibliotheque. « Vous trouverez, dit M. » Mercier, *deux cents pieds* en longueur, » sur *vingt* de hauteur, de théologie mys- » tique ; *cent cinquante* de la plus fine » scolastique ; *quarante toises* de droit ci- » vil ; une *longue muraille* d'Histoires vo- » lumineuses, &c. ». (Voyez *Cabinets d'Estampes*, p. 101).

L'emplacement de cette Bibliotheque ne pouvoit suffire au nombre des volumes qui s'accroît journellement : on vient de faire construire de nouvelles galeries que l'on a prises sur une partie des bureaux de la Compagnie des Indes (1).

Cette Bibliotheque est ouverte seulement deux fois par semaine, les Mardis & Vendredis, depuis neuf heures du matin jusqu'à midi moins un quart. Le soir elle est fermée.

BIBLIOTHEQUE *de Saint-Victor*. Elle est ouverte au Public les Lundis, Mercredis & Samedis après midi. (Voy. p. 22).

BIBLIOTHEQUE *Mazarine*. Elle est publique depuis 1688. Elle contient envi-

---

M. *Boullée*, Architecte, vient de publier un projet d'agrandissement de cette Bibliotheque, qui semble réunir l'économie & la magnificence à une heureuse disposition.

ron soixante mille volumes. Elle s'ouvre les Lundis & les Jeudis, le matin & le soir, (Voyez *College Mazarin*).

BIBLIOTHEQUE *des Avocats.* Elle est dans une des salles de l'Archevêché. Un usage, qui honore ceux qui l'ont établi & ceux qui le pratiquent, distingue cette Bibliotheque de plusieurs autres établissemens : un jour de chaque semaine, huit ou neuf Avocats s'y rassemblent pour y faire des consultations gratuites en faveur des pauvres. Tous les quinze jours il s'y tient des conférences, auxquelles président, ou MM. les Gens du Roi, ou le Bâtonnier. On y entre les Mardis, Vendredis après midi.

BIBLIOTHEQUE *de la Doctrine Chrétienne.* Elle est située dans la maison de cette Communauté, rue des Fossés-Saint-Victor. Elle contient environ vingt mille volumes. Elle est ouverte les Mardis & Vendredis, matin & soir.

BIBLIOTHEQUE *de la Ville, située rue Saint-Antoine, dans l'ancienne maison des Jésuites, où sont aujourd'hui MM. les Génovéfains de la Culture Sainte-Catherine.* Au haut de l'escalier on remarque un tableau allégorique, peint par *Hallé*, à l'occasion de la paix de 1762. Le plafond de cet escalier, ainsi que celui de la Bibliotheque, est décoré de superbes peintures. Au fond est le buste en bronze & en marbre de M. de Livry, Evêque de Callinique; en bas est une Charité entourée d'enfans. Ce monument est sculpté par M. *Gois*. Le Public y entre les Mercredis & Samedis après midi.

BIBLIOTHEQUE *de l'Université*, au *College de Louis-le-Grand*, *rue Saint-Jacques*. On y voit deux globes de *Coronelli* & le portrait de M. d'Armenonville, Garde des Sceaux, qui a donné l'idée de cette Bibliotheque.

Elle est ouverte les Lundis, Mercredis & Samedis, depuis neuf heures du matin jusqu'à midi, & depuis deux heures & demie, après midi, jusqu'à cinq heures.

BIBLIOTHEQUE *de la Faculté de Médecine*, *rue Saint-Jean-de-Beauvais*, *aux anciennes Ecoles de Droit*. Cette Bibliotheque est ouverte les Jeudis après midi.

Bibliotheques particulieres, dont l'entrée est permise au Public.

Dans les Bibliotheques particulieres, dont l'entrée est permise au Public, on ne communique que des volumes in-folio & in-4°., & l'on n'y trouve ni encre ni papier.

BIBLIOTHEQUE *de Saint-Germain-*

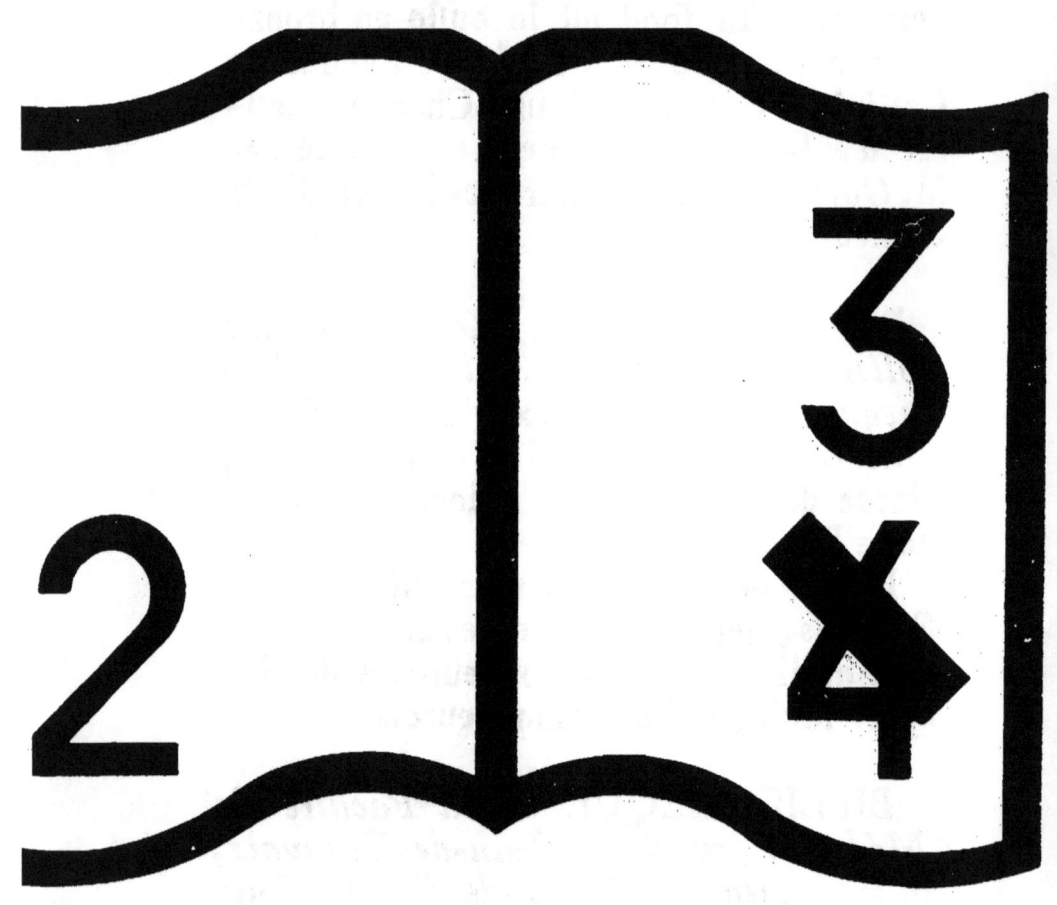

Pagination incorrecte — date incorrecte

NF Z 43-120-12

des-Prés. Elle est la plus favorable aux gens de Lettres, puisqu'elle est ouverte tous les jours, matin & soir, excepté les Jeudis, les Fêtes & les veilles des Fêtes. Dans les temps de vacance même, elle est ouverte tous les matins. (Voyez *Abbaye Saint-Germain-des-Prés*, page 10).

Il y a un Cabinet qui contient des antiquités, des médailles, des vases étrusques & de l'histoire naturelle.

BIBLIOTHEQUE *de Ste-Genevieve.* Cette Bibliotheque est ouverte au Public les Lundis, Mercredis & Vendredis, depuis deux heures jusqu'à cinq.

Le Cabinet, qui est très-curieux, est ouvert seulement les Lundis & Mercredis au soir. (Voyez *Abbaye de Sainte-Genevieve*, page 13).

Il existe à Paris plusieurs autres Bibliotheques considérables, comme celles des Augustins de la place des Victoires, de la Sorbonne, du College de Navarre, des Peres de l'Oratoire de la rue Saint-Honoré, &c.; mais l'entrée n'en est pas aussi facile que celle des Bibliotheques dont nous avons parlé.

BLANCS-MANTEAUX. Cette Maison, située rue des Blancs-Manteaux & du Paradis, étoit autrefois occupée par les Moines mendians, appellés *les Serfs de la Vierge Marie*; mais ils furent détruits, lorsque le pape Grégoire X, dans le second Concile de Lyon, en 1274, supprima tous les Ordres mendians, à l'exception des Freres Prêcheurs, des Mineurs, des Carmes & des Augustins. Des Solitaires, appellés *Guillemites*, remplacerent les Serfs de la Vierge Marie. Ces nouveaux venus étoient encore des mendians; car on voit qu'*Antoine Robert*, l'un des quatre Notaires-Secrétaires du Roi & Greffier criminel, ainsi que Marguerite d'Orsay, sa femme, donnerent, en 1521, à ces Moines à blancs-manteaux, leur terre & seigneurie du *Plessi-Gassot*, à quatre lieues de Paris, afin de mettre ces Religieux à couvert de la nécessité de mendier. Cette Congrégation fut réunie à la Congrégation Françoise des Bénédictins réformés, suivant la réforme des Bénédictins de Saint-Vanne de Verdun.

Le Monastere des Blancs-Manteaux a été rebâti en 1685; le Chancelier *le Tellier*, & *Elizabeth Turpin*, sa femme, poserent la premiere pierre le 26 Avril, & firent présent de mille écus.

Les six statues qui sont dans le sanctuaire de cette Eglise, ont été sculptées par le Frere *Bourlet*, de cette Communauté.

Au côté droit du Chœur, se voit le tombeau de Jean le Camus, Lieutenant-Civil; il est à genoux, & un Ange tient devant lui un livre ouvert : les figures sont grandes comme nature, & furent sculptées en 1719, par *Simon Mazieres*.

BOIS *à brûler*. On le distingue en bois neuf, bois de gravier, bois flotté.

Pour l'usage, le bois neuf est le meilleur; ensuite vient le bois de gravier, qui est distingué du bois flotté, parce qu'il vient de moins loin, qu'il reste moins dans l'eau, & qu'il conserve son écorce comme le bois neuf. La voie de bois neuf coûte 27 liv.; celle de bois de gravier & bois flotté 22 liv. 10 sous.

BON PASTEUR (Voyez *Communauté du*).

BON-SECOURS (Voyez ci-devant *Bénédictines de Notre-Dame de*) pag. 72.

BONNE-NOUVELLE (*Notre-Dame de*).

Eglise Paroissiale, située rue Beauregard, près la porte Saint-Denis. Ce fut d'abord une Chapelle dépendante de la Paroisse St-Laurent. Bâtie en 1551, elle fut rasée en 1593, du temps de la ligue, à cause de la construction des fortifications de la ville. Elle fut reconstruite en 1624, & par sentence de l'Archevêque de Paris, fut érigée en Cure le 22 Juillet 1673.

BOULEVARDS. Quatre rangées d'arbres formant trois allées, celle du milieu pour ceux qui se promenent à cheval ou en voiture, les deux collatérales pour les gens à pied, entourent la ville de Paris, & repréſentent une agréable bordure qui égaye tout ce qui l'environne ; c'eſt ce que l'on appelle *les Boulevards*. C'étoit là que les Pariſiens jouoient autrefois à la boule ſur le verd gazon. Le jeu & la couleur de l'herbe ont donné leurs noms au local ; on a dit d'abord Boule-verd, enfin Boulevard, & voilà ſon étymologie.

Les Boulevards du nord, appellés les grands Boulevards, furent commencés en 1536, dans le deſſein de creuſer des foſſés, afin de ſe fortifier contre les Anglois, qui ravageoient la Picardie & menaçoient la Capitale. On y planta des arbres pour la premiere fois, en 1668.

Les Boulevards du midi, appellés nouveaux Boulevards, ont été entierement finis en 1761 ; ils ont trois mille ſix cents quatre-vingt-trois toiſes de longueur, tandis que les anciens n'ont que deux mille quatre cents toiſes : ces deux quantités réunies forment une enceinte dont le total eſt de ſix mille quatre-vingt-trois toiſes.

Ces deux Boulevards, quoiqu'à peu-près diſpoſés de la même maniere, ne ſe reſſemblent guere. Ils ont chacun leur phiſionomie bien diſtincte.

L'ancien Boulevard raſſemble tous les agrémens que peut produire l'induſtrie pour déſenuyer les oiſifs & délaſſer les gens occupés. Spectacles de toute eſpece, charmans &

variés, Hôtels magnifiques, Maisons délicieuses: ce sont des temples à l'Amour; il n'est pas jusqu'aux Cafés & aux Boutiques de Traiteurs qui, par leur musique, leurs guirlandes de fleurs & leurs bosquets ombragés, n'y donnent un air de féerie & d'enchantement. Les après-midi des Dimanches & des Jeudis, sont les rendez-vous des plus jolies femmes de Paris; deux longues files de voitures, plus brillantes les unes que les autres, y forment un coup-d'œil toujours nouveau.

Parmi ce concours tumultueux de Promeneurs & de Promeneuses de toute espece, de tout âge, à pied ou en voiture, on y observe la Beauté qui tend des pieges à la richesse; de vieux petits-maîtres, des élégans étourdis, qui étalent à l'envie le luxe de leurs chevaux, de leurs voitures & de leurs maîtresses: tout y est *divin*.

Passons aux nouveaux Boulevards.

Les allées y sont plus longues, plus larges, plus majestueuses, & les arbres mieux venus qu'aux anciens Boulevards. Le sol est champêtre, l'air pur; on y voit des champs cultivés; on y voit croître la récolte. Il s'y trouve cependant, du côté de la ville, plusieurs jolies maisons; on y a même bâti des salles de Spectacles, qui n'ont pas eu de succès: ce n'étoit point là leur terroir. On n'y rencontre presque jamais de voitures, point d'élégans personnages; mais de bons Bourgeois avec leur famille entiere, des amans & des maîtresses, dont les mœurs ont l'air aussi simple que leurs habits. Avant le triste mur qui emprisonne une partie de de ce boulevard, c'étoit une superbe promenade de province.

BOURSE. (*la*) Elle est à l'ancien palais *Mazarin*, dit aujourd'hui la *Compagnie des Indes*; on y entre par la rue Vivienne.

C'est une place établie par arrêt du Conseil d'Etat du Roi du 24 Septembre 1724, où l'on négocie les actions de lettres-de-change, billets au porteur & à ordre, autres papiers & effets commerçables.

La gallerie où l'on s'assemble est ornée de plusieurs figures antiques. La façade, nouvellement construite par M. *Boulée*, est composée de plusieurs portiques terminés de deux côtés par deux pavillons.

La Bourse s'ouvre tous les jours ouvrables, depuis dix heures du matin jusqu'à une heure après-midi.

BUREAUX.

BUREAU académique d'écriture. V. ci-devant, pag. 37.

BUREAU *Royal de Correspondance Nationale & Etrangere.* Ce Bureau, qui est situé rue Neuve-Saint-Augustin, se charge:

1°. De recevoir pour les Particuliers tous

les revenus, de quelque nature qu'ils soient, &c.

2°. De faire tous les achats dont il a commission, en le munissant de fonds nécessaires.

3°. De faire la vente de tous les effets qui lui sont remis par gens connus, soit papiers publics ou particuliers, matieres d'or ou d'argent, pierreries, bijoux, &c.

4°. De procurer aux Commettans toutes les informations & renseignemens qu'ils désireront, comme extrait de baptême, de mariage, de sépulture &c., & le tout en faisant tenir d'avance au Bureau les fonds suffisans pour fournir aux frais de la demande.

5°. De représenter à Paris tous ceux qui auront besoin d'être représentés, par un fondé de procuration, à l'exception des affaires de banque ou de litige, &c.

Il faut s'adresser à M. *Benezech*, Directeur général audit Bureau.

Bureau des Assurances. Ce Bureau, situé rue de la Justienne, a été établie par une Compagnie qui se charge d'assurer aux Négocians qui trafiquent sur mer, les fonds qu'ils placent sur les vaisseaux.

Bureaux des Carrosses de places & Voitures des environs de Paris, à cinq lieues à la ronde. Le Bureau général est situé grande rue du fauxbourg Saint-Denis. On s'adresse à ce Bureau, pour réclamer les effets laissés dans les Carrosses de places, & pour les plaintes contre les Cochers. Ce Bureau fait le service pour les routes aboutissantes aux portes St-Denis, St-Martin, & même à Creil, Chantilly, Senlis, Pontoise, Nanteuil, Dammartin.

Bureau situé rue du Pas-de-la-Mule, est pour les routes aboutissantes à la porte Saint-Antoine, comme Charenton, Villeneuve-Saint-George, Creteil, Boissy, Saint-Léger, Brunoy, & Brie-Comte-Robert, &c.

Bureau de la rue de Vaugirard, proche la nouvelle Salle des François, pour les routes aboutissantes aux portes St-Bernard, Saint-Jacques, Saint-Michel, barrieres des Gobelins & de Vaugirard.

Bureau de la rue d'Anjou, fauxbourg Saint-Honoré, fait le service de toutes les routes aboutissantes aux portes St-Honoré & de la Conférence.

Il en coûte dans les cabriolets & voitures à quatre places, 15 sous par personne par lieue, & dans les guinguettes 8 sous par lieue.

Bureau des Coches d'eau. Pour Montereau, Briare, Melun, Nemours, Montargis, Corbeil, Auxerre, Sens, Nogent, &c., au nouveau Bureau, quai de la Tournelle.

Lorsque la Cour est à Fontainebleau, il y a un *Coche Royal* établi pour le service de cette ville, quai hors Tournelle : il part tous les jours à sept heures du matin, arrive le même jour à sept heures du soir à Valvin, qui est à une lieue de Fontainebleau. Il repart de Valvin un pareil Coche chaque jour à huit heures du matin, qui arrive à sept heures du soir. Le prix est de 2 liv. 10 s.

Les *Coches d'eau* ou *Galiotes de St-Cloud*, partent tous les jours, depuis Pâques jusqu'à la Toussaints, à huit heures précises du matin, du Pont-Royal, vis-à-vis l'entrée des Tuileries : ils conduisent jusqu'au pont de Seve, & y arrivent à dix heures. Il en repart tous les jours un de cet endroit à pareille heure, qui croise l'autre en chemin, & qui repart de Paris à quatre heures de l'après-midi, & arrive à six heures au pont de Seve, d'où repart, également à la même heure, une autre Galiote qui arrive à Paris à huit heures. Le prix est de 5 sous par personne.

Il part aussi des *Batelets* tous les jours, à toute heure, pour Seve, Meudon & Saint-Cloud, moyennant 4 livres par batelets. Les Bateliers qui les conduisent ne peuvent prendre plus de seize personnes. Ces batelets se trouvent aux environs du Pont-Royal.

Bureau des Diligences sur l'Oise, l'Aisne & sur la Seine, depuis Paris jusqu'à Rouen. Il est situé port S. Nicolas, & le Bureau, rue des Orties, au coin de celle de S. Augustin.

Bureau des Diligences & Messageries Royales par tout le Royaume. Tous les anciens Bureaux font réunis à celui qui est situé rue Notre-Dame-des-Victoires. On y trouve des voitures pour les routes directes de Paris à Londres, de Paris à Francfort-sur-le-Mein, & toutes les communications, tant avec les chariots de postes de l'Allemagne & l'Italie, qu'avec l'Espagne, par Perpignan & Bayonne.

Pour tout ce qui concerne les messageries & même le roulage, qui dépend aussi de cette Ferme générale, il faut s'adresser à M. *Papillon de la Tapy*, Directeur général de cet établissement.

Bureau du Roulage de France, rue du Bouloir.

Bureau de la Douane, même rue du Bouloir.

Bureau des Voitures de la Cour & de Saint Germain-en-Laye, quai d'Orsay, au bas du Pont-Royal; le prix des places pour Versailles & Saint-Germain-en-Laye, font de 3 liv. 10 fous; pour Fontainebleau, 9 liv. 10 fous; pour Compiegne, 13 liv. 10 fous.

Bureau du Transport de ballots, paquets, meubles & effets, & marchandises pour l'intérieur de Paris, à raison de 5 fous depuis une livre jusqu'à dix pesant, 6 fous depuis dix jusqu'à vingt, 7 fous depuis vingt jusqu'à quarante, 8 fous de quarante à soixante, 9 fous de soixante à quatre-vingt, 10 sous de quatre-vingt à cent, &c.

Le Bureau général est rue du Mail, hôtel des Chiens, N°. 26, M. Ruault en est le Directeur.

Bureaux des Facres, rue du fauxbourg Saint-Denis, & rue de Seine, fauxbourg Saint-Victor.

Bureau des Brouettes, rue S. Victor, vis-à-vis celle des Fossés Saint-Bernard.

Bureau de la Poste aux chevaux, rue Contrescarpe.

Bureau de la grande Poste aux Lettres, rue Plâtriere.

Bureau général de la Régie de la petite Poste, rue des Déchargeurs, attenant le Bureau des Marchands Drapiers.

Bureau de la direction des Nourrices, des Recommandaresses pour les enfans en nourrice, rue de Grammont, au coin de celle de Saint-Augustin.

Bureau du département des Mines, sous MM. les Intendans du commerce, chez M. *Advenier*, rue Neuve-des-Petits-Champs, vis-à-vis la rue Royale.

Bureau des Domaines du Roi, rue Neuve-des-Petits-Champs, au coin de la rue Vivienne.

Bureau pour les Domestiques, rue Montmartre, près celle du Jour.

Bureau des Falots, place de l'Eſtrapade.

Bureau du Contrôle général. Il eſt ſitué rue Neuve-des-Petits-Champs, hôtel du Contrôle général.

Bureau des Décimes, &c. Chez M. Brillon du Perron, rue Saint-Sauveur.

Bureau des Fermes générales, rue de Grenelle-Saint-Honoré.

Bureau de M. Gojard, premier Commis des Finances, rue Neuve-des-Petits-Champs, près l'hôtel du Contrôle général.

Bureau des Receveurs des impoſitions du Royaume, rue Saint-Avoie.

Bureau d'Inſinuation, eſt rue Neuve-des-Petits-Champs, ainſi que celui du *Conſervateur des Hypotheques*, pour les Lettres de ratification, &c.

On délivre auſſi à ce Bureau des Reſcriptions ſur toutes les villes du Royaume, tous les jours le matin, excepté le Samedi.

Bureau des Invalides de la Marine, chez M. *Nouette*, Tréſorier-général, rue de Caumartin.

Bureaux des Papiers & Parchemins timbrés. Il y a huit de ces Bureaux, placés en différens quartiers de cette ville.

Bureau général eſt à l'hôtel des Domaines, rue Neuve-des-Petits-Champs.

Bureau des Parties Caſuelles, chez

M. *Bertin*, Receveur, rue d'Anjou, au Marais.

Le *grand Bureau des Pauvres*, place de Greve, à côté de l'Hôpital du Saint-Esprit. Il a droit de lever tous les ans à Paris une taxe d'aumône pour les pauvres, sur tous les individus de tous les rangs & de tous les ordres de la société.

M. le Procureur-Général est Chef unique de ce Bureau ; en son absence, c'est un de ses Substituts qui préside. Il y a un Greffier & un Receveur-général. Les Directeurs tiennent leurs assemblées les Lundis & les Jeudis, à deux heures après midi.

Il y a dans ce Bureau Jurisdiction & Huissiers, tant pour faire les taxes, que pour contraindre les refusans de payer, & ceux qui étant nommés Commissaires des pauvres, refusent d'en accepter & faire les fonctions.

Bureau de la Police, chez M. le Lieutenant-général de Police, rue des Capucines.

Bureau des Pompes pour les incendies, rue de la Jussienne, chez M. *Morat*.

Bureau de M. le *Prevôt des Marchands*, chez M. *Veytard*, premier Secrétaire, à l'Hôtel-de-Ville.

Bureau des Privilégiés, hôtel de Bretonvillier, isle Saint-Louis, est ouvert tous les jours, depuis dix heures du matin jufqu'à midi.

Les Propriétaires des terres, fermes, &c. qui defirent faire entrer, pour leur ufage, les objets de confommation provenans de leurs poffeffions, doivent, conformément à la déclaration du Roi du 15 Mai 1722 &c., s'adreffer à ce Bureau.

M. *Rocquain de Vienne*, Directeur, délivre les exemptions.

Bureau des Rentes du Domaine de la Ville, à l'Hôtel-de-Ville.

Bureau des Rentes de la Ville fur les Aides & Gabelles, eft ouvert les Jeudis après midi, chez MM. les Religieux de la Mercy, rue du Chaume. Il eft compofé de trente Payeurs qui s'y affemblent ce jour-là. Ils ont chacun un jour dans la femaine pour faire leurs payemens à l'Hôtel-de-Ville.

Bureau des rentes fur le Clergé; rue d'Artois, chez M. *de Saint-Julien*.

Bureau des rentes fur les Etats de Bretagne, chez M. *Beaugeard*, rue de Richelieu.

Bureau des rentes fur les Etats de Bourgogne, chez M. *Montigny*, rue Vivienne.

Bureau des rentes fur les Etats de Languedoc, chez M. *Joubert*, place Vendôme.

Bureau des rentes sur la Compagnie des Indes, à l'hôtel de la Compagnie des Indes, rue Neuve-des-Petits-Champs.

Bureau pour le recouvrement des pensions militaires en faveur des Officiers retirés en province, rue Saint-Lazare, près la chaussée d'Antin, chez M. *d'Hémery*, chargé par le Gouvernement de procurer aux Pensionnaires retirés chez eux, des rescriptions du montant net de leurs pensions.

Bureau de la Régie générale des Aides, rue Choiseul, près la rue Neuve-Saint-Augustin.

L'on donne tous les jours à ce Bureau, depuis neuf heures jusqu'à midi, excepté le Samedi, des rescriptions pour toutes les villes du Royaume : on ne reçoit pas moins de 150 liv.

Bureau de la Régie des étapes & convois militaires pour le compte du Roi, rue Notre-Dame-de-Bonne-Nouvelle.

Bureau de la Régie des poudres & salpêtre, à l'Arsenal.

Bureau des Receveurs des Consignations, cloître Notre-Dame.

Bureau de Sûreté, hôtel de M. le Lieutenant de Police. On peut faire, sans frais, à ce Bureau, la déclaration de ce qui a été volé. Trois Inspecteurs, chargés de cette partie, se rendent tous les jours à ce Bureau, depuis onze heures du matin jusqu'à une heure.

Les Commissaires, distribués dans chaque quartier

quartier, sont obligés de recevoir, *gratis*, les déclarations des particuliers, sur les vols qui peuvent leur avoir été faits, & de les faire passer à ce Bureau.

Bureau du Tabac, à l'hôtel de Longueville, rue Saint-Thomas du Louvre.

Bureaux des Tonneaux pour l'eau de la Seine clarifiée, rue & isle Saint-Louis.

Bureaux des Trésoriers-généraux de la Marine, chez M. *Boutin*, rue de Richelieu, & chez M. de *Sainte-James*, place Vendôme.

Bureaux des Trésoriers-généraux des Guerres, chez M. *de Sérilly*, Vieille rue du Temple, au-dessus de l'égout; & chez M. *de Biré*, rue Barbette, au Marais.

Bureau du Trésor Royal. M. de *Savalette*, rue S. Honoré, près la place Vendôme.

Bureau des Vivres de la Marine, rue Neuve du Luxembourg, quartier Saint-Honoré.

Bureau des Vivres de Flandre & d'Allemagne, rue Charlot, au Marais, vis-à-vis la rue de Normandie.

Bureau général *du Ventilateur, ou des Vuidangeurs de fosses d'aisance sans odeur*, rue de Seve, presque vis-à-vis les Incurables.

Bureaux des Gazettes & Journaux.

Bureau de la Gazette de France;

E

rue Croix-des-Petits-Champs, ou chez M. *de Fontanelle*, rédacteur, rue du Petit-Bourbon.

Bureau du Journal de Paris, rue Plâtriere, N° 11, vis-à-vis l'hôtel des Postes.

Bureau du Journal des Savans, idem.

Bureau du Mercure de France, rue des Poitevins, hôtel de Thou.

Bureau de la Bibliotheque des Romans, rue Neuve-Sainte-Catherine.

Bureau des Petites Affiches, ou *Journal général de France*, au Bureau de Correspondance nationale & étrangere, rue Neuve-Saint-Augustin.

Bureau du Journal de Bouillon & du *Journal encyclopédique*, rue Ste-Anne, Butte Saint-Roch, chez M. *Lutton*.

Bureau général des Gazettes étrangeres, rue de la Jussienne.

Bureau des Causes célebres, & de *l'Année Littéraire*, chez *Mérigot*, quai des Augustins.

Bureau des Nouvelles de la République des Lettres, &c. Voyez *Salon de la Correspondance générale & gratuite*, &c.

Bureaux de Musique.

Bureau de Musique, rue Montmartre, à côté du passage du Saumon.

Bureau des Journaux de Harpe & de

Clavecin, rue Traverſiere, chez M. *le Duc*.

Bureau du Journal de Guitarre, rue des Petits-Champs, au coin de celle de Richelieu.

CABINETS.

CABINETS *d'Antiques & Médailles*. La ſalle des Antiques au vieux Louvres eſt très-curieuſe. Voyez *Louvre*.

Le Cabinet d'Antiques & Médailles de Ste-Genevieve (Voyez *Sainte-Genevieve*, p. 13). M. l'Abbé *Mongez* en eſt le Garde.

Cabinet des Médailles & pierres gravées de S. A. S. Monſeigneur le Duc d'Orléans. Cette Collection eſt une des plus rare & des plus curieuſe que l'on connoiſſe. M. l'Abbé *la Chau*, Garde de ce Cabinet, conjointement avec M. l'Abbé *le Blond*, ont publié la deſcription de ces pierres gravées, dont le nombre va à plus de quatorze cents. Cet Ouvrage curieux par l'érudition des Auteurs, par la rareté des objets qu'il préſente, & par la beauté des gravures qui ſont de M. *de Saint-Aubin*, forme deux volumes *in-folio*, & ſe trouve au Palais Royal, chez M. *de la Chau*, Cour des Fontaines. Le prix eſt de 120 liv. Il eſt ouvert les Lundis & Vendredis au ſoir. (Voyez *Palais Royal*).

Celui de l'Abbaye Saint-Germain-des-Près, qui eſt contigu à la Bibliotheque.

Le Cabinet des Petits-Peres de la Place des Victoires.

Le Cabinet des Antiques & Médailles à la Bibliotheque du Roi (Voyez cet article.)

CABINETS *de Tableaux*. Les salles de l'Académie Royale de Peinture & Sculpture au Louvre.

La fameuse Collection du Palais Royal.

Il y a plusieurs Particuliers, amateurs, qui font consister leurs plaisirs dans la possession des tableaux. Le nombre en est trop grand pour en faire l'énumération ; nous nous contenterons de parler des Cabinets les plus considérables.

M. le Prince de Condé, *au Palais Bourbon*, possede une précieuse Collection de tableaux de tous les genres.

M. le Duc de Praslin, *rue de Bourbon, fauxbourg Saint-Germain ;* son Cabinet est composé de tableaux des trois Ecoles, de plusieurs bronzes & porcelaines, &c.

M. le Maréchal de Noailles, *rue Saint-Honoré, vis-à-vis les Jacobins ;* tableaux des trois Ecoles, bronzes & porcelaines, &c.

M. de Tolosan, Introducteur des Ambassadeurs, *rue du Grand Chantier.* L'Ecole Flamande & Hollandoise, paroît avoir bien de l'avantage dans ce Cabinet précieux.

Madame la Présidente de Bandeville, *quai des Théatins ;* beaux tableaux des trois Ecoles.

M. Hareng de Presle, *rue du Sentier ;* tableaux des trois Ecoles.

M. Destouches, *rue Royale, Barriere-Blanche*; superbe collection de Maîtres Flamands & Hollandois, dont la plupart se trouve gravés. Elle contient encore des bronzes & porcelaines.

M. Dufresnoy, Notaire, *rue Vivienne*; tableaux des Ecoles Flamande, Hollandoise & Françoise.

M. le Chevalier Lambert, Banquier, *rue de Richelieu, près le Boulevard*; beaux tableaux de toutes les Ecoles.

M. le Roi de la Faudigniere, *sur l'arcade de la place Royale, du côté de la rue Saint-Antoine*; tableaux des Ecoles Italienne, Hollandoise & Flamande.

CABINETS *d'Estampes & Dessins*. Le Cabinet qui est aux galeries du Louvre. M. *Cochin*, encore plus connu par ses talens que par sa qualité d'Historiographe de l'Académie de Peinture, est le Garde de cette précieuse collection.

Le Cabinet des Gravures, à la Bibliotheque du Roi, rue de Richelieu (Voyez *Bibliotheque du Roi*). Parmi les objets de curiosité, on y voit des dessins coloriés d'histoire naturelle, sur-tout des plantes peintes sur vélin ; un portrait du Roi Jean, premier monument de la peinture en France, &c. On y trouve toutes les Œuvres des Graveurs François, & une collection complette de cartes géographiques. M. *Jolly*, aussi recommandable par son goût que par sa complaisance pour les Étrangers, est le Garde de ce Cabinet, qui s'ouvre les Mardis & Vendredis matin.

CABINET *de Marine, au Louvre*. Ce Cabinet est rempli des modeles de toutes les especes de vaisseaux. On y distingue ceux qui sont en usage sur la Méditerranée, & ceux qui sont en usage sur l'Océan. On y voit un modele de vaisseau Chinois, que, pendant son séjour en Chine, feu M. *Duhamel* fit par ordre du Roi. M. *Fatory* est le Garde de ce Cabinet.

CABINETS *d'Histoire Naturelle*. Celui du *Jardin du Roi* est, en ce genre, un des plus riches Cabinets de l'Europe. Il doit son plus beau lustre au zele & au génie de M. *le Comte de Buffon*, qui est Surintendant de cette Maison Royale. Le Cabinet est divisé en quatre grandes salles; dans la premiere est le regne végétal; dans la seconde, la Minéralogie; dans la troisieme, les Oiseaux; la quatrieme renferme les Quadrupedes, les Reptiles & les Poissons. M. de Buffon, qui a mérité le surnom de Pline François, a sa statue, placée à l'entrée de ce Cabinet, elle est de M. *Pajou*. Il convenoit que l'Historien de la Nature fût représenté dégagé de tout ce qui tient aux usages & aux préjugés. Le Sculpteur a secoué le joug de la mode, & ne lui a laissé qu'une légere draperie. A ses pieds sont figurés les trois regnes de la Nature; d'une main il tient un ſtilet, de l'autre une table de marbre, ſur laquelle il ſe diſpoſe d'écrire. Sur le ſocle de cette ſtatue on lit ces mots : *majeſtati naturæ par ingenium*.

CABINET *de l'Ecole Royale des Mines* à l'hôtel de la Monnoie. M. le Sage a paſſé vingt-quatre ans à former & analiſer cette précieuſe collection. La décoration du Cabinet eſt ſur les deſſins de M. *Antoine*.

Le Cabinet du Palais Royal renferme un aſſortiment d'hiſtoire naturelle, & les modéles en relief de tous les outils néceſſaires aux arts & métiers. (Voyez *Palais Royal*).

Le Cabinet de Saint-Germain-des-Prés.

Le Cabinet de Sainte-Genevieve. (Voyez *ces articles*).

Le Cabinet du Prince de Condé, au Palais Bourbon ; il renferme une ſuperbe collection des trois regnes.

Celui de Madame *la Préſidente de Bandeville*, quai des Théatins, très-fameux par ſes coquilles. On en voit des plus rares, comme la *Scalata*, la *Pourpre*, appellé le Radix à *ramages noirs*, &c.

Le Cabinet de MM. de la Doctrine Chrétienne, rue des Foſſés Saint-Victor.

De MM. les Feuillans, rue St-Honoré.

Des Jacobins de la rue Saint-Honoré. On y voit des armes Indiennes.

Des Petits-Peres de la place des Victoires.

Du Séminaire de Saint-Sulpice, rue du Vieux Colombier.

Du Séminaire de Saint Nicolas du Chardonnet, rue Saint-Victor.

Le Cabinet de M. *Valmont de Bomare*, connu par son excellent Dictionnaire d'histoire naturelle, est très-précieux. Il est composé des trois regnes : rue de la Verrerie, vis-à-vis celle des Deux-Portes.

Il existe encore un grand nombre de Particuliers qui possedent des Cabinets d'histoire naturelle. Nous avons fait mention de ceux qui sont les plus connus ; nous croyons devoir nous dispenser de citer les autres.

CABINETS *d'Anatomie*. A l'Ecole Vétérinaire, qui est au château d'*Alfort*, près Charenton, est un superbe Cabinet d'anatomie, composé de pieces les plus curieuses. (Voyez les Environs de Paris, *Ecole Vétérinaire*).

M. *Sue*, Professeur d'anatomie, au College Royal de Chirurgie, est possesseur d'un Cabinet d'anatomie très-précieux. Il demeure rue des Fossés Saint-Germain-l'Auxerrois, au coin de la rue de l'Abre-Sec.

MM. *les Carmes Déchaussés*, rue de Vaugirard, ont un Cabinet d'histoire naturelle & d'anatomie.

MM. *les Peres de la Charité*, rue des Saints-Peres, possedent un Cabinet d'histoire naturelle & d'anatomie.

CABINETS *Littéraires*. Abonnement Littéraire, rue Neuve-des-Petits-Champs, près celle de Richelieu, au grand Corneille, Lejay, tient magasin de Librairie, fait des abonnemens pour la lecture de toutes sortes de livres anciens & nouveaux. Le prix est de 24 livres par an, 15 livres pour six mois, 3 livres par mois, & 12 livres de nantissement, que l'on rend lorsque l'abonnement cesse.

CABINET *Littéraire du sieur Granger*, rue du Jour : on s'abonne pour les livres & les journaux pour le prix de 36 livres pour l'année entiere ; il en coûte 6 sous par séances.

Le Cabinet Littéraire de la rue Christine, est tenu par M. *Quillau*, Libraire. On y trouve toutes sortes de livres & tous les Ouvrages périodiques, pour la lecture desquels il existe une salle particuliere. Il en coûte six sous par séance. Le prix de l'abonnement est de 3 livres par mois, & 24 livres par an.

CAFÉS. *Soliman Aga*, Ambassadeur de la Porte auprès de Louis XIV en 1669, fut le premier qui introduisit l'usage du café à Paris. Quelques années après un nommé *Pascal*, Arménien, établit un Café à la Foire Saint-Germain. La Foire finie, il le transporta au quai de l'Ecole, & son établissement eut un succès assez considérable, que ses successeurs ne purent obtenir. La mode du

E v.

café étoit passée, lorsqu'un Sicilien, nommé *Procope*, le remit en honneur. Comme *Pascal*, il s'établit à la Foire Saint-Germain : la belle décoration de sa boutique, la bonne marchandise qu'il y débitoit, y attirerent la meilleure Compagnie de Paris. De la Foire il vint s'établir dans une salle très-propre vis-à-vis l'ancienne Comédie Françoise; & ce Café célebre il y a trente ans, par les Littérateurs qui le fréquentoient, existe encore à la même place, & a conservé, si non son ancienne gloire, au moins son ancien nom.

Rien n'est plus commode, plus satisfaisant pour un Étranger, que ces Sallons proprement décorés, où il peut, sans être tenu à la reconnoissance, se délasser de ses courses ; lire les nouvelles politiques & littéraires, s'amuser à des jeux honnêtes, se chauffer gratis en hiver, & se rafraîchir à peu de frais en été, entendre la conversation, quelquefois curieuse, des Nouvellistes, y participer, & sans craindre de blesser le maître de la maison, dire librement son avis.

Il y a environ six cents Cafés à Paris, mais tous ne jouissent pas du même degré de considération; quoique chacun ait son Orateur, son Coryphée, ils ne sont pas tous des tribunaux où l'on juge le goût du siècle, les sciences, les arts & les grandes affaires des Souverains. C'est tout au plus à une quinzaine de Cafés qu'est réservé cette distinction, à la tête desquels nous placerons le Café *Procope*, dont nous venons de parler ; autrefois fréquenté par les *Voltaire*, les *Piron*, les *Fontenelle* & *de Saint-Foix* (1). Le Café *de la Régence*, où J. J. Rousseau alloit habituellement jouer aux échecs. Ce Philosophe attiroit dans ce Café une si grande quantité de curieux, que M. le Lieutenant de Police fut obligé d'y faire placer une sentinelle, (Voyez les Cafés *de Foy*, & *du Caveau*, article *Palais Royal*).

CAISSE *d'Escompte*. Ses Bureaux se tiennent rue Vivienne, presque vis-à-vis la rue Colbert. La commodité des particuliers

_____

(1) C'est dans le Café *Procope*, qu'un jour à l'heure du dîner, un Garde du Roi prenoit une tasse de café au lait avec un petit pain. M. de Saint-Foix qui le vit, se mit à dire : *voilà un fichu dîner* ; (on assure qu'il se servit d'une expression un peu plus énergique,) ce qu'il répétoit toujours. Le Garde du Roi s'en plaignit enfin. Vous ne m'empêcherez pas, dit M. de Saint-Foix, de trouver qu'*une tasse de café au lait avec un petit pain ne soit un fichu dîner*. On s'échauffe, on sort, on se bat. M. de Saint-Foix, tout blessé qu'il étoit, répétoit encore, vous ne me persuaderez jamais qu'*une tasse de café au lait avec un petit pain, ne soit pas un fichu dîner*. Le lendemain les deux combattans sont conduits chez M. le Doyen des Maréchaux de France : « Monseigneur, dit M. de Saint-Foix, je n'ai point prétendu insulter M. le Garde du Roi ; je le tiens pour un brave & honnête Militaire, mais votre Grandeur ne m'empêchera pas de dire, qu'*une tasse de café au lait avec un petit pain, ne soit un fichu dîner* ».

& la sûreté de leur argent, est le but de cette Caisse, qui fut établie en 1776.

CALVAIRE (*le Couvent du*) *au Marais*. Son établissement, ainsi que l'institution de cet Ordre, est l'ouvrage de ce fin Politique, ce Moine intriguant, qui a tant participé au Ministere du Cardinal Richelieu, *le Pere Joseph*, *Capucin*. Il obtint du Pape des brefs, des bulles ; il tira de l'Abbaye de Fontevrault Antoinette d'Orléans Longueville, veuve de Charles de Gondi, Marquis de Belle-Isle, & il lui fit quitter l'habit de cet Ordre, pour prendre le nouvel habit & le nouveau titre de Supérieure du Monastere de *Notre-Dame du Calvaire*, fondé à Poitiers ; il fit tant, qu'au bout de quelques années, il y eut de cet Ordre, qui est de la Congrégation de S. Benoît, deux Couvens à Paris & deux en Province.

Le corps du Fondateur est inhumé dans l'Eglise des Révérends Peres Capucins de la rue Saint-Honoré; & son cœur alloit y pourrir aussi, lorsque les Religieuses du Couvent du Calvaire au Marais le demanderent avec tant d'instance, qu'on ne put le leur refuser. Un autre célebre Capucin, mais dans un autre genre, ancien Compagnon du défunt, *le Pere Ange de Joyeuse*, transporta ce cœur cérémonialement dans un des carrosses du Cardinal Richelieu. Ces Religieuses conservent, ainsi qu'une précieuse relique, le manteau de ce Pere Joseph, qui a fondé non-seulement des Couvens; mais, comme on l'a dit ailleurs, est l'inventeur des espions soudoyés par la Police, & des lettres de cachet (1).

Cette Maison du Marais est le chef-lieu de l'Ordre, qui a aujourd'hui plus de vingt Monasteres.

On remarque dans le chœur quatre tableaux de *Philippe de Champagne*, & sur la porte extérieure une Notre-Dame de Pitié.

Les Pensions sont de 500 livres.

CALVAIRE (*les Dames du*) *rue de Vaugirard*). La Reine Marie de Médicis en fit bâtir l'Eglise à l'instigation du Pere *Joseph*, Fondateur de l'Ordre. Six Religieuses, à la tête desquelles étoit la mere *Gabrielle de Saint-Benoît*, partirent de leur Couvent de Poitiers, & vinrent habiter cette Maison que leur fit construire Madame *de Lauzon*, veuve d'un Conseiller au Parlement.

On remarque sur la porte de l'Eglise une

_____

(1) Ce Capucin étoit sans doute un grand Politique, mais à coup sûr un mauvais Moine. Il ne suivoit guere un précepte du Concile de Mayence, qui défend absolument aux Prêtres & aux Moines de se mêler des affaires du siécle. *Ministri altaris Clerici, vel Monachi a negotiis secularibus omnino abstineant.* (Concilium Maguntiæ, Canon. 13).

Notre-Dame de Pitié, qui est généralement estimée. L'intérieur est décoré de quatre tableaux qui sont peints par *Philippe de Champagne*.

Les Pensions sont de 500 livres.

CAPUCINES. Ce Couvent étoit autrefois situé dans l'emplacement de la place Vendôme. Lors de l'érection de cette place & de la statue équestre, Louis XIV le fit reconstruire avec une espece de magnificence où il est aujourd'hui, dans la rue Neuve-des-Petits-Champs.

La Reine *Louise de Lorraine*, veuve *d'Henri III*, Roi de France, avoit résolu de fonder cette Communauté. Cependant elle mourut en 1601, & chargea son frere, *le Duc de Mercœur*, de ses volontés, ainsi que d'une somme de soixante mille livres, pour la fondation d'un Couvent de Capucines dans la ville de Bourges. Celui-ci étant mort l'année suivante, sa veuve *Marie de Luxembourg*, exécuta le vœu de la Reine sa belle-sœur, & ajouta même à la somme de soixante mille liv. qui n'étoit pas suffisante.

Des raisons particulieres, & qu'on ignore, déterminerent la Duchesse *de Mercœur* à préférer Paris à Bourges pour l'établissement de ce Couvent. Elle n'y parvint qu'avec beaucoup de peine. Les Capucins, qui vouloient éviter la charge de confesser & diriger ces Religieuses, se pourvurent à

Rome pour s'opposer à cette nouvelle inſtitution. Ils furent cependant forcés de s'y ſoumettre par un bref du Pape Clément VII, de l'an 1603.

L'inſtallation ſe fit avec pompe. Les nouvelles Religieuſes, chacune conduites par des Dames de qualité, avoient ſur la tête une couronne d'épine que leur avoit miſe le Cardinal *Pierre de Gondi*. Précédées d'une proceſſion de quatre-vingt Capucins & ſuivies du Cardinal de Gondi & du Provincial des Capucins *le Pere Ange de Joyeuſe*, elles arriverent à l'Egliſe qui leur étoit deſtinée; le Cardinal y célébra la meſſe, le *Pere Ange* y prêcha, & les Religieuſes firent profeſſion l'année ſuivante 1607.

Leur regle eſt ſi auſtere, qu'il n'y a que fort peu de Communautés en France. Ces dévotes marchent les pieds abſolument nuds, & ne font jamais gras.

La nouvelle Egliſe que Louis XIV fit conſtruire en 1686, ſous la conduite de *François d'Orbay*, a été bâtie avec ſi peu de ſoin, qu'on a été obligé de reprendre le portail trois fois ſous œuvre, depuis les fondemens juſqu'à huit ou dix pieds de hauteur au-deſſus du pallier du perron. La figure qui eſt au-deſſus du portail eſt l'ouvrage de *Vaſſé*.

Le maître-autel eſt orné d'une Deſcente de Croix par *Reſtout*; c'eſt une copie d'un tableau de *Jouvenet*, il remplace l'original qui est aujourd'hui dans la salle de l'Académie de Peinture.

On voit au milieu du chœur une tombe de marbre noir, sous laquelle est inhumée la Fondatrice. Le cœur de son frere le Duc de Mercœur, & le corps de l'épouse de ce dernier reposent aussi dans cette Eglise.

Le Duc de Créqui, Pair de France, pendant qu'il étoit Ambassadeur à Rome, reçut pour présent du Pape Alexandre VII, en 1665, le corps de Saint-Ovide, martyr ; il transporta ce corps saint de Rome à Paris, & le donna aux Capucines. On lui construisit une superbe Chapelle, & le peuple vint le voir en foule (1).

---

(1) Pendant l'Octave de la Fête de Saint-Ovide, la grande affluence de ceux qui avoient foi à ses Reliques, détermina d'abord un certain nombre de petits Marchands à y étaler des joujoux d'enfans & du pain d'épice. Ce Saint qui faisoit chaque année de nouveaux progrès sur l'imagination des Parisiens, attiroit une plus grande foule de dévots, & un plus grand nombre de Marchands, tant qu'à la fin, ce lieu devint une Foire appelé de *Saint-Ovide* ; c'est ainsi que se sont formées presque toutes les Foires ; on construisit dans la Place Vendôme, des boutiques, des Cafés, des Spectacles de tous les genres. On ne faisoit qu'un pas de la Chapelle S. Ovide aux Cafés ou aux Spectacles de cette Foire ; la dévotion & le plaisir se touchoient : cette Foire devenoit considérable, elle duroit quinze jours & quelquefois plus. On la transporta à la Place de Louis XV en 1771 ; le feu s'y mit quelque temps après, & cette Foire fut réunie à celle de Saint-Laurent.

Cette Chapelle fut détruite, lorsqu'en 1753 on fit rétablir l'Eglise. On y voyoit le tombeau en marbre du Duc & de la Duchesse de Créqui, orné de plusieurs figures & attributs magnifiques, sculptés par *Pierre Mazeline* & *Simon Heurtrelle*. Les pieces qui le composoient sont encore dans l'intérieur du Couvent. Il seroit à souhaiter que ce mausolée fût rétabli.

Le tableau qui étoit sur l'autel de cette Chapelle se voit maintenant dans la premiere Chapelle à droite en entrant ; il représente le martyre de S. Ovide peint par *Jouvenet*.

La Chapelle de la famille des *le Tellier Louvois* est intéressante. Sur l'autel on voit un grand bas-relief doré en or moulu, représentant Jésus-Christ qu'on met au tombeau. Au-dessus est une Résurrection d'*Antoine Coypel*.

Vis-à-vis est le magnifique tombeau du Marquis de *Louvois*, Secrétaire & Ministre ayant le département de la guerre. Il est l'ouvrage du célebre *Girardon*. Ce Marquis est représenté en habit d'Officier, avec l'Ordre du Saint-Esprit, *Anne de Souvré de Courtenvaux*, sa femme, est à ses pieds ; sa figure, commencée par *Desjardins*, fut achevée, après la mort de cet artiste, par *Van Cleve*. Deux Vertus de bronze ornent le socle de ce tombeau ; l'une offre la Prudence sous les traits de Minerve ; elle est de *Girardon* ; l'autre la Vigilance ; elle est de *Desjardins*.

(114)

Dans la Chapelle suivante du même côté, on lit, dans un grand cartouche de marbre blanc, l'épitaphe de feu M. *de Saint-Pouanges*, fils du grand Colbert. Sa veuve fut inhumée près de lui.

Les Princes & Princesses de la Maison de Lorraine résidans en France, ont leur sépulture dans une Chapelle de cette Eglise, dite la Chapelle de Lorraine : on vient d'y construire le mausolée de la Princesse *Charlotte de Lorraine*, derniere Abbesse de Miremont.

La Marquise de *Pompadour*, morte à Versailles le 15 Avril 1764, fut transportée dans cette Eglise, & le lendemain fut enterrée à côté d'*Alexandrine le Normand d'Etiole*, sa fille, dans la Chapelle que cette Dame avoit acquise, & qu'elle avoit fait décorer en marbre.

CAPUCINS. Depuis que le Pere *Eustache* des Augustins eut obtenu du Pape, pour les Religieux de son Ordre, la permission d'avoir le menton rasé, les Capucins ont été les seuls Moines Mendians de France qui ont porté une longue barbe. Ce point de leur discipline, qu'on lit dans le *Bullarium* de ces Freres, n'est pas entierement enfreint par eux, mais si généralement éludé, qu'ils ne conservent plus qu'un petit bouquet de poil au bout du menton. Tel est le pouvoir de la mode, que ces Moines rougissent d'un usage dont autrefois ils se faisoient honneur ; car ce n'eſt point par auſtérité qu'ils ont adopté l'uſage des longues barbes : on ſaura que, lors de leur établiſſement, cette coutume étoit en vogue chez les Papes, les Cardinaux, & dans toutes les Cours de l'Europe.

Les barbes des Capucins ont occaſionné de grandes querelles parmi les Ordres de Saint-François ; mais un orage bien plus terrible encore s'eſt élevé contre la forme de leurs capuchons. Les Papes, les Empereurs & tout l'Ordre Séraphique ont eu bien de la peine à décider s'il les falloit carrés, longs, pointus ou ronds. (Voyez *Bullarium Ord. Frat. Minorum S. P. F. Capucinorum*, tom. I., & *les Annales des Capucins*).

Il y a trois Couvens de cet Ordre à Paris. Dans la rue Saint-Honoré, c'eſt le plus ancien, à la Chauſſée d'Antin, & au Marais.

CAPUCINS *de Saint Honoré*. Le Cardinal Charles de Lorraine fut le premier qui introduiſit en France des Moines de cet Ordre. A ſon retour du Concile de Trente, il ramena quatre Capucins qu'il établit dans le parc de ſon château à Meudon. Le Cardinal étant mort, ces Moines s'en retournèrent en Italie. Un Cordelier Picard, nommé *Pierre Deſchamps*, abandonna ſon Ordre pour embraſſer celui des Capucins ; il fut le premier Capucin François ; il établit, en 1574, avec permiſſion, un petit

Couvent à Picpus. Quelque temps après, arriva de Venise le Pere *Pacifique*, en qualité de Commissaire-général de son Ordre en France, accompagné de douze de ses confrères Prêtres, & deux Freres laïques; ils logerent, en arrivant, au petit Couvent de Picpus, d'où la Reine Catherine de Médicis les tira tous, pour les établir où ils sont aujourd'hui, rue Saint-Honoré.

De tous les Couvens de Capucins du Royaume, celui-ci est le plus vaste & le plus considérable: il peut contenir environ cent cinquante Religieux.

La nef de l'Eglise, qui étoit plus ancienne que la partie du chœur & différemment construite, vient d'être rebâtie conformément au reste.

Le tableau du maître-autel est un des plus beaux ouvrages de *la Hire*.

Dans la derniere chapelle est un tableau représentant le martyre de Saint-Fidele de Simeringe, béatifié en 1746, premier martyr de la Mission apostolique, établie chez les Grisons par la Congrégation de la Propagande; c'est le chef-d'œuvre de *Robert*.

Dans la Sacristie, on voit un tableau de *le Sueur*; c'est un Christ mourant, & un autre tableau, par M. *Collin de Vermont*; c'est un Moïse serrant la manne dans l'arche.

Dans la nef est la tombe du *Pere Ange de Joyeuse*, fameux par son inconstance, son courage & sa dévotion. On prétend que Boileau songeoit à lui, en faisant ces deux vers.

Il tourne au moindre vent, il tombe au moindre choc :
Aujourd'hui dans un casque, & demain dans un froc.

Dans sa Henriade, Voltaire l'a peint d'un seul trait, par ce vers remarquable :

Il prit, quitta, reprit la cuirasse & la haire.

Ce Pere *Ange* fut auparavant *Henri Duc de Joyeuse*, grand Capitaine, mari de Catherine de la Valette, sœur du Duc d'Epernon. Un excès de dévotion fit, dit-on, mourir cette Dame. Pour se consoler de la perte de sa femme, ce brave Militaire se fit Capucin. Deux de ses freres ayant été tués à la bataille de Coutras, & le troisieme, qui commandoit pour la Ligue en Languedoc, s'étant noyé dans le Tarn à Villemur, la Noblesse de Toulouse & des environs sollicita le Pere *Ange* de venir commander à sa place. Le Pape accorda la dispense, & le Pere *Ange* redevint *Henri Duc de Joyeuse* ; le casque remplaça le capuchon, la cuirasse la robe brune, & une longue épée le rosaire. Ainsi métamorphosé, il se met à la tête des Ligueurs, & s'y distingue autant par sa valeur que par sa politique. Lorsqu'Henri IV eut embrassé la religion catholique, ce Duc capitula avec lui, & reçut de ce Roi le bâton de Maréchal de France. Henri IV plaifantoit fouvent le Maréchal de France défroqué. Un jour qu'ils étoient enfemble fur le balcon du Louvre, & qu'une foule de peuple les regardoit, ce Roi dit au *Duc de Joyeufe* : « Mon coufin, vous igno- » rez la furprife de ces bonnes gens; c'eft » de voir un Renégat & un Apoftat enfem- » ble ». Ces paroles firent tant d'effet fur l'efprit du Duc, qu'il reprit brufquement la regle & l'habit de Capucin. Pour avoir voulu faire le voyage de Rome à Paris à pied & les pieds nuds, il fut attaqué en chemin d'une fievre violente, dont il mourut à Rivoli près de Turin, le 27 Septembre 1608, âgé de 41 ans (1).

Tout auprès on voit la tombe du Pere *Jofeph le Clerc* (2), dont nous avons déjà parlé. Ses talens le firent connoître du Cardinal Richelieu : ce puiffant Miniftre trouva dans ce Capucin des avantages peu communs, un état & un extérieur que refpectoient les cabales de la Cour, & un efprit d'intrigue inépuifable. On dit que la politique adroite

---

(1) On a imprimé la vie de ce Guerrier Pénitent, ouvrage curieux & rare.

(2) Parce que la Tombe de ce Capucin, qui étoit un vrai diable enfroqué, joint celle du Frere Ange, dont nous venons de parler, on fit dans le temps ces deux vers:

Paffant, n'eft-ce pas chofe étrange
De voir un *diable* auprès d'un *ange*.

du Cardinal dut beaucoup à la subtilité du Moine. Ce Capucin, homme d'Etat, fut presque Cardinal, mais il mourut avant que le Pape confirmât la nomination que le Roi en avoit faite. Le Cardinal de Richelieu fit graver sur sa tombe une épitaphe qui excuse, le mieux possible, ce Capucin d'avoir continuellement rejetté ce précepte de Saint-Paul : « Nul de ceux qui se des-
» tinent au service de Dieu, ne doit se
» mêler des affaires du siecle (1).

CAPUCINS *de la Chaussée d'Antin.* Cette Communauté avoit son Couvent rue du fauxbourg Saint-Jacques ; elle fut transférée avec cérémonie, le Lundi 15 Septembre 1783, à la Chaussée d'Antin. Ce quartier, qui devient chaque jour plus considérable, manquoit absolument de secours spirituels; le Gouvernement y a fait construire ce Couvent sur les desseins & sous la conduite de M. *Brongniard.* L'architecture de ce nouveau Monastere est remarquable par sa simplicité. La façade, décorée de deux bas-reliefs sculptés par M. *Clodion*, est percée de trois portes : la premiere à

---

(1) L'Abbé Richard, Chanoine de Sainte-Opportune, a fait une Histoire de ce Pere *Joseph*, comme on écrit l'histoire d'un homme dont les vérités sont dangereuses à dire : une autre histoire, dont l'Auteur est anonyme (on soupçonne qu'elle est du même Auteur), représente le Pere Joseph tel qu'il étoit.

gauche est l'entrée de l'Eglise, la porte du milieu est celle du Couvent, & la troisieme appartient à une salle destinée à un objet d'utilité publique. Si la simplicité la plus sévere convient à une Eglise de Capucins, M. *Brongniard* a parfaitement réussi dans la décoration de celle-ci, qui a le véritable caractere de la pauvreté séraphique; des murs tout nuds, des autels en bois, peints d'une couleur de bois peu agréable. Le seul ornement de cette Eglise, est un morceau de peinture à fresque en maniere de bas-relief, qui est derriere le maître-autel. Ce tableau, qui comprend à-peu-près cinquante pieds de longueur, représente S. François prêchant; il est de M. *Gibelin*, qui s'occupe avec succès de la peinture à fresque généralement abandonnée (1).

Le Cloître de ce Couvent est décoré d'un ordre sans base, à l'exemple du *Pæstum*, & d'autres monumens antiques. Cet ordre, introduit en France depuis quelques années, a été adopté comme une mode: il n'offre que la solidité, caractere qui ne convient pas mieux à un Couvent de Capucins qu'à

_____

(1) On nomme communément *fresque*, toutes peintures dont on décore les murailles: cette dénomination est abusive; la véritable fresque se travaille sur une muraille fraichement enduite de mortier, & on ne peut la conduire à sa perfection, que par petites parties, qu'on ébauche & qu'on finit dans le même jour, ce qui présente pour l'ensemble une grande difficulté d'exécution.

un autre Couvent. On auroit pu, sans craindre le reproche de luxe, rendre ce cloître de Capucins moins à la mode, aussi simple & plus beau, en donnant des bases aux colonnes de ces Révérends.

CAPUCINS *du Marais*. Ce Couvent, qui est situé rue d'Orléans, doit son établissement au zele du Pere *Athanase Molé*, Capucin. L'Eglise, commencée en 1623, fut finie par les secours & la protection de M. d'Argenson, Garde des Sceaux. Il y a plusieurs tableaux, parmi lesquels on distingue celui du maître-autel qui est une Adoration des Bergers par *la Hyre*. Dans le Chœur un Saint-François par *Michel Corneille*, & dans la nef une Descente de croix de l'école de *Vandyck*. On voit aussi un autre tableau de *la Hyre* dans la Chapelle de Saint-François d'Assise, représentant le Pape Nicolas V, occupé à visiter le corps de ce Saint, qu'il trouva debout sans être appuyé, plus de deux cents après sa mort. Une singularité de ce tableau, & qui n'est pas sans exemple, c'est que *la Hyre* s'y est peint sous la figure du Secrétaire du Pape.

CARMÉLITES *de la rue S. Jacques*. L'Eglise de ce Couvent est un des Monumens de la Capitale qui doivent le plus exciter la curiosité des Amateurs des beaux arts & de l'antiquité. On croit qu'elle fut bâtie du temps du Roi Robert ; mais ce qu'il y a de certain, c'eſt que les Religieux Bénédictins de Marmoutier y étoient établis ſous le regne d'Hugues-Capet.

Outre la Chapelle ornée de peintures qui eſt au-deſſous du Sanctuaire, il en exiſte une autre appellée de *Saint-Denis*, où, ſuivant le rapport des Religieuſes de cette Communauté, ce Saint s'eſt tenu long-temps caché. Si l'on en croit l'Auteur des *Nouvelles Fleurs des Vies des Saints*, ce lieu fut un des quatre Oratoires ſouterrains que S. Denis fit conſtruire dans ce canton, qui étoit alors occupé par des bois. Celui-ci fut dédié à la Vierge Marie, & prit dans la ſuite le nom de *Notre-Dame des Vignes*, ou *Notre-Dame des Champs*, qu'il a conſervé juſqu'en 1604, que les Carmélites y furent établies.

Quelques Hiſtoriens ont penſé que cette Egliſe étoit anciennement un temple à *Cérès*, & que la figure qui eſt au-deſſus du portail, étoit la ſtatue de cette Déeſſe ; d'autres ont ſoutenu que c'étoit un *Saint-Michel*, & quelques autres un Dieu *Mercure*. M. de Saint-Foix a fort envie que ce ſoit la ſtatue de *Mercure Theutatès*, plutôt que celle de *Saint-Michel*. « Si c'étoit la figure de » cet Archange, dit-il, elle auroit des » ailes, le Diable ſous ſes pieds, & la dra- » perie n'iroit que juſqu'aux genoux ».

Cette figure de pierre, qui a occaſionné pluſieurs diſcuſſions, a plutôt le viſage d'une femme que d'un jeune homme ; sa longue robe contribue encore à faire croire qu'elle est de ce sexe. Elle tient une grande balance à la main ; dans chacun des bassins sont des têtes d'enfans ; elle a la tête panchée sur l'épaule gauche. Voilà tout ce que son élévation permet de remarquer. L'état de cette statue est fort douteux, comme on voit. Est-ce un Dieu, est-ce une Déesse ou un Archange ? Cela n'est pas bien décidé. Cependant il faut avouer qu'on aimeroit mieux trouver en elle une *Cérès*, un *Mercure Teuthates*, qu'un *S. Michel*, cela seroit plus curieux.

En 1604, le Cardinal *Bérulle* amena d'Espagne six Religieuses Carmélites de la réforme de Sainte-Thérese, & les établit dans cette Maison, qui étoit auparavant le *Prieuré de Notre-Dame des Champs*. Malgré la regle austere de cet Ordre, il existe en France soixante-dix Couvens de Carmélites, dont il y en a trois à Paris (1).

C'est dans ce séjour d'austérité, que se retira cette belle & fameuse Pénitente, Amante vertueuse d'un grand Monarque, *Louise-Françoise de la Beaume-le-Blanc*, Duchesse *de la Valiere*. Sa dévotion ba-

_____

(1) Ménage dit avoir lu dans un petit livre imprimé à Bordeaux, que Saint-Michel frappant à la porte du Paradis, Saint-Pierre dit, *qui est ce ?* Saint-Michel répondit ; *une Carmélite*. Saint-Pierre répliqua : *on ne voit ici que des Carmélites, quand il y en aura une douzaine, on ouvrira*.

lança long-temps son amour, à la fin elle triompha; & l'on vit cette charmante personne, fuyant les délices de la plus brillante Cour, vivre dans la retraite, la gêne & les larmes, pour se punir du crime d'avoir aimé sincerement le plus magnifique des Rois (1).

Marie de Médicis, qui protégeoit l'établissement des Carmélites, ne négligea rien pour en embellir l'Eglise : tout y est riche, tout y est beau dans l'intérieur. On monte au grand autel par douze marches de marbre artistement posées, accompagnées de balustrades de marbre, dont les balustres sont de cuivre doré. Tous les ornemens de cet autel sont de bronze doré. Le tabernacle, qui représente l'arche d'alliance, est tout d'argent; un bas-relief qui est au-devant, est un ouvrage achevé. Les jours de Fête, on y expose un soleil d'or enrichi de pierres précieuses, des chandeliers & des vases du plus grand prix : tout y respire la magnificence.

A droite sont six tableaux de *Philippe de Champagne*, dont trois ne sont pas entierement de lui. Ceux qui appartiennent en entier à ce Peintre, représentent une Pentecôte, une Assomption, & la résurrection du Lazare.

─────────────────────────────

(1) Elle vécut pendant 36 ans dans cette Communauté, suivant rigoureusement la regle de cet Ordre, & mourut l'an 1710. Elle portoit le nom de Sœur *Louise de la Miséricorde*.

A gauche, on voit d'abord une Multiplication des pains par *Stella*; une Madeleine aux pieds de notre Seigneur, ce superbe tableau est de *le Brun*; une entrée triomphante de Jésus-Christ dans Jérusalem par *la Hyre*; un Jésus avec la Samaritaine de *Stella*; Jésus dans le désert servi par les Anges, excellent tableau de *le Brun*; enfin, une Résurrection de *la Hyre*.

En face du chœur des Religieuses, on admire une Salutation angélique, ouvrage précieux du *Guide*.

Les Chapelles de cette Eglise ne sont pas moins superbement décorées; dans la premiere, auprès du chœur, est un tableau en face de l'autel, qui représente Saint-Joseph dormant, & averti en songe par un Ange de ne point quitter la Sainte-Vierge; ce tableau est de *Philippe de Champagne*. Son neveu, *J. B. de Champagne*, a exécuté, sur les lambris de cette Chapelle, l'histoire de ce Saint, d'après les desseins de son oncle.

Sur l'autel de la troisieme Chapelle, est un tableau représentant Sainte-Genevieve accompagnée d'un Ange, par *le Brun*. La vie de cette Sainte, dessinée par ce Peintre, a été exécutée sur les panneaux des lambris par *Verdier*.

Dans la quatrieme Chapelle, on voit un des chef-d'œuvres de *le Brun*; c'est une Madeleine dans l'attitude de la plus vive douleur. Tout est admirable dans ce tableau, correction de dessin, coloris, expression; l'ame de l'observateur le plus insensible est ému en voyant cette peinture, la douleur de cette belle éplorée semble s'accroître à mesure qu'on la considere, ses yeux rougis vont échapper de nouvelles larmes. Ce qui ajoute à l'intérêt de ce précieux ouvrage, c'est que la figure de la Madeleine est, dit-on, le portrait de la Duchesse *de la Valliere*.

Dans cette même Chapelle, est sculptée en marbre la figure du Cardinal de *Bérulle*, fondateur des Carmélites en France; cette figure à genoux est l'ouvrage de *Sarazin*. Le piedestal est enrichi de deux bas-reliefs qui sont de *Lestocart*.

Au-dessus du buffet d'orgues on voit une figure de Saint-Michel, plus grande que nature; elle est soutenue en l'air par une barre de fer qui tient à la voûte, le Diable est renversé à ses pieds : cette sculpture est d'après les dessins de *Stella*.

Les peintures à fresque de la voûte sont toutes de *Philippe de Champagne*. On voit toujours avec le même étonnement le merveilleux effet d'un Christ entre la Vierge & Saint-Jean. Ces trois figures sont peintes sur un plan horisontal, & cependant paroissent sur un plan vertical; ce chef-d'œuvre de perspective avoit été tracé par *Desargues*, habile Mathématicien; *Cham-*

pagne a complette l'illusion par la magie de son pinceau.

La nef est séparée du chœur par quatre grandes colonnes de marbre chargées de flammes de bronze doré. Au-dessus de la porte de cette clôture, est un Crucifix du même métal, que l'on regarde comme un des meilleurs morceaux de *Jacques Sarazin*.

Dans cette Eglise ont été inhumées plusieurs personnes, parmi lesquelles nous citerons les plus distinguées. Trois filles de *Henri-Charles-Alphonse de Lorraine, Prince d'Harcourt, & de Marie Brancas-Villars*; *Pierre de Bullion*, Abbé de Saint-Faron; *Julie d'Angennes*, Duchesse de Montausier, morte en 1671; le Duc de *Montausier*, son mari, mort en 1690; *Marie-Anne de Bourbon*, Duchesse de Vendôme, morte au mois d'Avril 1718, & *Antoine Varillas*, mort en 1696, Historiographe de France.

CARMÉLITES *de la rue Chapon*. Elles furent fondées par *Catherine d'Orléans*, Demoiselle de *Longueville*, qui acheta l'hôtel des Evêques de Châlons pour y loger ces Religieuses; elles en prirent possession en 1619. L'Eglise n'a rien de remarquable.

CARMÉLITES *de la rue de Grenelle, fauxbourg Saint-Germain*. Cette Maison, d'abord établie dans la rue du Bouloir, ne fut qu'une retraite dépendante du grand Couvent de la rue Saint-Jacques, obtenue par Lettres-Patentes du mois d'Avril 1656, par *Anne-Marie-Chrétienne de Foix de la Valette*, Religieuse Professe audit Couvent.

Six ou sept ans après, la Reine *Marie-Thérèse d'Autriche*, épouse de Louis XIV, obtint de ce Roi la permission de fonder dans la ville de Paris une Communauté de Religieuses Carmélites, pour y faire ses retraites spirituelles, & remercier Dieu de la naissance du Dauphin; les Lettres-Patentes données en faveur de ce pieux dessein, enregistrées au Parlement le 17 Décembre 1669, révoquent & annullent les conditions sous lesquelles l'établissement des Carmélites de la rue du Bouloir avoit été fait, déclarent cette Maison un Monastere indépendant, & lui accordent les privileges attachés aux autres Communautés de fondation royale, &c. En 1686, ces Religieuses furent transférées dans la rue de Grenelle, fauxbourg S. Germain.

CARMES *du grand Couvent, quartier de la place Maubert.* Suivant la tradition de ces Peres, ils descendent en droite ligne du Prophete *Elie*, qui fut leur premier Supérieur; ils portent en conséquence, un manteau semblable à celui qu'*Elie* jetta du Ciel à son serviteur *Élisée*. Non-seulement tous les Prophetes qui ont suivi, mais plusieurs Payens célebres ont été du même Ordre, comme l'assure le sage Auteur de l'histoire latine de l'Ordre Carmélite. Ainsi *Pytagore* fut un Carme très-célebre. *Numa Pompilius*, R. P. Carme, ne quitta le scapulaire que pour prendre le sceptre. *Zoroastre* fut aussi un Carme très-dévôt. Les Druides étoient des Carmes, & les Vestales des Carmélites. Les avis sont fort partagés sur la question de savoir si *Jésus* a été Religieux de cet Ordre. L'Auteur cité tranche la difficulté, & soutient que le Sauveur du monde étoit Carme. Ce qui est moins merveilleux, mais plus raisonnable, c'est que plusieurs Hermites qui habitoient le Mont-Carmel, réunis vers l'an 1112 par *Albert*, Patriarche latin de Jérusalem, formerent l'institution de cet Ordre, que confirma, en 1171, le Pape Honoré III. Leurs manteaux, qui étoient de la couleur de celui du Prophete *Elie*, se trouverent aussi de la même couleur que les manteaux des grands Seigneurs Sarrasins; ceux-ci qui ne vouloient pas être confondus avec ces Moines, les obligerent de les porter moitié noir & moitié blanc. Ils conservoient encore cette bigarrure, qui les fit appeler les *Barrés*, lorsque Saint-Louis en conduisit six à Paris, qu'il établit au lieu que viennent de quitter les Célestins, & c'est par rapport à ce costume singulier, que la rue qui conduit à ce Couvent, porte le nom *des Barrez*.

A cause de l'insalubrité du voisinage de la riviere, du mauvais état de leur maison & de leur éloignement de l'Université, Philippe-le-Bel leur accorda, au mois d'Avril 1309, une maison qui lui appartenoit, dans l'emplacement où ils sont aujourd'hui.

Jeanne d'Evreux, troisieme femme de Charles-le-Bel, se montra toujours dévouée en faveur des Carmes. Ces Moines s'aggrandirent par les largesses de cette Reine, qui vendit ses joyaux & ses pierreries pour donner plus d'étendue à leur Eglise.

Le mausolée que MM. Boullenois fils viennent de faire élever à la mémoire de leurs pere & mere, est le monument le plus remarquable de cette Eglise.

Sur une base de marbre verd antique, décoré de guirlandes en marbre jaune antique, est posé un sarcophage de portor, soutenu par des griffes de lion en marbre blanc; au-dessus du sarcophage est une urne sépulcrale de porphire, qu'on assure être antique; elle est entre-laissée de branches de cyprès en marbre verd antique; derriere & comme fond s'éleve une vaste pyramide de granit rouge oriental, de 28 pieds de hauteur; à son sommet, qui est tronqué, est placé un aigle en bleu turquin tenant en son bec le portrait de M. *Boullenois*, & dans une de ses serres, celui de *Charlotte du Bois*, sa femme. Ces deux tableaux sont en mosaïques. Sur le devant du sacorphage est placée debout la figure de la Justice, ayant à sa main une épée, & derriere elle des balances. Elle est de huit à neuf pieds de proportion; sous son bras gauche est un rouleau de bronze doré qui se déploie & montre en caracteres de lapis lazuli, enchâssés dans des lames d'argent, ce titre d'un ouvrage du défunt : *Traité de la personalité & de la réalité des loix, par M. Boullenois, Avocat*. Par son attitude, cette figure exprime ses regrets de la mort du Jurisconsulte.

Ce monument a été exécuté en Italie, par M. *Poncet* de Lyon, qui demeure à Rome.

Sur la partie cintrée du piedestal, est l'inscription suivante en caracteres de bronze doré, très-mal exécutés. *D. O. M. viginti duobus annis ab obitu patris filii mœrentes posuere. Anno 1784.*

Sur le plan de terre & dans trois cartels, sont les trois inscriptions suivantes qu'avant l'érection de ce monument on lisoit & on admiroit dans le chœur des Moines de cette Eglise :

*Uxor antè decessit.
Scripsit maritus in solamen
Uxorique sibique
Carmina
Quæ hinc & inde leguntur.*

à droite, sont ces vers avec ce titre :

Vota mariti superstitis.

*In tumulo placidè requiescit amabilis uxor :
Junxit amor mentes, corpora jungat humus.*

à gauche, on lit ces autres vers :

Vir ex tumulo.

*Cessant jam mea vota, simul requiescimus ambo ;
Nunc cinis unus erit, quod fuit una caro.*

A l'exemple de quelques critiques, on ne doit pas chercher à pénétrer si dans ce monument, le plus fastueux de Paris, MM. Boullenois n'ont pas davantage signalé leur ostentation que leur tendresse filiale; mais il est permis d'examiner si les intentions magnifiques de ces fondateurs ont été parfaitement remplies par l'Artiste chargé de l'exécution de ce tombeau.

Le premier objet qui frappe est la figure de la Justice; ses draperies, quoique à la maniere antique, ne sont ni gracieuse ni naturelles; l'attitude est gauche, les for..es lourdes & sur-tout très-incorrectes; il ne fa..t pas être initié dans les arts pour voir ..a premier coup-d'œil que la gorge n'est r. à sa place; mais le marbre de cette fig.. est très-précieux, & ce seroit le cas ..e dire ce mot d'Appelle : *O mon ami, tu n'as pu la faire belle, tu l'as faite riche.*

Le vase de porphyre & le sarcophage sont d'une très-belle forme, parce que l'un & l'autre sont antiques, ou copiés d'après l'antique. Les griffes du lion qui soutiennent ce sarcophage sont de mauvais goût, parce qu'étant de marbre blanc, elles n'expriment point la solidité dont elles doivent avoir le caractere, & que la couleur blanche n'annonce que la foiblesse : des griffes de bronze étoient bien préférables.

La position irréguliere des portraits en mosaïques n'offre rien de noble & de distingué; leurs bordures très-communes rappellent un tableau d'appartement. L'aigle, qui tient en l'air ces tableaux, fait appréhender qu'ils ne tombent. Cette crainte est la preuve la plus sûre du mauvais goût de cette idée.

Enfin on pense que ce mausolée gagneroit beaucoup si l'on avoit le courage d'en retrancher la figure de la Justice, l'aigle & les deux portraits, & l'on regrette que des matériaux aussi riches n'aient pas été mieux employés.

MM. *Boullenois* ayant fait blanchir la partie de l'Eglise qui avoisine le mausolée, les Carmes ont profité de l'occasion pour faire reblanchir l'Eglise entiere, ainsi que le maître-autel, dont le mauvais goût se fait mieux sentir depuis cette réparation. De cette affaire, *Philippe du Bec*, Archevêque de Reims, dont la figure est représentée à genoux dans le chœur, a été fraîchement rougi.

On voit dans le Cloître une chaire de pierre, du haut de laquelle plusieurs Docteurs, tels qu'*Albert le Grand, Saint-Bonaventure & Saint-Thomas*, donnoient publiquement leurs leçons.

L'Auteur de la plus ancienne Description de Paris & de plusieurs autres Ouvrages, *Gilles Corrozet*, Libraire, a son épitaphe dans ce cloître en lettres gothiques.

 L'an mil cinq cent soixante-huit,
 A six heures avant minuit,
 Le quatriemé de Juillet,
 Décéda *Gilles Corrozet*

Agé de cinquante-huit ans,
Qui, Libraire fut en son temps.
Son corps repose en ce lieu-ci,
A l'ame Dieu fasse merci.

Dans le Cloître, est le tombeau du Pere *Felix Buy*, qui soutint en 1681 une these publique, où il prouva qu'il y a des loix ecclésiastiques auxquelles le Pape est soumis; qu'il ne peut pas toujours dispenser des Canons; qu'il ne peut ni déposer les Rois, ni imposer des tributs sur le Clergé de leur Royaume; que le Pape n'est ni infaillible, ni au-dessus du Concile, & que le droit de Régale n'est ni une chimere ni une usurpation. Le Pape lança toutes ses foudres contre ce Moine audacieux. Louis XIV s'opposa courageusement à leurs effets, le Pere *Buy* continua ses fonctions, & le Prieur des Carmes fut obligé, sous peine de voir le temporel du Couvent saisi, de regarder ce savant comme très-ortodoxe, & d'obéir au Roi plutôt qu'au Pape.

CARMES *de la rue des Billettes*. Ce Monastere est situé dans l'emplacement qu'occupoit autrefois la maison d'un Juif, nommé *Jonathas*.

Une femme, pour avoir, pendant les Fêtes de Pâques, sa plus belle robe qu'elle avoit engagée à ce Juif, n'ayant pas de quoi la retirer, consentit, à sa sollicitation, de lui porter la sainte hostie qu'elle recevroit à la communion. Cette malheureuse exécuta sa promesse. Le Juif fanatique perça de plusieurs coups de canif cette hostie qui rendit beaucoup de sang; il la jetta dans le feu, elle voltigeoit au-dessus des flammes; il l'a mit dans une chaudiere, elle rougit l'eau de sang & voltigeoit au-dessus. Enfin, chaque impiété étoit suivie d'autant de miracles effrayans. Ce qui étonne beaucoup, c'est que cet homme y fut insensible. Son fils voyant les enfans de sa connoissance se rendre à l'Eglise, leur conseilla de n'y plus aller, parce que son pere avoit, le matin, fait mourir leur Dieu à force de le maltraiter. Une bonne femme, entendant cela, court chez *Jonathas*, sous prétexte d'y aller chercher du feu. Ce qui surprendra encore davantage, c'est que ce Juif la laissa entrer, même approcher jusqu'à la cheminée, où il commettoit le sacrilége. Cette femme vit cette sainte hostie voltiger, & se reposer ensuite dans une jatte de bois qu'elle tenoit à la main. Sur le champ elle la porta chez le Curé de Saint-Jean-en-Greve, où elle est actuellement. *Jonathas* fut pris & brûlé vif; sa femme & ses deux enfans furent baptisés (1).

Philippe-le-Bel donna une partie de la maison de ce Juif à *Regnier Flaminge*, qui y fit bâtir une Chapelle que l'on nomme

---

(1) Ce qui est fort singulier, c'est que, dans le même temps, la même profanation fut commise à Bruxelles, par un Juif également nommé *Jonathas*, & l'on y conserve aussi comme des reliques, les Saintes Hosties mutilées.

la Chapelle des Miracles, & l'autre partie *aux Freres de la Charité de Notre-Dame*. Le Pape Clément VI donna à ces Freres, en 1347, la regle de Saint-Auguſtin, & le Couvent des Billettes devint un Prieuré conventuel, ſous l'autorité d'un Général qui réſidoit originairement à Boucheromont.

Ces Freres obtinrent d'abord l'eſtime générale & la faveur des Rois; mais leur conduite irréguliere, leur indocilité & leurs diviſions continuelles, les rendirent dans la ſuite odieux à tout le monde. On ne les réforma point, mais on les laiſſa éteindre. Ils furent remplacés, le 24 Juillet 1631, par les Carmes réformés de l'Obſervance de Rennes, qui cherchoient depuis long-temps à s'établir à Paris.

Sur l'entrée de la Chapelle des Miracles, on liſoit encore en 1685 cette inſcription:

Ci-deſſous le Juif fit bouillir
la *Sainte Hoſtie*.

mais des réparations l'ayant détruite, on y a ſubſtitué celle-ci:

Cette Chapelle eſt le lieu où un Juif
outragea la Sainte Hoſtie.

On conſerve dans cette Egliſe, comme une relique, le canif dont le Juif ſe ſervit contre la *ſainte hoſtie*, & l'écuelle où elle vint ſe repoſer. L'un & l'autre ſont enchâſſés dans des reliquaires formant des ſtatues de Saints, qui tiennent à la main les instrumens qui sont enfermés dans leurs intérieurs.

Le corps de *Papire Masson*, Historien estimé, & le cœur de *François Eudes de Mezerai*, Historiographe de France, Secrétaire perpétuel de l'Académie Françoise, sont inhumés dans cette Eglise.

Elle a été rebâtie à neuf en 1754, sous la conduite & d'après les desseins de Frere *Claude*, Religieux Dominicain, qui sans doute étoit un Frere zélé, un excellent Moine, mais non pas un bon Architecte.

CARMES *Déchaussés*. Le Pape Paul V. envoya en France deux de ces Moines de la réforme de Sainte-Thérese, le Pere *Denis de la Mere de Dieu*, & le Pere *Bernard de Saint-Joseph*. Ils logerent d'abord aux Mathurins, ensuite au College de Clugny; enfin le Cardinal de Joyeuse, qui présenta ces Moines au Roi & à la Reine Régente, obtint pour eux des Lettres-Patentes de Mars 1611. Alors ils prirent possession d'une maison rue de Vaugirard, que *Nicolas Vivian*, Maître des Comptes, avoit achetée exprès de Robert Barrat, Maître-d'Hôtel du Roi, & de Françoise Fromage son épouse. Ces Moines construisirent à la hâte quelques logemens & une Chapelle dans une salle qui avoit autrefois servi au Prêche des Calvinistes.

Cette premiere Chapelle fut trouvée trop petite. *Jean du Tillet*, Greffier en chef au Parlement, en fit conftruire une plus grande. Le Nonce Ubaldin qui avoit dit la premiere meſſe dans la premiere Chapelle, célébra encore la premiere dans cette feconde.

Le concours de dévots augmentant chaque jour, il fallut penſer à reconſtruire un autre Couvent & une troiſieme Egliſe. *Nicolas Vivian* poſa la premiere pierre du Couvent, & la Reine *Marie de Médicis*, mere de Louis XIII, poſa la premiere de la nouvelle Egliſe, le 7 Février 1613 : c'eſt la même Egliſe que l'on voit aujourd'hui (1).

Le tableau du maître-autel a été donné par la Reine *Anne d'Autriche* ; il eſt peint par *Quentin Varin*, un des maîtres du fameux *Pouſſin* ; la Préſentation de Notre Seigneur au Temple en eſt le ſujet.

Le dôme, peint par *Bartholet Flamaël*, repréſente l'inſtant où le Prophete *Elie* s'enleva dans le ciel ſur un char de feu, & qu'il jetta ſon manteau à ſon ſerviteur *Eliſée*, qui tend les bras pour le recevoir.

Dans la Chapelle dédiée à Sainte-Thé-

―――――――――――

(1) M. de Saint-Foix aſſure que ces Moines Mendians jouiſſent de *près de cent mille livres de rente en loyers de maiſon* qu'ils ont fait bâtir dans la rue de Vaugirard, & dans les rues adjacentes ; & il obſerve que leur fortune s'eſt faite en bien peu de temps. *Il faut leur rendre juſtice*, dit cet Hiſtorien, *les richeſſes ne les enorgueilliſſent pas ; ils continuent toujours d'envoyer des Freres quêter dans les maiſons.*

tefe, eft une apparition de Notre Seigneur à cette Sainte : il eft de *Jean-Baptifte Corneille*; les tableaux des côtés font de *Seve* l'aîné.

A l'entrée de l'Eglife eft une tombe de bronze ornée de beaux bas-reliefs. Elle eft du deffin d'*Oppenord*, ainfi qu'une autre plus petite placée vers le milieu de la nef, par laquelle on jette de l'eau bénite aux corps defcendus dans le caveau.

L'objet qui doit davantage fixer les regards des obfervateurs, c'eft la fuperbe Statue de la Vierge, tenant fon fils fur fes genoux, dans la Chapelle qui lui eft dédiée. Elle eft d'albâtre, faite à Rome par *Antonio Raggi*, d'après le modele du *Cavalier Bernin*. Rien n'eft plus gracieux que fon attitude; le deffin de la draperie eft d'une correction & d'une vérité admirable. Ce grouppe, que le Cardinal Antoine Barberin paya dix mille francs, & qu'il fit enfuite tranfporter en France, pour le donner aux Carmes déchauffés, eft accompagné de colonnes de marbre veiné, difpofées en forme de Temple, auffi d'après le deffin du *Cavalier Bernin*.

Le blanc dont les murailles du Cloître font peintes eft auffi brillant que le marbre. Il a été long-temps un fecret appertenant à ces feuls Moines. La compofition en eft aujourd'hui connue fous le nom de *Blanc des Carmes*.

C'eft encore dans l'Apothicairerie de ce

Monastere que fut inventée la fameuse Eau *de Mélisse*, fort en réputation dans la Capitale, sous la dénomination d'*Eau des Carmes* (1).

CARROSSES. Nos Reines alloient en litiere, ou à Cheval. Catherine de Médicis est la premiere qui ait eu un Carrosse. Le premier Président de Thou qui avoit la goutte, fit faire le quatrième Carrosse. Les Présidens, les Conseillers, alloient au Palais sur des mulles, les chevaux étoient pour les gens d'épée. Ces Carrosses qu'on nommoit alors *Coches*, n'étoient point suspendus, & les dames aimoient mieux aller en croupe, que dans une voiture si fatiguante. Ces Carrosses ou Coches étoient faits comme le sont ceux des Messageries, avec de grandes portieres de cuir qu'on abaissoit pour y entrer; on n'y mettoit que des rideaux; s'il y avoit eu des glaces au Carrosse de Henri IV, peut-être n'auroit-il pas été tué (2). Bassompierre, sous le regne

---

(1) Avant que l'alkali volatil fût en vogue, les Carmes s'étoient fait une grande réputation dans les cercles, dans les boudoirs, par la vertu de leur Eau, qui faisoit alors des prodiges contre les affections nerveuses. Une petite Maîtresse ne sortoit jamais sans être suffisamment pourvue d'*Eau des Carmes*.

(2) Ce Prince écrivoit à M. de Sully qui étoit malade : *Je comptois aller vous voir; mais je ne pourrai, parce que ma femme se sert de ma coche.*

de Louis XIII, fut le premier qui fit faire un petit Carrosse avec des glaces. Pendant la minorité de Louis XIV, presque tous les gens de la Cour qui n'avoient point d'incommodités, alloient encore à cheval; ils se présentoient chez les dames aux assemblées, & se mettoient à table avec leurs bottines & leurs éperons. Le nombre des Carrosses, qui ne se montoit dans Paris, en 1658, qu'à trois cents dix ou vingt, se monte aujourd'hui à plus de vingt mille.

CARTES à jouer. Les Cartes ont été inventées en Espagne, vers l'an 1330, sous le nom de *Naipes*, par *Nicolao Pepin*; elles furent faites, suivant M. *Court de Gébelin*, à l'imitation des *Tarots*, jeu peu connu en France, & dont l'origine remonte aux anciens Egyptiens qui en faisoient le code de leur doctrine. Proscrites en Espagne, elles furent adoptées en France, où Charles V les fit bientôt défendre par son Edit de 1369; elles furent alors fort décriées dans ce Royaume. Elles y reparurent sous le regne de son successeur Charles VI, & ne furent introduites à la Cour que sous le prétexte d'amuser le Roi pendant les intervalles de sa démence.

On lit dans un compte de Charles Poupart, Surintendant des Finances de Charles VI: *donné cinquante-six sols parisis à Jacquemin Gringoneur, Peintre, pour trois jeux de Cartes à or & à devises, pour porter devers ledit Seigneur Roi, pour son ébatement.*

Si elles n'étoient pas si communes, nos cartes mériteroient, avec raison, d'occuper une place distinguée dans les Cabinets des Antiquaires. Les figures qu'elles représentent, sont à la fois des monumens des beaux-Arts, du costume & de l'esprit du siecle qui les a produites en France. C'est ainsi que peignoient les meilleurs Peintres de ce temps, c'est ainsi qu'on étoit vêtu à la Cour de Charles VI, & c'est ainsi que l'on faisoit allusion, par des anagrames, des allégories, aux événemens politiques & aux avantures galantes.

Le Valet de Cœur & le Valet de Carreau étoient deux Capitaines de distinction sous le regne de Charles VII, *la Hire* & *Hector*. La Dame de Treffle étoit la Reine Marie d'Anjou, sous le nom d'*Argine*, dont l'anagrame est *Regina*. La Dame de Carreau, sous le nom de *Rachel*, représente la tendre & belle *Agnez Sorel*, maîtresse du Roi; la Dame de Pique est cette illustre Guerriere, *la Pucelle d'Orléans*, sous le nom belliqueux de *Pallas*, & la Dame de Cœur nous offre la galante *Isabeau de Baviere* (1).

---

(1) Un Petit-Maître de la Cour de Charles VI, *Louis de Bourbon*, beau, bien fait, alloit au Château de Vincennes voir *Isabeau de Baviere*, dont les amours avec ce Gentilhomme étoient très-publiques. Il rencontra le Roi en chemin, le salua sans s'ar-

Le Roi de Pique eſt le Roi *Charles VII*: ſa vie eſt à-peu-près ſemblable à celle du Roi *David*, dont on lui donne le nom, &c.

On voit, dit M. de Saint-Foix, qu'un jeu de Cartes, à la faveur d'un commentaire, peut s'attirer *autant de conſidération que bien des Auteurs Grecs & Latins.*

Cette invention favorable à la pareſſe, dit M. l'Abbé Millot, eſt devenue pernicieuſe à la ſociété, en dégoûtant des exercices du corps, en procurant aux gens oiſifs une reſſource contre l'ennui, ſouvent pire que l'ennui même, & en facilitant les moyens de ruiner tout-à-la-fois ſa ſanté & ſa fortune.

CASERNES. Il y a vingt Caſernes dans Paris; c'eſt à M. le Maréchal, *Duc de Biron*, que l'on doit ces établiſſemens. Il en a fait conſtruire cinq neuves, dans chacune deſquelles ſont logées trois Compagnies. Chaque Compagnie eſt diviſée par quatre ſections, ou quatre chambres, contenant douze à quinze lits, dans chacun

---

rêter ni *deſcendre* de ſon cheval. Le Roi l'ayant reconnu, ordonna à Tanegui du Châtel, Prévôt de Paris, de courir après lui, & de le conduire en priſon. La nuit il fut mis à la queſtion, enſuite enfermé dans un ſac & jetté dans la Seine avec ces mots ſur le ſac : *laiſſez paſſer la juſtice du Roi.* La Reine fut conduite à Tours, & gardée à vue. Les amours de cette Princeſſe furent très-funeſtes à la France.

desquels couchent deux Soldats. Il y a six Chambres de Sergens pour chaque Compagnie.

Ces Casernes, d'une Architecture noble & simple, sont spacieuses & commodes; elles sont placées dans les différens fauxbourgs de la Ville.

CÉLESTINS. *Pierre Moron* fut l'instituteur de cette Communauté, qui étoit de l'Ordre de Saint-Benoît; étant devenu Pape, il se fit appeller *Célestin*: les Moines, ses créatures, se glorifierent de porter ce nom, qu'ils ont conservé depuis. Les Carmes occupoient cette Maison, ils l'abandonnerent & la vendirent à *Jacques Marcel*, Bourgeois de Paris, qui y fit bâtir deux Chapelles, & y établit deux Chapelains pour les desservir. Le Duc de Normandie, qui fut depuis le Roi Charles V, ayant fait venir des Célestins du Monastere de Saint-Pierre de Châtres, dans la forêt de Cuise, à deux lieues de Compiegne, *Garnier Marcel*, fils de *Jacques*, leur donna, à la sollicitation de *Robert de Juffi*, qui avoit été Novice de cet Ordre, tout l'emplacement que son pere avoit acheté des Carmes. Cette donation fut confirmée par Lettres de *Jean de Meulan*, Evêque de Paris, & de *Guillaume Melun*, Archevêque de Sens, données l'an 1352.

Charles V, pendant la prison de son pere, le Roi Jean, en sa qualité de Régent

gent du Royaume, fit beaucoup de bien à ces Religieux. Lorsqu'il fut Roi, il ne fut pas moins libéral à leur égard, il leur accorda dix mille pieces d'or, & douze arpens de bois de haute-futaie à prendre en la forêt de Moret, pour faire bâtir une nouvelle Eglise, dont il posa la premiere pierre : c'est celle qui existe aujourd'hui.

On voit encore la statue de ce Roi au Portail, tenant à la main un modele de cette Eglise. La statue qui lui sert de pendant, est celle de *Jeanne de Bourbon*, sa femme. Ce bienfaiteur des Célestins ne borna point là ses libéralités ; il employa encore la somme de cinq mille livres à faire bâtir le Dortoire, le Réfectoire, le Cloître & le Chapitre ; il dota la Maison de deux cents livres de rentes amorties ; il agrandit encore la Communauté de la Maison d'un Commis, qui fut vendue par décret, & ce Roi mérita, par tant de bienfaits, le glorieux titre de *Fondateur des Célestins*.

Le fils puîné de Charles V, Louis, Duc d'Orléans, hérita des bonnes dispositions de son pere pour ces Religieux. Un événement singulier en détermina bientôt les effets.

Charles VI s'étant déguisé en Satyre avec quelques Seigneurs de sa Cour, pour aller à un Bal qui se donnoit à l'occasion d'un mariage d'une des Dames de la Reine, le Duc d'Orléans, pour reconnoître ces masques, s'approcha avec un flambeau, le feu

G

prit à l'habit d'un d'entre eux & la flamme fit des progrès d'autant plus rapides que ces habits étoient enduits de poix, pour faire tenir du coton & du lin, & figurer par ce moyen le poil des Satyres ; par malheur encore ces masques étoient enchaînés ensemble ; ils ne purent se débarrasser assez tôt pour éviter l'embrâsement : plusieurs en périrent ; le Roi n'échappa à la mort que par la présence d'esprit de la Duchesse de Berry sa tante, qui jetta son manteau sur lui, & parvint à étouffer la flamme en le serrant étroitement. Le Duc d'Orléans, pour expier son imprudence & les maux qu'il venoit de causer, fit construire aux Célestins la Chapelle qui porte son nom, dans laquelle il fut inhumé, l'an 1407, en habit de Célestin, comme il l'avoit ordonné par son testament.

Cette Eglise est une des plus curieuses de Paris, peut-être de l'Europe, à cause de ses beaux tableaux, de ses chef-d'œuvres de sculpture, de ses tombeaux anciens ou superbes, & des cendres illustres qu'ils renferment.

Au-dessus de la porte du chœur, sont deux tableaux de *Stradan*, l'un en dehors qui représente la parabole de l'économe de l'Evangile, l'autre en dedans, où l'on voit Jésus-Christ au milieu des Docteurs.

Le lutrin, la balustrade du Sanctuaire, les figures de la Sainte Vierge & de l'Ange Gabriel qui sont sur le maître-autel, sont de *Germain Pilon*; c'est en faire l'éloge que de nommer cet Artiste.

Les cœurs du Roi *Jean* & de sa seconde femme *Jeanne*, Comtesse de Boulogne, ont été inhumés devant le maître-autel.

Philippe de France, premier Duc d'Orléans, fils puîné du Roi *Philippe VI*, dit *de Valois*, & de la Reine *Jeanne de Bourgogne*, mort en 1391, fut enterré devant le sanctuaire; alors la Chapelle d'Orléans n'étoit pas encore bâtie. *Henri, Duc de Bar*, mort à Venise en 1398 en revenant de la bataille de Nicopolis, fut également inhumé proche le sanctuaire de cette Eglise, en habit de Célestin, ainsi qu'il l'avoit ordonné.

On voit dans le mur, proche le sanctuaire, du côté de l'Evangile, le mausolée de *Leon de Lusignan*, Roi d'Arménie, avec cette épitaphe.

LEO LUSIGNANEUS *Armenorum Rex novissimus, ab Othomanis solio deturbatus, à Carolo VI, Francorum Rege, benignissimè exceptus ipsius sumptibus hoc in loco regaliter sepultus fuit, anno Domini* 1393.

Chassé de son Royaume par les Turcs qui avoient massacré sa femme & ses enfans, il vint à Paris en 1385, presque dans la misere. Il n'avoit pour tout bien, dit Froissard, Historien contemporain, qu'*un grand cœur, beaucoup de mérite & une haute réputation*. Charles VI le reçut avec ami-

G ij

tié, le combla de bien pendant fa vie & après fa mort lui fit faire les mêmes honneurs & les mêmes cérémonies que font les Arméniens aux funérailles de leurs Rois.

Plus bas, & du même côté, eſt un autre mauſolée avec une épitaphe Françoiſe & Latine ; nous traſcrirons la Françoiſe.

Cy giſt notre Dame, Madame JEANNE DE BOURGOGNE, Epouſe de très-noble Prince, Monſeigneur JEAN, Duc de Bethfort, & Régent de France, & fille de très-noble Prince, Monſeigneur Jean, Duc de Bourgogne, laquelle trépaſſa à Paris, le 14 de Novembre, l'an de grace 1432 (1).

Du côté de l'épître eſt un tombeau de marbre noir, ſur lequel eſt couchée une figure de marbre blanc; il renferme les entrailles de *Jeanne de Bourbon*, femme de Charles V, Roi de France. On y lit cette épitaphe.

___

(1) Dans les temps de déſaſtres, où les François étoient tour-à-tour pillés, maſſacrés, rançonnés, par pluſieurs factions compoſées de brigands & de bourreaux, cette Princeſſe étoit la ſeule conſolation des Pariſiens. L'Auteur du Journal de Paris de ce temps-là, dit qu'elle étoit, « la plus plaiſante de toutes les Dames, qui adoncques fuſſent » en France ; car elle étoit bonne & belle, & de » bel aage; car elle n'avoit que vingt-huit ans » quant elle trepaſſa, & certes elle étoit bien » amé du peuple de Paris.... Ceux de Paris per- » dirent moult de leurs eſpérances; mais à ſouffrir » leur convint ».

Ici reposent les entrailles de Madame la Reine JEANNE DE BOURBON, *épouse de Charles-le-Quint, & fille de très-noble Prince,* Monseigneur PIERRE DE BOURBON, *qui régna avec sondit Epoux treize ans & dix mois, & trépassa l'an 1377, en Février.*

Du même côté est un autre tombeau où on lit cette épitaphe.

Cy gist pere en Dieu, Messire ANDRÉ D'ESPINAY, *Cardinal, Archevêque de Lyon & de Bordeaux, Primat de France & d'Aquitaine, zélateur & bienfaiteur de l'Ordre des Célestins, qui trépassa à Paris aux Tournelles, le dixieme jour de Novembre, l'an de grace 1500. Priez Dieu pour lui.*

Ce Prélat a joué un grand rôle dans les guerres de Charles VIII; il se trouva à la bataille de Fornoue, armé de son surplis, de sa mitre & d'un morceau de la vraie Croix; il fit des merveilles à côté du Roi qu'il n'abandonna jamais.

Entrons dans la Chapelle d'Orléans. Des obélisques, des sarcophages, des statues, des mausolées, un cippe, un grouppe des trois Graces: on ne croit plus être sous la voûte gothique d'une Eglise, mais dans le Temple des Arts, ou dans un précieux *Museum*. Cette Chapelle sépulchrale est remplie de monumens de toutes les formes. Le Curieux n'a tout au plus que l'espace d'observer.

A l'entrée est une grande colonne torse composite de marbre blanc, ornée de feuillages, dont le chapiteau porte une urne de bronze, où repose le cœur d'*Anne de Montmorenci*, Connétable de France, mort le 12 Novembre 1567 (1). La sculpture de cette colonne est de *Germain Pilon*. Elle est élevée sur un piedestal de marbre, & accompagnée de trois statues de bronze, qui représentent trois Vertus. Elles sont de *le Prieur*. Sur le piedestal & au-dessous des trois Vertus, sont trois épitaphes : une en prose latine, l'autre en vers françois, la troisieme en vers latins, que nous ne transcrivons point à cause de leur longueur.

A côté est l'obélisque de la Maison d'Orléans-Longueville, magnifique par sa forme & par ses détails. Quatre statues de marbre blanc, grandes comme nature, placées sur le piedestal, représentent les quatre Vertus cardinales. Deux grands bas-reliefs de bronze doré d'or moulu aux deux faces du piedestal, offrent les tableaux de la bataille de *Senlis* & du secours d'*Arques*. Ce superbe monument est dû tout entier au ciseau de *François Anguier*.

Le tableau du maître-autel est très-beau ; c'est une descente de Croix, peinte sur bois

---

(1) Un Cordelier, par ses dévotes exhortations, inquiétoit les derniers instants de la vie de ce Connétable, il lui dit : *Je n'ai pas vécu quatre-vingt ans sans avoir appris à mourir un quart d'heure.*

par *François Salviati*. Il est renfermé dans des volets.

Sur les vitres de cette Chapelle, on a peint les Rois & les Reines de France, depuis Charles V jusqu'à Henri II, avec les habillemens qu'ils portoient de leur temps.

Dans le mur de cette Chapelle, du côté de l'épître, est un tombeau de marbre noir, sur lequel est couchée une statue de marbre blanc, qui représente *très-excellente & noble Damoiselle, Renée d'Orléans, laquelle trépassa en l'âge de 7 ans, au lieu de Paris le 23 Mai, l'an 1525.*

Plus bas on voit le tombeau en marbre noir de *Philippe Chabot*, Amiral de France, sur lequel est sa figure, à demi couchée, de marbre blanc. Les ornemens qui accompagnent ce mausolée sont confus & d'un mauvais genre ; il n'est pas décidé si c'est l'ouvrage de *Jean Cousin* ou de *Paul Ponce*. L'épitaphe latine qu'on y voit est du Poète *Etienne Jodelle*.

A côté est un mausolée de marbre blanc, sur lequel on voit la statue de *Henri Chabot*, Duc de Rohan, Pair de France. Il est représenté couché, & sa tête est soutenue par un Amour en pleurs. Il mourut en 1655. C'est le Chef de la branche des *Chabot-Rohan*. On y lit une inscription Latine, que le Pere *Carneau*, grand Traducteur d'épitaphes, a mise en François, à laquelle il a joint un quatrain à la louange de la Duchesse de Rohan. Voici comment le Moine *Carneau* fait des vers aux Duchesses.

> Par des impressions, aussi fortes que tendres,
> *Le feu* d'une Princesse, *à qui rien n'est égal*,
> A suivi son *Epoux*, pour échauffer ses cendres;
> Et sçut vaincre la mort par l'amour conjugal.

Vis-à-vis, sur un piedestal de marbre noir, sont deux Génies appuyés chacun sur un bouclier. Au milieu est une colonne de marbre blanc, chargée, ainsi que l'entablement, de chiffres & de couronnes ducales. Cette colonne porte une urne dorée, qui renferme le cœur de *Timoléon de Cossé*, Comte de Brissac, tué au siége de Mucidan, au mois de Mai 1569. Charles IX lui fit faire des obsèques magnifiques, auxquelles assisterent le Parlement & le Corps de Ville.

Sur le dez du piedestal, sont trois inscriptions Latines. La premiere pour *Timoléon de Cossé*, la seconde pour *Louis de Cossé*, mort le 26 Février 1661, & la derniere pour *Jean-Armand de Cossé*, mort le 13 Février 1658. Près de-là, on lit, sur un tableau, ces vers François.

> Sous ce tombeau gît ce preux Chevalier,
> Timoléon, cet heureux Capitaine,
> Dit de Brissac; ce ferme bouclier
> Et protecteur de l'Eglise Romaine,
> Duquel l'ardeur & constance hautaine,
> Le cœur vaillant, & le noble courage,
> En sa tendreur s'est montré martial,
> Lorsqu'il poursuit l'ennemi plein de rage;

Et pour son Roi, pour le sceptre Royal,
Pour son pays, pour la foi Catholique,
S'est hasardé, tant que d'un coup fatal,
Est mort tué par un lâche Hérétique.

L'OMBRE.

Suis-je mort? oui; non, je suis vif encore;
Puisque mon nom court & bruit en tous lieux;
Le Roi mon corps près ses Princes décore;
Dieu mon esprit a rendu glorieux.

Près de ce tombeau, dans une niche gothique, est un monument nouveau, aussi simple qu'agréable, monument élevé par la tendresse filiale à une mere chérie. Un cippe de marbre blanc supporte une urne d'un superbe marbre foncé de Champagne, que couvre à demi une draperie de marbre blanc : on y lit une épitaphe aussi touchante que précise, dont voici quelques expressions que nous avons retenues.... *Amie de ses enfans.... humble, patiente, charitable, elle ne fit jamais répandre des larmes que de reconnoissance ; modeste jusqu'à être surprise de se voir tant aimée... Puisse ce monument durer aussi long-temps que la piété filiale durera parmi les hommes vertueux. Cy gît MARIE-ANNE HOCQUART, COMTESSE DE COSSÉ, morte le 29 Septembre 1779, âgée de 52 ans.*

Dans le fond de la Chapelle, à côté de ce marbre consolateur où sont gravées les vertus d'une mere & la reconnoissance de

G v

ſes enfans, on voit, dans une arcade vitrée, une petite urne peinte & dorée, où ſont renfermées les entrailles de Monſeigneur le *Duc de Valois*, fils unique de Monſeigneur le *Duc d'Orléans*, décédé le 10 Août 1656. Le cœur de Mademoiſelle *Marie-Anne de Chartres*, ſa ſœur, y eſt auſſi dépoſé. Rien n'eſt plus tendre, rien n'eſt plus ingénieux que les regrets du Prince ſon pere & de la Princeſſe ſa mere, exprimés dans cette épitaphe.

Blandulus, eximius, pulcher, dulciſſimus infans;
   Deliciæ matris; deliciæque patris.
Hic ſitus eſt teneris raptus VALESIUS annis,
   Ut roſa quæ ſubitis imbribus icta cadit.

Au milieu de cette Chapelle, s'éleve un vaſte tombeau de marbre blanc, orné dans ſon pourtour des ſtatues des douze Apôtres, & de celles de pluſieurs Saints. Sur ce tombeau ſont couchées quatre figures : celle de *Louis de France*, *Duc d'Orléans*, de *Valentine de Milan*, ſa femme, de *Charles*, *Duc d'Orléans*, leur fils aîné, & de *Philippe d'Orléans*, Comte de Vertus, leur fils puîné.

A l'extrémité du tombeau des Ducs d'Orléans, au côté oppoſé à l'Autel, eſt un piedeſtal triangulaire de porphire, ſur lequel s'éleve une colonne de marbre blanc ſemée de flammes, qui font alluſion à la colonne de feu qui conduiſoit les Iſraëlites dans le déſert. Sur la corniche eſt une urne de bronze doré ; la couronne qui est au-dessus, & l'Ange qui la supporte sont du même métal. Dans cette urne repose le cœur de *François II*, Roi de France & d'Ecosse ; il mourut le 5 décembre 1560, âgé de près de 17 ans. Ce piedestal triangulaire est orné de trois Génies qui tiennent leurs flambeaux renversés. On croit que cet ouvrage est de *Paul Ponce*.

Avant de sortir de cette Chapelle, admirons le chef-d'œuvre de *Germain Pilon*. Sur un piedestal triangulaire s'éleve un grouppe imité de l'antique, qui représente les trois Graces demi-nues, grandes comme nature, se tournant le dos & se tenant par les mains ; elles sont taillées d'un seul bloc d'albâtre. Le célebre *Germain Pilon* a rassemblé dans ce morceau tous les genres de perfection ; noble simplicité dans la composition, correction du dessin, élégance des contours, naturel & légèreté dans les draperies, tout en est beau ; mais ce qui n'est pas trop Chrétien, c'est de trouver dans un lieu sacré trois Divinités du Paganisme, les trois filles de la galante Vénus. C'est ainsi que l'a voulu la Reine *Catherine de Médicis*, dont le cœur est renfermé avec ceux d'Henri II & de Charles IX, dans une urne à trois pieds qui doivent (1) porter chacun

---

(1) Je dis *doivent*, parce que cette Urne n'étoit pas ainsi posée lorsque je l'ai vûe ; ses trois pieds ne portoient point sur les trois têtes, & elle n'étoit pas même d'à-plomb.

sur les trois têtes des Graces; A chaque face du piedestal triangulaire, sont gravés deux vers Latins. Sur la premiere on lit :

> Cor junctum amborum Longum testatur amorem,
> Ante homines junctus, Spiritus ante Deum.

sur la seconde :

> Cor quondam Charitum sedem, cor summa secutum ;
> Tres Charites summo vertice jure serunt.

Sur la troisiéme :

> Hic cor deposuit Regis CATHARINA mariti,
> Id cupiens proprio condere posse sinu.

La Chapelle d'Orléans communique dans celles des Ducs de Gêvres. *Léon Potier*, Duc de Gêvres, la fit embellir & y fit placer le Tableau de l'Autel, qui représente Saint-Léon désarmant *Attila* par ses prieres, & le détournant du projet d'assiéger Rome. Ce Tableau est de *Paul Mathei*, Peintre Napolitain.

Du côté de l'épître, est le tombeau de *Réné Potier*, Duc de Tresme, &c. Il avoit servi sous les Rois Henri IV, Louis XIII & Louis XIV ; il mourut le premier Février 1670, âgé de 93 ans (1) En face de

---

(1) Ce vieillard, dit, en apprenant la mort de M. le Maréchal d'Estrées, qui avoit cent trois ans : *J'en suis bien fâché, mais je n'en suis point du tout surpris. C'étoit un corps cacochisme & tout usé. J'ai toujours dit que cet homme-là ne vivroit pas.*

ce tombeau, est celui de *Marguerite de Luxembourg*, femme de René Potier; elle décéda le 9 Août 1645. Le Marquis de Gêvres, leur fils, repose dans la même tombe que sa mere. On peut y lire sa longue épitaphe.

Vis-à-vis est le tombeau de *Léon Potier*, Duc de Gêvres, qui mourut le 9 Décembre 1704, âgé de 84 ans.

Ces tombeaux n'ont rien de bien remarquable que leurs épitaphes.

Dans la nef, est un tombeau de marbre noir, adossé contre le mur du chœur, avec l'inscription suivante.

Guillelmi & Guidonis DE ROCHEFORT *fratrum, Franciæ Cancellariorum, nec non multorum utriusque sexûs ex eadem familia mortales exuviæ diversis temporibus hîc depositæ fuerunt ab anno 1478, usque ad annum 1630.*

Auprès de ce tombeau est la statue de *Charles de Maignié*, Capitaine des Gardes de la Porte, qui est ici représenté assis en habit de guerre, la tête appuyée sur le bras gauche. Cette figure a mérité les éloges du *Cavalier Bernin*. On la croit de *Paul Ponce*. Au-dessous on lit cette épitaphe:

CAROLUM MAGNÆUM *equitem Auratum, Excubiarum Portæ Regiæ Præfectum Regisque Cubicularium,* Martiana Magnæa *soror sua piissima in spe resurrecturi corporis, hoc tumulo posteritati commendavit* 1556.

Dans la Chapelle de la Madeleine, est le mausolée de *Louis de la Trémoille*, dont la figure à genoux est d'une grande beauté. Ce Seigneur mourut le 4 Septembre 1613, âgé de 27 ans.

Le Tableau de l'Autel est une Madeleine dans un paysage. L'expression de cette figure n'est point celle de la douleur ; son visage est plein de noblesse & de grace, il semble exprimer une douce langueur qu'il communique bientôt aux observateurs sensibles. Ce tableau, quoique en mauvais état, fait beaucoup d'effet, parce qu'il a le rare avantage d'être placé à son jour. Il est l'ouvrage de *Pierre Mignard*.

En face de la Chapelle de la Madeleine, sont deux tombeaux qui renferment les cendres de Sébastien *Zamet* & de sa famille, fameux Financier du regne d'Henri IV, l'intime favori & le complaisant de ce Prince (1).

Le cloître de cette Maison est un des plus beaux de Paris. Le plafond de l'escalier a été peint par *Bon Boullongne*. Il représente

_____

(1) Ce Zamet avoit été Cordonnier de Henri IV, ce Roi l'employa dans ses intrigues secrettes, c'est pour cela qu'on le nomma par dérision, *l'Ambassadeur* ; il prit le parti des Finances, & il y fit une si grande fortune qu'il se qualifioit de *Seigneur de seize cent mille écus*. Destouches dans le Glorieux, a donné à son Financier un titre semblable.

St-Pierre Moron, enlevé par des Anges (1).

Les religieux Célestins ont été supprimés depuis quelques années ; les Cordeliers les remplacerent d'abord, mais ils sont retournés à leur grand Couvent par ordre du Gouvernement.

Les Célestins de Rouen étoient exempts de payer l'entrée de leur vin dans cette ville, à condition qu'à la tête de leurs voitures, sauteroit & chanteroit un Frere Célestin, en passant devant la maison du Gouverneur de la Ville. Un jour ce Gouverneur ayant distingué un Frere qui, dans ce cas, faisoit des sauts & des gambades plus qu'à l'ordinaire, il s'écria : *Voilà un plaisant Célestin*, & voilà l'origine de ce proverbe, *vous êtes un plaisant Célestin*.

L'Hospice *Medico-Electrique* est dans cette Maison. (*Voyez* ci-après cet article).

CENSEURS ROYAUX. Il y avoit autrefois des Censeurs à Rome, qui veilloient sur la police & les mœurs des habitans. A Paris, ce sont des Juges établis par le Gouvernement, pour prévenir les désordres qui naîtroient des abus de la presse. Cette fonction honorable est remplie par des Gens de Lettres, dont les talens & les mœurs sont connus. On trouve en eux bien moins des

---

(1) On rapporte que Jouvenet, en voyant cette peinture, dit : *Je suis fâché qu'elle soit de mon ami Boullongne*.

Censeurs sévères que des amis qui vous conseillent. L'honnêteté & la douceur de ces Juges adoucissent beaucoup la gêne que ce Tribunal met à la liberté de publier ses pensées.

On trouve les noms & les demeures des Censeurs Royaux dans l'Almanach Royal.

CHAIRE *Royale d'Hydro-Dinamique.* C'est à M. *Turgot*, Contrôleur-Général, que la France doit cette Chaire, dont le but est de perfectionner les machines hydrauliques, la navigation intérieure du Royaume, même l'architecture navale &c. M. l'Abbé *Bossut* a été choisi pour la remplir; l'ouverture s'en fit le 25 Octobre 1775. Les leçons se donnent les mardis, jeudis & samedis, depuis onze heures du matin jusqu'à une heure; ces Cours se tiennent au Louvre, dans la salle de l'Académie d'Architecture.

CHAISES *à porteurs & brouettes.* Le prix des chaises à porteurs est de 30 sols par courses, ainsi que pour la première heure; pour les suivantes 24 sols, tant de jour que de nuit.

Leur Bureau est rue Montorgueil, vis-à-vis la rue Tire-Boudin.

Le prix des brouettes est de 18 sols pour la première heure, ainsi que par course; les suivantes sont à raison de 16 sols.

Leur Bureau est rue Saint-Victor, vis-à-vis celle des Fossés Saint-Bernard.

On peut prendre ces voitures à l'heure, à la journée ou à la course. Elles ne sortent guere de la ville.

CHAMBRE *Syndicale*. C'est le lieu où s'assemblent les Syndic & Adjoints de la librairie, pour travailler aux affaires générales de ce Corps. On y visite & l'on y rend aux Propriétaires, les jeudis & vendredis, les livres qui arrivent des pays étrangers ou des Provinces du Royaume en cette ville. C'est aussi dans cette Chambre que doivent s'apporter les priviléges du Roi, permission du sceau ou de la Police, pour être enregistrés.

Cette Chambre est située dans la rue du Foin St-Jacques. Sur la porte de la Chambre des visites, on lit cette inscription qui fut composée par *Thiboust*, Imprimeur célebre par son érudition.

BIBLIOTHEQRIA.
Quas hic proficiunt Prætores Regia servant
Mandata, ut vigeat Religionis amor.
Charta time prava, interdiclave, Lydius aurum
Ut lapis, hæc libros sic domus æqua probat.
M. D. CC. XI.

CHANCELIER *de France*. Il y a plusieurs Chanceliers comme plusieurs Chancelleries. Nous ne parlerons que du Chancelier, Chef de la Justice, dont la charge subsiste depuis les commencemens de la Monarchie.

Le Chancelier est dépositaire des sceaux

de France, dont il ufe fous l'autorité du Roi, pour la diftribution de la Juftice, & pour celle des dons, graces & offices accordés par Sa Majefté, ainfi qu'il peut être convenable au bien de l'Etat.

Le Chancelier préfide au Confeil du Roi; c'eft lui qui expofe les volontés de Sa Majefté, & qui porte la parole lorfqu'elle eft féante en fon lit de Juftice. Alors il eft affis au-deffous du trône du Roi, fur un fauteuil qui ne fert qu'à lui. Dans ces occafions, de même que dans les cérémonies publiques, il porte une robe de velours pourpre, doublée de fatin cramoifi; & quand il affifte aux audiences publiques du Parlement, il eft revêtu d'une robe de velours cramoifi.

Il eft le feul dans le Royaume qui ne porte jamais le deuil : cet ufage fignifie qu'il doit, comme Chef de la Juftice, être détaché de toutes affections particulieres, & n'avoir d'autre intérêt que l'intérêt général.

CHANGE, (*Agens de*). Ils font en titre d'office, par Edit du Roi, du mois d'Août 1708. Ils négocient les lettres & billets de change & autres effets qui fe prennent fur la place entre Marchands, Négocians, Banquiers, &c., à raifon de 2 livres 10 fols par 1000 livres.

Dans les effets fufceptibles de variations, ils ont droit de percevoir fur le papier, c'eft-à-dire fur la fomme qu'il valoit lors de son établissement, & non sur l'argent que l'on paye au cours de la place.

Et sur le fait des marchandises, ils sont payés sur le pied d'un demi pour cent de la valeur des marchandises.

Ils s'assemblent tous les jours ouvrables à la bourse, depuis midi jusqu'à une heure. Leur bureau est au Palais, Cour du Mai.

CHANOINESSES. *Chanoinesses du St-Sépulcre, ou Couvent de Belle-Chasse.* Cette Communauté, qui a pris le nom qu'avoit autrefois le lieu où elle est située, fut établie à Paris en 1632, par la *Duchesse de Croï*, qui fit venir de Charleville ces Religieuses Chanoinesses.

Cet Ordre de Chanoinesse du Saint-Sépulcre fut institué dans la Palestine, par ceux à qui les Rois de Jérusalem confierent la garde du Saint-Sépulcre, vers la fin du XIe siècle.

Chanoinesses régulieres de Saint-Augustin. Jean-François de Gondi, premier Archevêque de Paris, fit venir, en 1640, de Saint-Etienne de Reims, six Religieuses de cet Ordre. *Suzanne Tubeuf* qui étoit de ce nombre, fut la premiere Prieure; son frere, *M. Tubeuf*, Intendant des Finances de la Reine Anne d'Autriche, Régente du Royaume, leur acheta à Picpus une maison qui avoit sept arpens d'enclos. Pendant sa vie, il fit à cette Communauté le don de plusieurs sommes.

Ces Religieuses, qu'on appelle Dames, établies sous le titre de *Notre-Dame de la victoire de Lépante*, suivent la regle de Saint-Augustin; elles sont habillées de serge blanche, avec un surplis de toile fine sur la robe, un voile noir sur la tête, & un aumuce au bras.

Dans l'Eglise de ce Couvent repose le corps de *Marguerite-Louise d'Orléans*, Grande Duchesse de Toscane, & fille de *Jean Gaston de France*, Duc d'Orléans, & de *Marguerite de Lorraine*, décédée le 17 Septembre 1721.

CHANOINESSES *de Saint-Augustin, de la Congrégation de N. D.* Cette Maison construite en 1674, est située rüe neuve Saint-Etienne.

CHAPELLE (*Sainte*). Elle a été fondée par *Saint-Louis*, pour remplacer l'Oratoire que Louis-le-Gros avoit fait bâtir en cet endroit. Les Lettres-Patentes expédiées à cet effet, sont datées du mois de Juin 1245. Elle est, dans le genre gothique, un des plus beaux morceaux d'architecture qu'il y ait en France. Pierre de *Montreuil*, qui a bâti la belle Chapelle de Notre-Dame du cloître Saint-Germain-des-Prés, est aussi l'Architecte de celle-ci.

Le bâtiment de la Sainte-Chapelle est divisé en deux Eglises l'une sur l'autre. La dédicace s'en fit le 25 Avril 1248; l'Eglise supérieure, sous le titre de la *Sainte-Cou-*

ronne, & de la *Sainte-Croix*, l'Eglise basse, sous l'invocation de la *Sainte-Vierge*.

Cette derniere est la Paroisse des Domestiques, des Chanoines, des Chapelains &c., & de quelques autres personnes qui demeurent dans la cour du Palais. C'est dans cette Eglise qu'a été enterré *Nicolas Boileau-Despréaux*, au mois de Mars 1711.

A gauche, en entrant dans l'Eglise supérieure, est une *Dame de Pitié* en pierre, qui fait l'admiration de tous les connoisseurs ; elle est de *Germain Pilon*. On voit avec douleur, que ce chef-d'œuvre a été endommagé par la négligence de ceux qui ont été chargés des réparations de cette Chapelle.

La menuiserie du buffet d'orgue a été nouvellement refaite d'après les dessins de M. *Rousset*.

Aux deux côtés de la porte du chœur sont deux Autels, chacun décoré d'un tableau d'émail par *Léonard Limousin*. Dans l'un sont les figures de *François I* & de sa femme la *Reine Eléonore d'Autriche*, dans l'autre, celles d'*Henri II & de Catherine de Médicis* sa femme.

Sur le maître-autel, est une châsse qui est un petit modele de la Sainte-Chapelle ; elle est de vermeil enrichi de pierreries.

Derriere & au-dessus du maître-autel, est une autre Châsse beaucoup plus grande, de bronze doré ; deux petits escaliers y conduifent; elle renferme les précieuses Reliques que Saint-Louis fit venir de Constantinople, avec tant de peines & de dépenses.

Les habitans de Constantinople, assiégés par les Grecs, avoient engagé la Relique de la vraie Couronne à différens Particuliers, pour la somme de 13,075 hyperpers. Saint-Louis, qui étoit fort curieux de cette Relique, envoya des Ambassadeurs à Venise, où elle étoit déposée, pour rembourser cette somme. Les PP. *Jacques* & *André* la transporterent en France avec cérémonie. Lorsque cette Couronne d'épine fut arrivée à Troyes en Champagne, Saint-Louis, avec la Reine sa mere & les Princes ses freres allerent au-devant d'elle & la rencontrerent à Villeneuve-l'Archevêque. Le 10 Août 1239, le Roi ouvrit la triple cassette où cette Couronne étoit renfermée ; la premiere étoit de bois, la seconde d'argent, la troisieme d'or ; & il la montra au peuple.

Le lendemain, le Roi & le Comte d'Artois son frere ; l'un & l'autre les pieds nuds, porterent sur un brancard, la Sainte Couronne, de Villeneuve à Sens ; ce fut quatre lieues que firent ces dévots Princes en cet état. Elle arriva, & fut reçue à Paris avec la plus grande cérémonie & la plus grande dévotion.

Quelque temps après, l'Empereur Baudoin, qui n'avoit d'autres ressources que les Reliques de sa Chapelle Impériale, voulut encore en tirer parti. Saint-Louis apprenant cela, envoya promptement des Députés pour en faire l'acquisition. Ces Reliques étoient un morceau de bois, le plus long qu'on ait connu, de la vraie Croix (1); le fer de la lance dont Jesus-Christ fut percé, une partie de l'éponge qui servit à lui donner du vinaigre; une partie du roseau qu'on lui mit en main, une partie de la robe de pourpre, un morceau du Saint-Suaire, le linge dont Jésus-Christ se servit pour essuyer les pieds à ses Apôtres; une partie de la pierre du Saint-Sépulcre, une Croix appellée *la Croix de triomphe*, parce qu'elle avoit la réputation de faire remporter la victoire à ceux qui la portoient au combat (2); une autre portion de la vraie Croix, &c.

---

(1) La nuit du 20 Mai 1575, fut volé ce grand morceau de la vraie Croix: le Prévôt des Marchands & les Echevins mirent des gardes aux portes de la ville & sur la riviere pour fouiller tous ceux qui en sortiroient; on fit une procession générale de Notre-Dame à la Sainte-Chapelle, où assisterent la Reine mere, toute la Cour, le Roi de Navarre, le Parlement & l'Hôtel-de-ville, & ce morceau de Croix ne reparut point; la commune opinion de ce temps, étoit que Henri III l'avoit donnée en gage aux Vénitiens, pour en obtenir une somme assez considérable, dont il avoit besoin. Le jour de Pâques Fleuri de l'année suivante, ce Roi fit publier aux Prônes des Paroisses de Paris, qu'ont eût à aller adorer une Croix toute semblable à la premiere, qu'il avoit fait faire, & dans laquelle un morceau de la vraie Croix étoit enchâssé: c'est celle qu'on expose aujourd'hui à la vénération des fideles.

(2) Sans doute que l'Empereur de Constantinople

Toutes ces Reliques furent apportées à Paris le 14 Septembre 1241 : Saint-Louis les reçut & les déposa dans la Chapelle de son Palais, où étoit la Sainte Couronne.

Le trésor de cette Chapelle renferme une Infinité de choses qui peuvent intéresser la curiosité des bons Chrétiens & des Amateurs des Arts. On y voit une grande Croix de vermeil que le Roi Henri fit faire, & dans laquelle est un morceau de la vraie Croix. On l'expose tous les vendredis de Carême. Le chef de Saint-Louis, d'or & grand comme nature, avec une couronne aussi d'or & enrichie de pierreries & soutenue par des Anges de vermeil. Le Roi Philippe-le-Bel, avec la permission du Pape, transféra cette Relique de St-Denis à la Sainte-Chapelle, & cette Abbaye ne conserva que la mâchoire de ce Saint Roi. On admire encore le bâton du Chantre, à cause de l'agathe sur laquelle est représenté Titus, que des ignorants dévots ont pris pour S.-Louis, & qui, en conséquence, lui ont ajouté dans une main une petite croix, dans l'autre une couronne d'épine : ainsi l'Empereur Titus est métamorphosé en Saint. *On ne s'attendoit guère à voir Titus en cette affaire.*

On y trouve des livres d'Eglise, dont les couvertures sont enrichies d'or & de perles,

―――――――――――――――――――

n'avoit pas foi à la vertu de cette *Croix de triomphe*, puisqu'il la vendoit dans un moment où il en auroit eu le plus grand besoin.

un Calice d'or avec sa Patene, deux Burettes de cryſtal de roche; une Croix d'or en filigrane d'une grandeur conſidérable, deux autres Croix auſſi d'or toutes couvertes de pierres précieuſes. Mais ſur-tout on diſtingue une agathe-onix, qui fait l'admiration générale. Les Naturaliſtes, les Antiquaires & les Lapidaires aſſurent tous n'avoir rien vu d'auſſi rare, d'auſſi curieux & d'auſſi bien gravé. Sa figure eſt ovale; elle a près d'un pied de longueur ſur dix pouces de largeur. Ce fut Baudoin II, Empereur de Conſtantinople, qui la vendit à Saint-Louis. On a cru long-temps que les ſujets qui étoient gravés ſur cette pierre, repréſentoient l'hiſtoire de Joſeph; mais il ..t démontré aujourd'hui qu'ils ſont tirés de l'hiſtoire profane. On a fait pluſieurs longues & ſavantes diſſertations ſur cette matiere. *Rubens*, pendant ſon ſéjour à Paris, l'a deſſinée, & *Rouget* l'a gravée trois fois. Elle fut malheureuſement rompue dans l'incendie arrivé à la Sainte Chapelle en 1618. (Voyez ci-après, *Palais*).

CHAPELLE *de Saint-Eloi ou des Orfévres*. Cette Chapelle fut commencée ſur les ruines d'une plus ancienne, en 1550, & fut achevée en 1566, ſur les deſſins de *Philibert de Lorme*. On y trouve quelques figures de *Germain Pilon*.

Ce qui fait honneur à la généroſité du Corps des Orfévres, c'eſt la fondation d'une espèce d'Hospice, où ceux de cette profession qui sont pauvres ou infirmes trouvent les secours dont ils ont besoin.

CHAPELLE *des Enfans Rouges*. Elle est située au bout de la rue qui en porte le nom ; elle servoit autrefois de Chapelle à un Hôpital qu'avoit fondé, dans cet endroit, Marguerite de Valois, sœur de François I. On y élevoit des enfans de dix à douze ans ; leurs habits étoient de couleur rouge, représentant le feu, symbole de la charité Chrétienne & de l'aumône, qui formoit l'unique revenu de cet Hôpital.

Il a été supprimé en 1772, & les Enfans ont été réunis aux Enfans-Trouvés.

CHAPELLE *de Sainte-Marie Egyptienne*. Elle est située dans la rue Montmartre au coin de celle de la Jussienne ; elle est sous l'invocation de cette Sainte, & n'a rien de remarquable que d'avoir servi au premier établissement que les Augustins ont eu dans cette ville.

Cette Chapelle sert à la Communauté des Marchands Drapiers, qui y font dire toutes les Fêtes & Dimanches une messe à onze heures.

Dans cette Chapelle de Sainte-Marie Egyptienne, étoit un ancien vitrage où cette Sainte étoit peinte sur le pont d'un bateau, troussée jusqu'aux genoux devant le Batelier, avec ces mots au-dessous : *Comment la Sainte offrit son corps au*

Batelier (1) *pour son passage.* En 1660, le Curé de Saint-Germain-l'Auxerrois fit enlever ce trait de la vie de Sainte-Marie Egyptienne.

CHAPELLE *de Saint-Nicolas, fauxbourg du Roule.* M. *de Beaujon,* Financier, célèbre en son vivant, par sa grande opulence, a fondé cette Chapelle; il y est enterré dans un caveau creusé au milieu de la nef. Cette nef, ornée de colonnes doriques, & de statues nichées, est éclairée par le comble ainsi que le Sanctuaire, qui est placé au milieu d'une rotonde, soutenue par huit colonnes doriques. Au centre de ce Sanctuaire, pavé en marbre de compartiment, est un Autel en forme de Tombeau antique élevé sur trois gradins, on y voit un bas-relief de bronze doré, représentant une descente de Croix. L'Architecture de cette jolie Chapelle, est de M. *Girardin.* (Voyez ci-après, *Pavillon de la Chartreuse*).

CHARNIERS *des Innocens,* (voyez ci-après *les Saints Innocens*).

―――――――――――――――――――

(1) Il est bon de relever ici une erreur; ce n'est point à un Batelier, que cette Sainte offrit son corps, mais à *plusieurs* passagers qui accepterent l'offre de la Sainte, comme elle le raconte elle-même dans l'histoire de sa vie : *n'ayant pas de quoi payer mon passage, il me vint en pensée d'exposer ma personne à l'impureté de ceux qui voudroient payer pour moi. En effet, je quittai la quenouille & j'entrai dans le navire, provoquant les passagers à la dissolution.*

CHARTREUX. « Saint-Louis fut si édifié
» au récit qu'on lui faisoit de la vie austere
» & silencieuse des Disciples de St-Bruno,
» qu'il en fit venir six, & leur donna en
» 1257, une maison avec des jardins &
» des vignes, au village de Gentilly. Ces
» Religieux voyoient de leurs fenêtres le
» palais de *Vauvert*, bâti par le Roi Robert, abandonné par ses successeurs, &
» dont on pouvoit faire un Monastere commode & agréable, par la proximité de
» Paris. Le hasard voulut que des esprits,
» ou *revenans*, s'aviserent de s'emparer de
» ce vieux château. On y entendoit des hurlemens affreux. On y voyoit des spectres
» traînant des chaînes, & entr'autres un
» monstre vert avec une grande barbe blanche, moitié homme & moitié serpent,
» armé d'une grosse massue, & qui sembloit toujours prêt à s'élancer la nuit sur
» les passans. Que faire d'un pareil château ?
» Les Chartreux le demanderent à Saint-
» Louis ; il le leur donna avec toutes les
» appartenances & dépendances. Les *revenans* n'y revinrent plus ; le nom d'*Enfer*
» resta seulement à la rue, en mémoire de
» tout le tapage que les Diables y avoient
» fait ». (*Essais Hist. sur Paris, par
M. de Saint-Foix*).

---

*par des actions peu honnêtes. Si bien qu'en ce voyage,
plusieurs se perdirent par mes artifices.* Voyez la
vie de cette Sainte dans les *Nouvelles Fleurs des
vies des Saints.*

Ces Moines n'avoient d'abord que sept à huit cellules, & pour Eglise, que la seule Chapelle du Château de Vauvert. Mais, à la libérale dévotion de Saint-Louis, se joignit celle de plusieurs Particuliers : ils eurent dans la suite quarante cellules, & l'Eglise que l'on voit aujourd'hui, qui, commencée sous le regne de Saint-Louis par le célebre *Montreuil*, ne fut finie qu'en 1314.

Le bâtiment qui sépare les deux cours est composé d'arcades gothiques d'un bon genre. Sa premiere façade est ornée de figures & d'ornemens moresques d'un fini précieux ; dans un fond semé de fleurs de lys, est une Vierge Marie au-dessous de laquelle sont quatre Saints avec leurs attributs. Saint-Hugues est avec son cygne, Saint-Jean avec son agneau, Saint-Antoine avec son cochon, & Saint-Louis avec quatre ou cinq Moines à genoux, les mains jointes, lui demandant son château de Vauvert.

L'Eglise est ornée de plusieurs grands tableaux de nos plus habiles Peintres.

A gauche, en entrant, est la résurrection de la fille de Jaïre, peinte par *la Fosse*, & gravée par *Moreau*.

Le Paralytique sur le bord de la Piscine, de *Jean-Baptiste Corneille*.

Le Centenier par le même.

La Vocation de Simon-Pierre & d'André son frere, par M. *du Mont le Romain*.

L'Hémorrhoïsse, par *Louis de Boullongne*.

Notre Seigneur fur le bord du lac de Génésareth, guériffant des malades. C'eft un des plus plus beaux ouvrages de *Jouvenet* pour l'expreffion, la correction du deffin & pour la compofition, dans laquelle il excelloit. Il a été gravé par *Defplaces*.

Le tableau du maître-autel repréfente Notre Seigneur au milieu des Docteurs ; il eft de *Philippe de Champagne*.

De l'autre côté eft la réfurrection de Lazare par *Bon Boulongne*, gravée par *J. Moyreau*, fon éleve.

Les Aveugles de Jéricho, par *Antoine Coypel*.

Le miracle des cinq pains par *Claude Audran*.

La Samaritaine, par *Noël Coypel*.

La Chananée, par *J. B. Corneille*.

Le Lazare, du même.

La menuiferie de cette Eglife eft remarquable par fa perfection : c'eft l'ouvrage de trente ans d'un frere convers de cette maifon, appellé *Henri Fuziliers*.

On remarque, dans le Chapitre, une Préfentation au Temple par M. *de la Grenée le jeune*, & l'entrée de Notre Seigneur dans Jérufalem, par M. *Jollain* ; l'apparition de Notre Seigneur à la Madeleine par *le Sueur*, & un grand Crucifix que *Philippe de Champagne* regardoit comme fa piece favorite, & qu'il laiffa aux Chartreux par teftament ; il eft gravé en trois feuilles par *F. Poilly*.

Entre les fenêtres sont deux autres tableaux de l'école Italienne.

Il est enterré dans cette Eglise un grand nombre de personnes remarquables, parmi lesquelles nous nommerons *Pierre de Navarre*, fils de Charles II, Roi de Navarre, dit le mauvais, mort le 29 Juillet 1412. Jean *de la Lune*, neveu de l'Anti-Pape Benoît XIII, mort en 1414, *Louis Stuart*, Seigneur d'Aubigny, mort à Paris en 1665.

Dans la Chapelle de Sainte-Anne est le tombeau du Cardinal de Dormans, Evêque de Beauvais; sa figure de bronze est couchée sur un marbre noir.

Le petit cloître étoit orné de vingt-deux tableaux peints sur bois, dans lesquels *le Sueur* avoit représenté les principales circonstances de la vie de Saint-Bruno, depuis sa retraite jusqu'à sa canonisation. Il commença cet ouvrage en 1649, à l'âge de vingt-huit ans, & le finit au bout de trois ans. Les Chartreux ont fait présent au Roi de ces précieux tableaux, dont quelques-uns ont été mutilés dans leurs plus beaux endroits; effets d'une jalousie indigne des beaux Arts, & qui fait gémir sur les vices de l'humanité.

Entre l'emplacement de chaque tableau, sont des Cartouches peints par *le Sueur*, sur lesquels on lit, ou bien mieux on ne lit guere, de mauvais vers Latins, qui expliquoient les sujets des tableaux.

Les vitres de ce cloître doivent fixer les

regards des curieux ; elles représentent des Arabesques & des fruits remarquables par la pureté du deſſin & par la vérité du coloris.

Dans le grand cloître, eſt un tableau de quinze pieds peint ſur bois, qui couvre un bas-relief du même ſujet. Il repréſente la fondation que fit *Jeanne de Châtillon*, Comteſſe de Blois, de quatorze cellules. On voit cette Princeſſe qui offre à la Sainte-Vierge quatorze Chartreux qui ſont à genoux, & qui lui dit : *Vierge mere & pucelle, à ton chier fius, préſente quatorze freres qui prient pour moi*. L'enfant Jéſus, qui eſt ſur les genoux de ſa mere, répond : *Ma fille, ge prens le don que tu me fais, & te rens tous tes mesfaits*. Ce tableau a été renouvellé en 1712 par les ſucceſſeurs de la fondatrice.

Plus loin dans le même cloître *Pierre de Navarre* eſt encore repréſenté à genoux, diſant le premier verſet du *Miſerere*. A cauſe de quatre cellules que ce Prince a fondé, on voit quatre Chartreux à genoux devant la Sainte-Vierge. Mais on ne voit pas que la fondation de ſes quatre cellules lui mérite l'abſolution de tous ſes péchés, comme la fondation de quatorze a mérité à *Jeanne de Châtillon* la rémiſſion de tous les ſiens. Il faut des proportions par-tout.

On eſt tout étonné de trouver un enclos auſſi vaſte dans l'enceinte de Paris, ſur-tout ſi l'on conſidere combien cette immenſe étendue de terrein nuit aux débouchés des quartiers circonvoisins : ici, environ soixante mille quatre cents cinquante toises carrées sont occupées par quarante ou cinquante Moines; tout prêt de là, douze toises carrées suffisent à cent individus utiles à la société. Quelle prodigieuse disproportion! En conservant tout le respect qu'inspire la vie austere de ces Religieux, tout bon citoyen peut desirer qu'ils suivent l'exemple de la plupart des maisons de leur Ordre, qu'ils s'éloignent du tumulte & du scandale des villes, pour faire plus à leur aise pénitence dans la solitude des campagnes.

CHATEAU *d'eau*. C'est l'édifice qui fait face au Palais-Royal, où étoit auparavant l'hôtel de Sillery. Il fut élevé du temps de la régence sur les desseins de *Robert de Cotte*, premier Architecte du Roi. Là sont les réservoir d'eau de la Seine & d'eau d'Arcueil pour les bassins du Palais-Royal & des Thuileries. Ce bâtiment a vingt toises de face; au milieu est un avant-corps formé par quatre colonnes d'ordre Toscan, qui portent un fronton, sur le tympan duquel sont les armes de France; au-dessus sont un Fleuve & une Nayade, figures à demi couchées & sculptées par *Couston le jeune*; l'une représente la Seine, l'autre la fontaine d'Arcueil. Sur un marbre noir, on lit : *Quantos effundit in usus*.

CHATELET, (*grand & petit*). «Pa-

» ris, qui n'exiſtoit encore que dans la
» Cité, étoit entouré de murailles flanquées
» de tours de diſtance en diſtance, lorſque
» les Normands l'aſſiégerent en 885, ſous
» le regne de Charles-le-Gros. On n'y en-
» troit que par deux ponts, le Petit-Pont
» & le Pont-au-Change. Chacun de ces ponts
» étoit défendu par deux tours, dont l'une
» étoit de l'enceinte des murailles; & par
» conſéquent en dedans de la Cité: l'autre
» en étoit ſéparée par le pont & la riviere.
» Ces tours extérieures étoient où ſont au-
» jourd'hui le grand & le petit Châtelet ».
(*Saint-Foix, Eſſais Hiſt. ſur Paris.*)

CHÂTELET. (*grand*). Les Normands, qui avoient pris & brûlé le petit Châtelet, ne purent ſe rendre maîtres du grand. Après avoir comblé les foſſés de cette tour avec des faſcines, des bœufs, des vaches qu'ils tuerent exprès, ils y jetterent les corps d'une partie des priſonniers qu'ils avoient faits, & qu'ils égorgerent pour leur ſervir de pont. On a cru que cette foretereſſe avoit été bâtie par *Jules Céſar*, parce qu'il y exiſte encore une chambre appellée *la chambre de Céſar*. A la fin du ſeizieme ſiècle, on voyoit encore, au-deſſus de la porte d'un Bureau, cette inſcription: *Tributum Cæſaris*. Malgré ces preuves, cette aſſertion n'en eſt pas moins ridicule, ſur-tout ſi l'on conſidere quelle étoit l'architecture des Romains, & quelle eſt celle du grand Châtelet. Il ne reste de cet ancien Château que quelques vieilles tours qui furent construites sous le regne de Charles V; tout le reste a été bâti depuis 1684.

CHATELET. (*petit*). Cette forteresse fut construite en 1369 par *Hugues Aubriot*, Prevôt de Paris, sur les fondemens d'une plus ancienne que les Normands avoient détruite. Elle vient d'être entierement démolie en 1782; le quartier en est moins obscur, plus sain, & le passage plus commode.

« Dans un tarif, dit M. de Saint-Foix, fait par Saint-Louis pour régler les droits de péages qui étoient dus à l'entrée de Paris sous le petit Châtelet, on lit que le Marchand qui apportera un singe pour le vendre, payera quatre deniers; que si le singe appartient à un *Joculateur*, cet homme, en le faisant jouer & danser devant le Péager, sera quitte du péage, tant dudit singe que de tout ce qu'il aura apporté pour son usage. De là vient le proverbe, *payer en monnoie de singes, en gambades*. Un autre article porte que les *Jongleurs* seront aussi quittes de tout péage, en chantant un couplet de chanson devant le Péager ».

Ce trait suffit pour annoncer que ce Saint Roi auroit, dans un autre siècle, été le protecteur des arts agréables.

CIMETIERE *des Innocens*. (Voyez ci-après *Innocens*).

COCHES *de terre & d'eau.* (*Voyez Bureaux des coches,*) pages 88, 89, &c.

CLUBS. (Voyez ci-après *Sociétés*).

COLLÉGES.

Il y a dix Colléges de plein & entier exercice ; les autres vingt-six Colléges, dits *de moyen exercice*, ont été supprimés le 21 Novembre 1763, & leurs bourses réunies au Collége de Louis-le-Grand.

LE COLLÉGE *d'Harcourt.* Il fut fondé en 1280, par Raoul d'Harcourt, Chanoine de l'Eglise de Paris. Il est situé au haut de la rue de la Harpe. Il y a vingt-deux bourses ; douze pour la Théologie, & dix pour les Arts & la Philosophie.

LE COLLÉGE *du Cardinal-le-Moine*, quartier de la place Maubert, rue Saint-Victor ; il fut fondé en 1302, par J. le Moine, qui fut Cardinal & Légat en France. Il y a vingt-quatre bourses dans ce Collége, dix-huit pour les Théologiens qui doivent être Maîtres-ès-Arts de l'Université de Paris.

Dans la Chapelle sont enterrés le Cardinal fondateur, & son frere *André le Moine*, Evêque de Noyon.

Le tableau du maître-autel est estimé : c'est un Saint-Jean dans l'Isle de Pathmos, par M. *la Grenée l'aîné.*

Trois grands hommes, *Turnebe*, *Bu-*

chanan & Muret, ont professé dans ce Collége.

COLLÉGE de Navarre, fondé en 1304 par Jeanne de Navarre & Philippe-le-Bel son mari. Il y a trente bourses. On lit dans Coquille, (Hist. du Nivernois) « que le » Roi est le premier Boursier de ce Collége, » & que le revenu de sa bourse est affecté à » l'achat des verges pour la discipline sco- » lastique ».

L'Abbé Nollet y a professé long-temps la Physique expérimentale : M. Brisson l'a remplacé : ces Cours sont publics.

On admire dans l'Eglise un Candelabre à sept branches qui sert de lutrin, & deux tableaux ; l'un est un *Ecce hommo*, l'autre une Mère de douleur.

On lit, sur la tombe de Nicolas de *Clemenge*, qui est située sous la lampe, cette misérable épitaphe, qui prouve le genre d'esprit des Docteurs de ce temps-là.

Qui lampas fuit Ecclesiæ, sub lampade jacet.

Celui qui fut la lampe de l'Eglise, gît sous la lampe.

Cette lampe de l'Eglise étoit un Recteur de l'Université de Paris, & Docteur de ce Collége (1).

―――――――――――――――――――――

(1) Jean de Launoy, célèbre critique des annales de l'Eglise, & qu'on nommoit le *Dénicheur de Saint*, a été Grand-Maître de ce Collége, & en a écrit l'histoire. Lorsque j'apperçois ce M. de *Lau-*

COLLÉGE *de Montaigu. Gilles Ay-celin*, de l'ancienne maison de Montaigu en Auvergne, Archevêque de Rouen, fonda ce Collége l'an 1314. En 1388, *Pierre de Montaigu*, Evêque de Laon, Cardinal, neveu du fondateur, l'agrandit considérablement; & *Louis de Montaigu-Listenois*, après avoir disputé la validité des fondations de ses parens, ne consentit à les ratifier qu'à condition que ce Collége porteroit le nom de *Montaigu*.

Il y a soixante bourses. Les Boursiers devoient faire maigre, jeûner tous les jours, & n'avoir à leur collation qu'une pomme ou un morceau de fromage. Mais par Arrêt du Parlement de l'an 1744, ils font gras à dîner, maigre à souper, & ils goûtent.

COLLÉGE *du Plessis-Sorbonne*, rue Saint-Jacques, fondé le 2 Janvier 1322, par *Geoffroy Duplessis Balisson*, Notaire & Secrétaire de Philippe-le-Long. Il y a dix bourses. Dans la Chapelle est un St-Charles & un Saint-Pierre peints par *Restout*.

COLLÉGE *de Lizieux*, rue Saint-Jean-de-Beauvais. Ce Collége a eu plusieurs fondateurs. *Guy d'Harcourt*, Evêque de Li-

---

noy, disoit le Curé de Saint-Eustache, je lui ôte le chapeau bien bas, & lui tire de grandes révérences, afin qu'il laisse tranquille le Saint de ma Paroisse.

zieux, en 1336 ; MM. d'*Estoutteville*, l'un Evêque du même Diocèse, l'autre Seigneur de Trochi, & M. *Estrad d'Estoutteville*, Abbé de Fécamp. Il y a treize bourses.

COLLÉGE *de la Marche*; sa premiere fondation a été en 1362, par *Guillaume de la Marche* & *Beuve de Minville*. Il y a vingt-une bourses. Il est situé rue & Montagne Sainte-Genevieve. Sur le maitre-autel de la Chapelle, qui est nouvellement décorée, est une Présentation au Temple, d'un bel effet.

COLLÉGE *des Grassins*, rue des Amandiers. *Pierre Grassin*, natif de Sens, Seigneur d'Ablon, Conseiller au Parlement de Paris, fonda ce Collége en 1569. Il y a dix-huit bourses. Dans la Chapelle, sont trois tableaux remarquables : l'un représente la Résurrection du fils de la veuve de Naïm, par *Vouët*, l'autre, *Tobie* conduit par un Ange, de *le Brun*, & celui de l'Autel, est Jésus avec des enfans, par *Hallé*.

COLLÉGE *Mazarin*, (ou *des quatre Nations*), quai Malaquais. Il fut fondé en 1661 par le *Cardinal Mazarin*, quelque temps avant sa mort. Il y a trente pensions gratuites pour des jeunes Gentilshommes de quatre Nations différentes, savoir : de Pignerol en Italie, & des environs de cette ville, de Chazal & de l'Etat Ecclésiastique ;

des Pays d'Alsace, de Strasbourg & autres Pays d'Allemagne contigus; des Pays de Flandres, Artois Cambrai & Haynault; & du Roussillon (1).

Le Collége de Mazarin fut commencé sur les desseins de *Levaux*, premier Architecte du Roi, & exécuté par *Lambert & d'Orbay*, aussi Architectes, à la fin de l'année 1662, après qu'on eut démoli exprès la tour de Nesle (2), qui étoit un reste des anciens hôtel & séjour de Nesle.

---

(1) Ecoutez M. Mercier discourir sur le pédantisme des Professeurs de ce Collége. *Le premier, dit-il, se qualifie de Grand-Maître du Collége :* SUMMUS MODERATOR. *C'est ainsi qu'Homere appelloit Jupiter :* SUMMUS MODERATOR OLYMPI...... *Quand il se promene* (le Recteur) *quatre fois par an au milieu des fourrures des quatre Facultés qu'il préside, il se croit à la tête des sciences humaines. Le premier coup-d'œil qu'on jette sur cet individu violet, gonflé de pédagogie, est de dérision; le second est de pitié.* On voit que M. Mercier n'est pas bien avec l'Université.... *On peut reprocher à ces Régens,* continue-t-il, *une cruauté gratuite, & que l'Université devroit leur interdire; ce n'est plus un châtiment, c'est un supplice. Imaginez un pauvre enfant de huit à neuf ans, qui se traîne au pied de la Chaire en sanglottant, que deux Correcteurs saisissent, & frappent de verges jusqu'au sang. Souvent le Professeur d'*HUMANITÉS *exige que l'innocent martyr compte lui-même les coups qu'on lui donne, &c...... Eh! ces Pédans oseront toucher à Homere, à Virgile, à Tacite? Est-ce ainsi qu'Orphée humanisa les Sauvages de la Thrace?*

(2) Cette Tour étoit autrefois fameuse par la

Un demi-cercle, au milieu duquel est le portail de l'Eglise qui fait avant-corps, deux ailes de bâtimens d'ordre Corinthien dont le grand avancement intercepte la vue du quai, & nuit à son agrément comme à sa commodité : voilà la façade de ce Collége. Le portail de l'Eglise est orné de six grouppes de figures sculptées par *Desjardins*. Les deux premiers grouppes sont les quatre Evangélistes ; le troisieme & le quatrieme sont les Peres de l'Eglise Grecque ; le cinquieme & le sixieme ceux de l'Eglise Latine.

Derriere ce frontispice s'éleve le Dôme, décoré de pilastres accouplés d'ordre composite. Il est regardé comme un chef-d'œuvre de l'Art. Une singularité qui prouve l'adresse des Architectes, c'est que la forme extérieure de ce Dôme est sphérique, tandis que celle intérieure est elliptique. Dans l'espace qui existe entre ces deux formes, on a ménagé quatre escaliers à vis, qui condui-

---

débauche & la cruauté de *Jeanne*, Comtesse de Bourgogne, & d'Artois, Reine de France & de Navarre, *laquelle*, dit Brantome, *faisoit le guet aux passans, & ceux qui lui plaisoient & agréoient le plus, de quelque sorte de gens que ce fussent, les faisoit appeller & venir à elle, & après en avoir tiré ce qu'elle en vouloit, les faisoit précipiter de la Tour en bas dans l'eau. Je ne veux pas dire*, ajoute-t-il, *que cela soit vrai ; mais la plûpart de Paris l'affirme, il n'y a personne qui ne le dise en montrant la Tour*. Cette Princesse mourut en 1329 ; elle voulut être enterrée aux Cordeliers, fent à quatre tribunes, & fur le comble de tout l'édifice.

L'intérieur de cette petite Eglife n'offre pas une décoration exempte de défauts, les quatre arceaux, dont les faces ont fuivi la courbure elliptique, préfentent des plafonds qui choquent la vue par leurs irrégularités. Une ordonnance de grands pilaftres corinthiens broche fur l'entablement d'autres pilaftres corinthiens plus petits. Cette combinaifon n'eft ni heureufe ni naturelle.

Les huit figures de femme en bas-relief placées fur les archivoltes des grands arcs de la nef font les béatitudes, exécutées par *Desjardins*, ainfi que les Apôtres en médaillons, au-deffus des fenêtres fupérieures.

Le fanctuaire nouvellement décoré préfente une petite coupole ornée de rofaces, percée dans fon milieu pour laiffer pénétrer le jour, les bas-reliefs des pendentifs offrent les quatre Evangéliftes ; l'autel de marbre a la forme d'un tombeau antique. Sur cet Autel on vient de placer un beau tableau qu'on dit être de *Paul Veronefe*, qui repréfente la circoncifion de Jéfus.

Au-deffus de cet Autel eft un bas-relief repréfentant Saint-Louis qui reçoit la couronne d'épines des mains du Patriarche de Jérufalem, fculpté par M. *Boccardi*.

A droite du fanctuaire eft le maufolée du *Cardinal Mazarin*. Sur un farcophage de marbre noir avec fupports de bronze doré, eft la figure en marbre blanc de ce Cardinal,

dans l'attitude d'un homme qui prie avec fer‑
veur (1). Derriere lui est un Ange tenant
des faisceaux, qui forment le blason de
cette famille. Le tout est élevé sur deux de‑
grés de marbre blanc, où sont assises trois
figures de bronze de six pieds de propor‑
tion, représentant *la Prudence*, *l'Abon‑
dance* & *la Fidélité*. Ce mausolée est l'ou‑
vrage de *Coyzevox*.

La pavé de cette Chapelle est à compar‑
timens de marbre blanc & noir, & jaspé,
avec des étoiles, qui sont des pièces hono‑
rables de l'écu des armes du Cardinal fon‑
dateur.

La Bibliotheque de ce Collége étoit celle
du Cardinal Mazarin, qui la forma de plu‑
sieurs autres dont il fit l'acquisition. Le lo‑
cal en est très-clair, bien décoré. Elle est
publique les lundis & jeudis, matin & soir.
(Voyez *Bibliotheque Mazarine* page 79).

COLLÉGE *de Louis-le-Grand*, rue
Saint-Jacques. Il a été fondé en 1560 par
Guillaume Duprat, Evêque de Clermont,
sous le nom de *Collége de Clermont*. Il fut
érigé en fondation Royale en 1682, sous

───────────────────────────────

(1) Il demande sans doute à Dieu pardon des
maux qu'il a fait au peuple François. Guy Patin,
dans ses lettres, n'en parle pas avec éloge; les épi‑
thetes les plus modérées qu'il lui donnent sont : *fort
ignorant, grand fourbe, pantalon de longue robe,
tyran à rouge bonnet*, &c.

Louis XIV, & réuni à l'Université le 21 Novembre 1763. Il y a dix-sept bourses, dont cinq viennent du Fondateur.

En 1764, le Collége de *Beauvais* fut incorporé à celui de Louis-le-Grand.

Les assemblées de l'Université se tiennent dans ce Collége, ainsi que les assemblées particulieres de chaque Nation.

Trois tableaux peints par M. *Renou*, décorent le maître-autel de la Chapelle ; celui du milieu représente Jésus-Christ avec les Docteurs ; celui d'un côté, Charlemagne ; celui de l'autre, Saint-Louis.

N. B. Dans tous ces Colléges, à l'exception de celui des quatre Nations, qui n'est occupé que par des Boursiers, l'on prend des Pensionnaires qui sont logés & nourris convenablement. Le prix de ces pensions est à-peu-près de quatre à 500 livres. Les autres menus frais montent à environ 50 liv. par an. La pension d'un Précepteur est à-peu-près la même que celle des jeunes gens. Les parens doivent fournir lits, draps, linge, habits & livres.

COLLÉGE *des Bernardins*. Etienne *Lexinton*, Anglois de naissance, Abbé de Clairvaux, rougissant de l'ignorance des Religieux de son ordre, & piqué du mépris qu'ils essuyoient souvent de la part des Moines mendians qui faisoient profession de sciences, demanda & obtint du Pape Innocent IV, la permission d'établir ce Collége, avec celle, aux Religieux, de prendre des grades dans les Universités. Il fut fondé en 1244 : Alphonse de France, frere de Saint-Louis, voulut bien en accepter la qualité de fondateur & de protecteur.

Les Religieux de Clairvaux ayant cédé, en 1320, la propriété de ce Collége à l'Ordre de Cîteaux, le Pape Benoît XII & le Cardinal Guillaume Curti, qui tous deux avoient été Religieux de cet Ordre, entreprirent la construction de l'Eglise des Bernardins; la premiere pierre en fut posée le 24 Mai 1338. Ce Pape vint à mourir, & l'Eglise ne put être achevée; il avoit, pour cela, laissé en mourant des fonds considérables, mais l'argent fut volé en chemin, pendant les troubles du regne de Charles VI.

L'Architecture de cette Eglise est un chef-d'œuvre de gothique; on y voit réunis, la solidité, l'élégance & la majesté. Les piliers qui supportent les bas-côtés, ont à-peu-près la proportion des colonnes corinthiennes. On y admire un escalier à double vis, dont le noyau est commun à deux rampes, par lesquelles deux personnes peuvent monter & descendre sans se rencontrer ni se voir. La partie de la nef, qui n'est point achevée, porte le caractere imposant des plus superbes ruines.

Il y a plusieurs tombeaux dans cette Eglise, parmi lesquels on distingue celui de *Guillaume du Vair*, Evêque de Lizieux & Garde des Sceaux, & celui de Dom

Paul Peyron, Religieux de l'Ordre de Citeaux, célebre par plusieurs ouvrages, entr'autres par celui intitulé : *l'antiquité des temps rétablie & justifiée*.

Lorsque le Général de Cîteaux & l'Abbé de Clairvaux viennent à Paris, ils logent ordinairement dans cette maison.

COLLÉGE *de Clugny*. Ce Collége fut fondé par *Yves de Vergy*, Abbé de Clugny, en 1262. Il est uniquement destiné aux Religieux de cet Ordre, étudians en Philosophie & en Théologie.

L'Eglise est d'un beau gothique. On voit, au-dessus de la porte, un superbe reniement de Saint-Pierre. On croit ce tableau du *Valentin*. Des soldats jouent aux cartes, ce qui est un anacronisme considérable, une servante regarde Saint-Pierre un peu effrontément ; les airs de têtes, les effets des deux lumieres, sont admirables. Ce tableau n'a rien qui caractérise un tableau d'Eglise ; le sujet semble être plutôt profane que sacré.

COLLÉGE *Royal de France, place Cambray*. « Le Roi François I, en l'an 1531, établit à Paris douze Lecteurs publics en langue Latine, Grecque, & Hébraïque, en Philosophie, Art, Oratoire & Médecine. Ce grand Roi avoit entrepris, si la mort ne l'eût si-tôt assailli, de dresser un Collége où toutes les sciences & les langues eussent été gratuitement enseignées,

& auquel il eût donné cinquante mille écus de revenus annuels, pour la nourriture de six cents Ecoliers & entretien des Professeurs lisans ordinairement en ce Collége, choisis entre les plus doctes hommes qu'on eût sçu trouver dans la Chrétienté ». (*Belle-Forest*, *Annales de France*). Voilà l'origine de cet établissement ; mais de tous ces magnifiques projets, François I ne put faire exécuter que les bâtimens du Collége qui furent achevés en 1529 ou 1530. Les Rois ses successeurs y fonderent à l'envi différentes Chaires.

Ce Collége est nouvellement reconstruit sur les desseins de M. *Challegrin*. On y voit dans la Salle des séances publiques un plafond, où est peint une allégorie à la gloire des Princes, par M. *Tarraval*.

Il est composé d'un Inspecteur, & de dix-neuf Professeurs, qui donnent chacun leurs leçons dans l'ordre suivant.

Leçon d'*Hébreux* & de *Syriaque*, les Lundis, mercredis & vendredis, à dix heures du matin.

Leçon d'*Arabe*, les jeudis, vendredis & samedis, à neuf heures du matin.

Leçon de *Turc* & de *Persan*, les lundis, mardis & mercredis, à neuf heures du matin.

Leçon de *Grec*, les mardis, jeudis & vendredis, à neuf heures du matin ; & les mardis, jeudis & samedis, à trois heures après-midi.

Leçon d'*Eloquence Latine*, les lundis, jeudis & samedis, à trois heures après-midi;

Leçon de *Poésie*, les jeudis, vendredis & samedis, à onze heures du matin.

Leçon de *Littérature Françoise*, les mardis, jeudis & samedis, à midi.

Leçon de *Mathématiques*, les mardis, jeudis & vendredis, à trois heures après-midi.

Leçon d'*Astronomie*, les mardis, jeudis & vendredis à trois heures après-midi.

Leçon de *Méchanique*, les mardis, jeudis & vendredis, à huit heures.

Leçon de *Physique expérimentale*, les mardis, jeudis & samedis, à neuf heures.

Leçon de *Médecine pratique*, les lundis, mercredis & vendredis, à midi.

Leçon d'*Anatomie*, les lundis, mardis & jeudis, à cinq heures après-midi.

Leçon de *Chymie*, les mardis, jeudis & samedis, à onze heures du matin.

Leçon d'Histoire Naturelle, les mardis, jeudis & samedis, à onze heures du matin.

Leçon de *Droit Canon*, les mercredis, jeudis & vendredis, à onze heures du matin.

Leçon de *Droit de la Nature & des Gens*, les lundis mercredis & samedis, à dix heures du matin.

Leçon d'*Histoire & Morale*, les mardis jeudis & samedis, à onze heures du matin.

Il y a eu dans ce Collége plusieurs Professeurs

fesseurs distingués, tels que *Silvius* & *Ramus*. Buchanan fit contre ce premier, fameux par son avarice, cette épitaphe épigramatique.

Silvius hic situs est, gratis qui nihil dedit unquam
Mortuus & gratis quod legis ista, Dolet

Pierre Ramus est fameux par ses talens & par ses querelles contre l'Université. Il osa le premier s'élever contre la Philosophie d'Aristote ; on lui fit un procès, & il fut condamné à n'enseigner que la philosophie d'Aristote. Par la protection du Cardinal de Lorraine, il obtint, en 1551, la Chaire de Professeur Royal en Philosophie & en Eloquence. La premiere fois qu'il professa la Logique dans ce Collége, une furieuse cabale que l'Université lui avoit suscité le siffloit, le huoit, mais ne le déconcertoit pas. *Il s'arrêtoit de temps en temps*, dit Bayle, *jusqu'à ce que les cris cessassent, & il acheva ainsi sa leçon à plusieurs reprises.*

On ne pardonna jamais à *Ramus* ses talens & sa fermeté. Ce Professeur prononçoit *quis quis quam quam*, comme on les prononce aujourd'hui ; l'Université s'éleva contre cette dangereuse innovation, & soutint avec chaleur qu'il falloit prononcer *kis kis* & *kan kan*. Cette importante querelle agitoit tous les cerveaux scientifiques. *Ramus* disoit toujours *quam quam*, & l'Université ne cessoit de crier *kan kan*. On a depuis conservé le proverbe, faire du *kan kan*, pour exprimer les plaintes & les criailleries des femmes. On se moqua de l'Université ; Ramus triompha. Mais bientôt Ramus fut massacré pendant la nuit affreuse de la Saint-Barthelemy.

COME, (*Saint*) *rue de la Harpe, au coin de celle des Cordeliers*. Cette Eglise Paroissiale a été bâtie vers l'an 1212, aux dépens de l'Abbé & des Religieux de Saint-Germain-des-Prés, qui en eurent le Patronage jusqu'en 1345 ; mais une querelle élevée entre les Domestiques de cette Abbaye & les Ecoliers de l'Université, occasionna un Arrêt du Parlement, qui ôta la nomination de cette Cure à cette Abbaye, pour la donner à l'Université, laquelle jouit encore d'un privilége peu ordinaire, qui prive le Curé de résigner & de permuter (1).

On voit dans cette Eglise, au maître-autel, une Résurection par *Houasse*, aux deux côtés les statues, plus grandes que nature, de Saint-Côme & Saint-Damien, tous deux vêtus & fourrés comme un Recteur de l'Université. On y trouve les tombeaux & épitaphes de plusieurs familles illustres, telles que celle des *Omer Talon* &c.

---

(1) Pendant le massacre de la Saint-Barthelemy, c'étoit Hamillon, Curé de Saint-Côme, qui encourageoit les assassins par cette atroce plaisanterie : *Saignez, saignez, la saignée est aussi bonne au mois d'Août qu'au mois de Mai*.

On y voit le tombeau de *Nicolas de Beze*. Le fameux *Théodore de Beze*, puissant suppôt du Calvinisme, étoit son neveu. Ce savant hétérodoxe fit l'épitaphe de son oncle en vers Latins : elle existoit autrefois contre un pilier de cette Eglise.

Proche la porte de la Sacristie, est la statue à genoux de Claude d'*Espense*, Docteur en Théologie. Il étoit le Prince des Théologiens de son temps ; c'est ce que prouve l'épitaphe que l'on lit au-dessous. *Theologorum hujus seculi facilè Principi*.

Un petit monument érigé à la mémoire d'un grand homme, est adossé au premier pilier de cette Eglise ; c'est celui de feu M. *de la Peyronnie*, premier Chirurgien du Roi, mort à Versailles le 24 Août 1747. La Chirurgie lui doit sa gloire & ses progrès, & par reconnoissance, les Chirurgiens de Paris ont fait construire, à leurs frais, ce mausolée parfaitement exécuté par *Vinache*.

Dans le Cimetière de cette Eglise fut enterré un nommé *François Trouillac* qui avoit une corne au front (1). Cette difformité ne parut point à sa naissance ; mais seulement à l'âge de sept à huit ans. Il travailloit à des Charbonnières lorsqu'il fut pris par les gens du Marquis de Lavardin qui chassoit dans une forêt du Maine. Comme

_____

(1) Une corne, & non pas deux, comme l'a dit par erreur, M. de Saint-Foix.

il n'ôta point son bonnet aux Chasseurs, un des Valets, s'approcha, lui découvrit la têt & lui ayant apperçu une corne au front, le conduisit au château de son Maître, qui quelques jours après l'envoya à Henri IV. Le Roi, après l'avoir fait voir à toute sa cour, le donna à un de ses Valets d'Ecurie pour gagner de l'argent en le montrant au Peuple. Cette corne se recourboit & seroit entrée dans le crâne si de temps en temps on ne l'avoit pas coupée. Cet homme avoit le devant de la tête chauve, la barbe rousse & par flocon, & les cheveux de même; & il ressembloit, dit-on, parfaitement à un Satyre. Le chagrin de se voir promener de foire en foire, le fit mourir au bout de trois mois : on lui fit l'épitaphe suivante, qui se lisoit autrefois dans le cimetiere.

Dans ce petit endroit à part,
Git un très singulier cornard
Car il l'étoit sans avoir femme :
Passant, priez Dieu pour son ame.

COMÉDIE *Françoise*. Les *Farceurs* & les *Jongleurs* furent les premiers qui donnerent des spectacles aux François. Bannis par Charlemagne, à cause de l'indécence de leurs jeux, ils furent remplacés par les *Troubadours* ou *Trovers*, Poëtes Provençaux. Les talens de ces Poëtes Acteurs, dont les œuvres ont mérité de notre siècle un accueil favorable, entraînoient tous les suffrages. A la sollicitation des Seigneurs, ils alloient de châteaux en châteaux représenter leurs Pièces & chanter leurs Chansons, & il n'étoit point de bonnes fêtes, sans les vers & la musique des *Troubadours*. Mais la nouveauté fait tout oublier aux François.

Les Pélerins qui revenoient de la Terre Sainte, chantoient dans les rues de Paris l'histoire de leurs voyages; rien n'étoit plus curieux pour ces temps-là. On oublia les chants tendres & naïfs des passionnés Provençaux, pour admirer les lamentables Cantiques des Pélerins de Jérusalem. Ils ne se contenterent pas de chanter, ils mirent en action & représenterent sur un théâtre tous les Mystères de la Passion de Notre Seigneur. Ce spectacle attira une si grande affluence, que le Prévôt de Paris fut obligé de l'interdire. Mais ces Pélerins obtinrent bientôt la permission de continuer leurs Jeux; ils acheterent à cet effet l'Hôpital de la Trinité; ils prirent le nom de *Confreres de la Passion*, & tous les Dimanches & Fêtes ils jouerent les Mystères du Nouveau Testament. Cette *Confrairie de la Passion*, qui occupoit en dernier lieu l'Hôtel de Bourgogne, rue Mauconseil, où étoit ci-devant le Théâtre des Comédiens Italiens, ne fut entiérement supprimée qu'en Décembre 1676.

A ces dévots *Confreres*, se joignirent des Comédiens qui représentoient des sujets un peu plus divertissans. Ce fut d'abord *les Enfans sans Souci*, ensuite les Clercs de

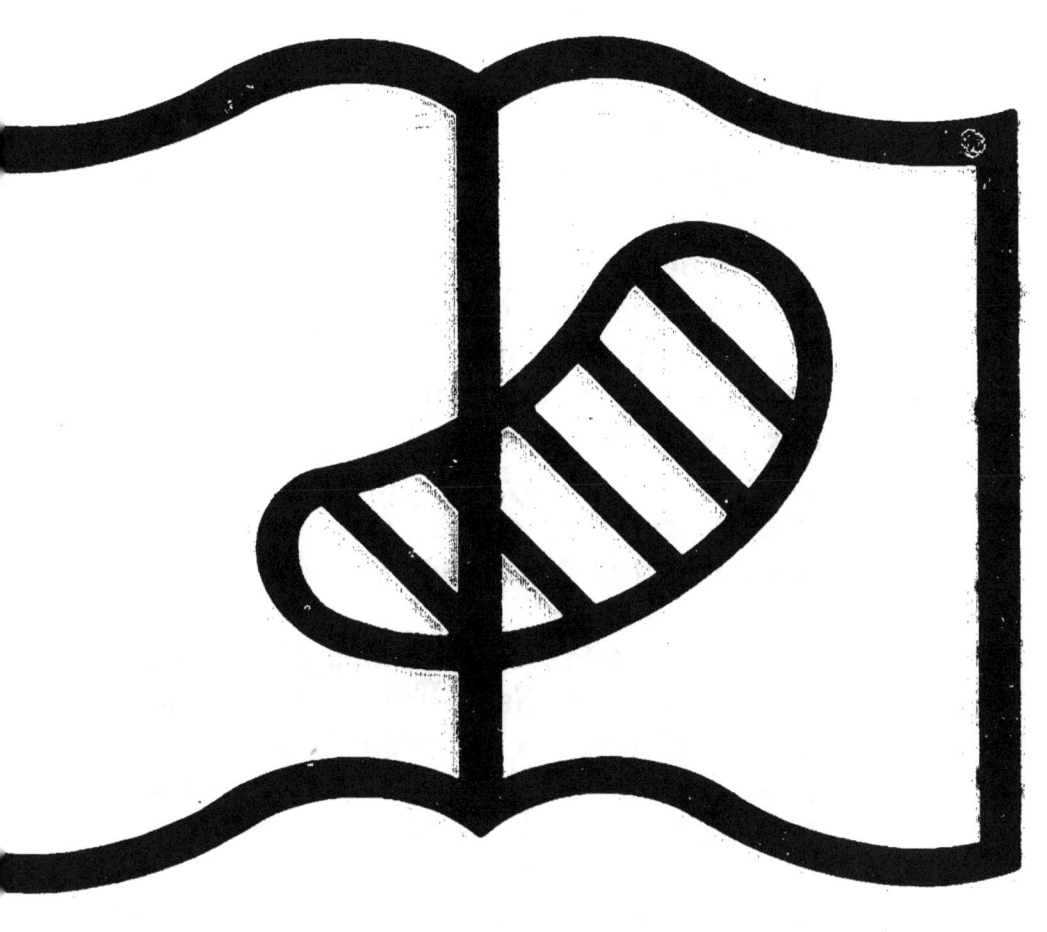

Original illisible

NF Z **43**-120-10

la Basoche, qui sous le titre de *Moralités*, composoient & jouoient des Pièces où les vices & les vertus étoient personnifiés. Leurs Jeux furent souvent interrompus & les Acteurs emprisonnés, à cause des personnalités, des satyres & des indécences que se permettoient ces Clercs de la Basoche ; ainsi les bouffonneries, les bons mots, les équivoques balancerent un instant, enfin éclipserent entiérement la représentation des Mysteres. On ne parloit que des *Basochiens*, des *Enfans sans Souci* & du *Prince des Sots* qui en étoit le Chef (1); des *Cornards* & de leur Directeur l'*Abbé des Cornards*.

Pendant assez long-temps, comme le remarque M. de Saint-Foix, la Comédie a été parmi nous un des organes de la politique. Le Pape Jules II avoit indignement trompé Louis XII, & de plus avoit renouvellé les extravagantes prétentions de quelques-uns de ses prédécesseurs sur le temporel des Rois : on représenta aux Halles, à Paris le Mardi Gras 1511, une Pièce où ce fougueux Pontife étoit joué sous le nom du *Prince des Sots*, accompagné de *Mere Sotte*, qui vouloit se faire passer pour l'Eglise.

_____

(1) Leurs Comédies se nommoient *Soties* ou *Sottises*, dans une de ces *Sottises*, étoit une Scene de *Pois pilés* ou *Farce*, Scene qui eut un grand succès, puisque son nom devint celui de toutes les pièces de ce genre.

« Personne n'ignore, dit M. de Saint-Foix, les démêlés de Philippe-le-Bel avec Boniface VIII. Philippe-le-Bel, du vivant de ce Pape, & long-temps après sa mort, fit souvent jouer à Paris une Farce appellée *la Procession du Renard*. Un homme vêtu de la peau d'un Renard, mettoit par-dessus un surplis, & chantoit l'épître comme simple Clerc ; ensuite il paroissoit avec une mitre, & enfin avec la thiare. *Courant après poules & poussins, les croquant & les mangeant, pour signifier les exactions de Boniface VIII* ».

Ces farces exerçoient singulierement la grosse gaieté de nos peres. Dans le même temps & sur le même Théâtre, on voyoit alternativement les meilleures Tragédies de *Rotrou*, les chef-d'œuvres de *Corneille* & les boufonneries des *Gautiers* & des *Garguilles*, des *Tabarins*, des *Turlupins*, des *Bruscambille* & des *Jodelles*. Telle étoit la Comédie, lorsque les génies des *Corneille*, des *Mollere*, des *Racine*, commencerent à briller sur la Scene Françoise, & firent enfin disparoître les productions monstrueuses de l'ignorance & du mauvais goût. (Voyez *Théâtre François*).

COMÉDIE Italienne. *Gli Gelosi* ou les Jaloux, sont les premiers Comédiens Italiens qui ont paru en France. Henri III les avoient fait venir de Venise ; ils commencerent à jouer à Paris un dimanche 19.

Juin 1577 dans l'Hôtel de Bourbon. « Il y
» avoit tel concours, dit un Contemporain,
» que les quatre meilleurs Prédicateurs de Pa-
» ris n'en avoient pas tous ensemble autant
» quand ils prêchoient ». Le même Auteur
ajoute que le 26 Juin suivant, « la cour
» assemblée aux Mercuriales, fit défense
» aux *Gelosi* de plus jouer leurs Comédies,
» parce qu'elles n'enseignoient que paillar-
» dises ».

Cependant ces Comédiens obtinrent du
Roi des lettres-patentes, qui leur permettoient la continuation de leur spectacle. Mais
le Parlement s'y opposa, & leur fit défenses
d'obtenir dans la suite de semblables lettres
sous peine de dix milles liv. d'amende. Alors
le Roi leur accorda une jussion expresse, &
ils continuerent encore quelque temps leur
grossier spectacle.

Le Cardinal Mazarin fit venir à Paris une
nouvelle Troupe d'Italiens, qui rivalisoit
avec les autres Troupes de Comédiens ; ces
Italiens essayerent de jouer des pieces Françoises ; les François s'en plaignirent. Louis
XIV voulut être le juge de ce différend.

Baron, célebre Acteur des François,
plaida d'abord en faveur de sa Troupe ;
quand il eut achevé, *Dominique*, fameux
Arlequin des Italiens, dit au Roi, avant de
commencer son plaidoyer, *Sire; comment
parlerai-je ? Parle comme tu voudras*,
lui répondit le Roi. *Il n'en faut pas davantage*, reprit Dominique, *j'ai gagné*

ma cause. Louis XIV ne voulut pas se dédire, & les Italiens jouerent des Pièces en François. Ce succès produisit chez eux la licence, leurs Pièces n'offroient qu'indécences & personnalités ; bientôt ils ne craignirent plus d'exposer sans voile, sur leur scene, les aventures & les ridicules de plusieurs personnes distinguées ; on ne joue pas impunément les vices des Gens en place. Une Comédie intitulée *la Fausse Prude*, qu'ils étoient sur le point de mettre au Théâtre, accélera leur disgrace : on les accusa d'avoir voulu, sous ce titre, peindre le caractere de Madame de Maintenon. Louis XIV en 1697 fit fermer leur Spectacle. Ce Roi, à qui ils firent plusieurs représentations, leur répondit, « vous ne devez pas vous plaindre de
» ce que le Cardinal Mazarin vous a fait
» quitter votre Pays. Vous vintes en France
» à pieds, & maintenant vous y avez gagné
» assez de bien pour vous en retourner en
» carrosse ».

Dix-neuf ans après, le Duc d'Orléans, Régent, fit venir d'Italie une nouvelle Troupe qui s'établit à l'Hôtel de Bourgogne; ils débuterent le 18 Mai 1716 par une Pièce intitulée *l'Ingano Fortunato*.

La composition de leurs Pièces consistoit en un simple canevas qu'on attachoit aux murs, par-derriere les coulisses, & que les Acteurs consultoient au commencement de chaque Scène. Cette maniere moins réguliere, moins exacte que la nôtre, répan-

Juin 1577 dans l'Hôtel de Bourbon. « Il y
» avoit tel concours, dit un Contemporain,
» que les quatre meilleurs Prédicateurs de Pa-
» ris n'en avoient pas tous enſemble autant
» quand ils prêchoient ». Le même Auteur
ajoute que le 26 Juin ſuivant, « la cour
» aſſemblée aux Mercuriales, fit défenſe
» aux *Geloſi* de plus jouer leurs Comédies,
» parce qu'elles n'enſeignoient que paillar-
» diſes ».

Cependant ces Comédiens obtinrent du
Roi des lettres-patentes, qui leur permettoient la continuation de leur ſpectacle. Mais
le Parlement s'y oppoſa, & leur fit défenſes
d'obtenir dans la ſuite de ſemblables lettres
ſous peine de dix milles liv. d'amende. Alors
le Roi leur accorda une juſſion expreſſe, &
ils continuerent encore quelque temps leur
groſſier ſpectacle.

Le Cardinal Mazarin fit venir à Paris une
nouvelle Troupe d'Italiens, qui rivaliſoit
avec les autres Troupes de Comédiens ; ces
Italiens eſſayerent de jouer des pieces Fran-
çoiſes ; les François s'en plaignirent. Louis
XIV voulut être le juge de ce différend.

Baron, célebre Acteur des François,
plaida d'abord en faveur de ſa Troupe ;
quand il eut achevé, *Dominique*, fameux
Arlequin des Italiens, dit au Roi, avant de
commencer ſon plaidoyer, *Sire, comment
parlerai-je ? Parle comme tu voudras*,
lui répondit le Roi. *Il n'en faut pas davantage*, reprit Dominique, *j'ai gagné*

ma cause. Louis XIV ne voulut pas se dédire, & les Italiens jouerent des Pièces en François. Ce succès produisit chez eux la licence, leurs Pièces n'offroient qu'indécences & personnalités ; bientôt ils ne craignirent plus d'exposer sans voile, sur leur scene, les aventures & les ridicules de plusieurs personnes distinguées ; on ne joue pas impunément les vices des Gens en place. Une Comédie intitulée *la Fausse Prude*, qu'ils étoient sur le point de mettre au Théâtre, accélera leur disgrace : on les accusa d'avoir voulu, sous ce titre, peindre le caractere de Madame de Maintenon. Louis XIV en 1697 fit fermer leur Spectacle. Ce Roi, à qui ils firent plusieurs représentations, leur répondit, « vous ne devez pas vous plaindre de
» ce que le Cardinal Mazarin vous a fait
» quitter votre Pays. Vous vintes en France
» à pieds, & maintenant vous y avez gagné
» assez de bien pour vous en retourner en
» carrosse ».

Dix-neuf ans après, le Duc d'Orléans, Régent, fit venir d'Italie une nouvelle Troupe qui s'établit à l'Hôtel de Bourgogne ; ils débuterent le 18 Mai 1716 par une Pièce intitulée *l'Ingano Fortunato*.

La composition de leurs Pièces consistoit en un simple canevas qu'on attachoit aux murs, par-derriere les coulisses, & que les Acteurs consultoient au commencement de chaque Scène. Cette maniere moins réguliere, moins exacte que la nôtre, répandoit plus de variété & de naturel. Une Pièce dont les rôles étoient remplis par de nouveaux Acteurs, sembloit un même sujet traité par un nouvel Auteur; mais ce genre exigeoit dans les Comédiens une imagination vive, beaucoup d'esprit, & un grand usage de la Scène. Qui n'a pas vu, qui n'a pas admiré le fameux *Carlin*, lorsque, livré à son génie, seul pendant des Scènes entieres, il divertissoit, il charmoit un Peuple de connoisseurs, par son jeu facile, naturel, & par la finesse & la naïveté de ses saillies !

La Troupe de l'Opéra Comique se réunit à celle des Italiens en 1761. Elle a donné son genre aux Italiens d'aujourd'hui, qui n'ont conservé des anciens Italiens que le nom & les prérogatives. l'Opéra Comique, avant cette réunion & dans son origine, fut très-persécuté & long-temps réduit à ne jouer que des Scènes muettes. On connoît cette Pièce de Piron, intitulée *Arlequin Deucalion*, composée d'un seul Interlocuteur. Il étoit défendu, à cette époque, d'en faire parler davantage.

Ce n'étoit alors qu'un Spectacle Forain, à l'instar de ceux des Boulevards; mais ayant obtenu de l'Académie de Musique la permission de jouer de petites Pièces en Vaudevilles mêlées de danses, il prit le nom d'*Opéra Comique*, & ce genre simple & gracieux ayant fixé le goût des Spectateurs & le succès de ce Théâtre, il fut réuni à celui des Italiens. Le genre de ces derniers perdit insensiblement faveur, & l'*Opéra Comique* parvint enfin à le faire oublier. Depuis 1780 il n'y a plus d'Italiens à ce Spectacle. La variété qui y regne, le travail des Acteurs & leurs empressemens à donner des nouveautés, joints à la liberté qui leur a été accordée de jouer des sujets de tous les genres, à l'exception de la Tragédie, en ont fait un Spectacle national qui devient aujourd'hui l'émule du Théâtre François. (Voyez *Théâtre Italien*).

COMMISSAIRES *de Police.* Il y en a quarante-huit, divisés dans vingt-un quartiers de la Ville. Ils ont droit de faire exécuter les Edits & Réglemens concernans la police & l'ordre public. Ils reçoivent les plaintes, dont ils sont obligés de rendre compte aux Magistrats, font les informations, dressent les procès-verbaux préparatoires de Justice, & font les interrogatoires d'ajournement personnel. Ils peuvent interroger & informer d'office les délinquans arrêtés en flagrant délit, les faire emprisonner, sans cependant les faire écrouer de leur propre autorité, & faire assigner sur leurs ordonnances, &c.

Ils veillent à la sûreté, à la tranquillité des citoyens ; leur fonction est aussi nécessaire à la Capitale qu'elle est étendue & difficile à remplir. Un Commissaire de Police qui possède la prudence, le discernement, l'activité, la douceur, l'intégrité & le désintéressement qu'exige son état, est un des êtres les plus précieux à la société.

COMMUNAUTÉ *de l'Enfant Jésus.* Elle est située hors la barriere de Vaugirard. *Marie Lezinska*, épouse de Louis XV, la fonda lors de la naissance de Monseigneur le Duc de Bourgogne, en faveur de trente jeunes Demoiselles peu fortunées, qui doivent prouver 20. noblesse. On reçoit de préférence celles dont les parents ont servi le Roi.

Les Dames ne sont point cloîtrées ; elles font vivre par le commerce ou par le travail qu'elles procurent, une grande quantité de pauvres femmes qu'elles occupent ordinairement à filer du coton & du lin.

COMMUNAUTÉ *des Filles Angloises.* Il y en a trois dans cette ville : la premiere est située rue des Fossés-Saint-Victor, & suit la regle de Saint-Augustin. Elle occupe l'emplacement de la maison de *Jean-Antoine Baïf*, Poëte connu au seizieme siècle, où s'assembloient les savans & les beaux esprits du temps.

La seconde est rue des Angloises, près celle du Champ de l'Allouette; elles sont de l'Ordre des Bénédictines.

La troisieme est située rue de Charenton. Ces Religieuses suivent la règle de l'Immaculée Conception, & portent en sautoir un ruban noir au bout duquel pend une médaille d'argent doré.

Dans cette derniere Maison, on se charge de l'éducation des jeunes Demoiselles.

COMMUNAUTÉ *de Sainte-Anne*. Elle est située rue Saint-Roch ; son objet est d'instruire les pauvres Filles de la Paroisse de Saint-Roch, à lire, à écrire & à travailler, afin d'être en état de gagner leurs vies. Cette louable instruction est dûe à la générosité de M. & Mme *Frémont*.

COMMUNAUTÉ *des Filles de Sainte-Agnès*. Elle est située rue Plâtriere ; les Sœurs instruisent la jeunesse, & reçoivent gratuitement les pauvres Filles de la Paroisse à qui elles apprennent différens métiers. Les pensions sont de 400 livres.

COMMUNAUTÉ *de Sainte-Aure*. Elle est situé rue Neuve-Sainte-Genevieve, & elle suit la règle de Saint-Augustin. Elle fut fondée par feu Monseigneur le Dauphin, pere de Louis XVI. L'objet de cette Communauté est l'éducation de la jeunesse. Les pensions y sont de 450 livres.

COMMUNAUTÉ *du Bon Pasteur*. C'est l'asyle de la débauche repentie, triste ressource offerte à ces créatures malheureuses, qu'une mauvaise éducation ou de fatales circonstances ont conduites par le chemin des plaisirs jusqu'aux désordres de la prostitution. Les habitudes dont elles ont à triompher, le travail & les mortifications qui vont remplacer ces habitudes, demandent une vocation bien solide, un repentir bien sincere, & des forces presqu'au-dessus de la foiblesse humaine. Elles sont libres de n'y rester que le temps qu'elles veulent.

Cette Communauté, qui est située rue du Cherche-Midi, a pour fondatrice Madame *de Combé*; elle est composée de soixante filles, & jouit d'environ 10,000 livres de rente.

COMMUNAUTÉ *de Laon, rue Montagne Sainte-Genevieve.* Le premier Octobre 1764, l'ancienne Communauté de Lizieux prit possession du Collége de Laon. C'est un Séminaire composé de Théologiens & de Philosophes, dirigé par des MM. de Saint-Sulpice.

COMMUNAUTÉ *des Filles Ouvrieres de Saint-Paul.* Feu M. *Gueret*, Curé de Saint-Paul, est le fondateur de cette Communauté, que vient de faire revivre M. l'Abbé Bossu, Curé actuel de cette Paroisse. Cet établissement est dirigé par des Sœurs de la Charité, dont l'objet est d'élever chrétiennement trente ou quarante pauvres Filles de dix ans, & de leur enseigner à blanchir & à raccommoder la dentelle, la broderie, &c.

Feu Madame la Princesse de Rohan étoit une bienfaitrice de cette Communauté.

CONCERT *Spirituel.* Il fut établi au

mois de Mars 1725, au Château des Thuileries, dans la grande falle des machines qu'occupoit ci-devant la Comédie Françoife, par privilége du Roi accordé en faveur de *François Philidor*, fils d'un Muficien de ce nom, ordinaire de la Mufique de la Chapelle, à condition que le Concert dépendroit toujours de l'Opéra, & que *Philidor* lui payeroit fix mille livres par an.

La variété de ce Spectacle, le choix des fujets qui le compofent & les talens de celui qui le dirige, M. *le Gros*, l'ont rendu très-brillant & très-fuivi. L'on donne ce Concert les jours de Fêtes de Vierge, de Fêtes folemnelles, & pendant la quinzaine de Pâques.

« On chante le *Miferere* & le *De profundis* à grand *Chœur*, dit M. Mercier, mais cela ne touche perfonne, religieufement parlant. Lorfque la même voix qui a chanté la veille le rôle d'Armide ou d'Iphigénie, chante un verfet d'un Pfeaume du Roi David, le Roi David a l'air un peu profane ».

« Quelqu'aguerri que foit l'obfervateur aux fingulieres contradictions de nos coutumes, il ne fe fait pas à l'idée de voir les Membres excommuniés de l'Opéra, chanter, fous des parures mondaines, ces Pfeaumes que les Prêtres chantent le même jour en habits facerdotaux dans les Temples, où la multitude recueillie fe profterne & adore ».

CONCIERGERIE. (Voyez *Prifons*).

CONSULS (*les*). La Jurifdiction Confulaire fut érigée par Edit du Roi Charles IX, donné à Paris, au mois de Novembre 1564 (1). Les Confuls font tirés des fix Corps des Marchands de Paris; leur élection fe fait tous les ans le 28 Janvier; ils font préfidés par un *Juge* qui eft choifi dans le Collége des anciens Confuls; ils tiennent leurs Audiences les Lundis, Mercredis & Vendredis, le matin & le foir.

La Maifon des Confuls eft fituée Cloître Saint-Méri, & derriere l'Eglife de cette Paroiffe. Au-deffus de la porte, eft une figure en marbre de Louis XIII, fculptée par *Simon Guillain*.

Dans la falle d'Audience, on voit plufieurs tableaux; l'un repréfente le jugement de Salomon, l'autre, un portrait de Louis XV; on y remarque Charles IX, remettant aux Juge & Confuls, leur Edit de création, peint par *Porbus*.

Dans la falle du Confeil, eft un tableau de M. *Lagrenée le jeune*, repréfentant le bufte du Roi Louis XVI, foutenu par la Juftice.

La maniere de procéder dans cette Jurifdiction, eft la plus fimple, la moins difpendieufe, & la plus expéditive qui exifte;

---

(1) On affure que ce Roi établit cette Jurifdiction après avoir appris que deux Marchands qui plaidoient depuis dix ans au Parlement, avoient été mis hors de Cour.

Les Consuls n'achetent point le droit de juger, ils n'exigent point d'épices, il n'y a point d'Avocats, les Parties plaident elles-mêmes. Les formalités sont simples, un procès est si-tôt terminé, que la chicane n'a pas le temps d'y prendre racine.

CORDELIERES. (Voyez *Abbaye des Cordelieres*, page 26).

CORDELIERS. Ainsi nommés à cause de leur ceintures de corde qu'ils portent à l'exemple de Saint-François, leur Instituteur. Cet humble & dévôt Chef des Freres Mineurs, d'abord rebuté, puis accueilli par le Pape Innocent III, fit enfin approuver sa Règle en 1210. A peine ce Patron des Mendians fut-il mort, que tous ses Disciples se querellerent, se diviserent, à cause de la forme & la couleur de leurs habits: il y a tels Cordeliers & tels Capucins, qui ont composé de longs & savans ouvrages, pour prouver à la postérité que leur capuchon devoit être rond, plutôt que pointu.

Les Cordeliers, jadis appellés *les Freres Mineurs*, arriverent à Paris, en 1216 ou 1217. Ils furent bien accueillis des Séculiers, mais non pas de même des Moines de cette ville. On voit que les Religieux de Saint-Germain-des-Prés, loin de les traiter en freres, eurent beaucoup de peine à leur prêter le local qu'ils occupent aujourd'hui; & ce ne fut que sous les conditions qu'ils n'y auroient, ni cloche, ni cimetiere, ni Autel consacré; que l'Abbaye conserveroit sa justice temporelle sur lesdits lieux, & qu'au cas que les Freres Mineurs quittassent cet emplacement pour aller s'établir ailleurs, la place qu'on leur avoit prêtée, ainsi que tous les bâtiments qu'ils auroient élevés, demeureroient à l'Abbaye de Saint-Germain-des-Prés.

Les Cordeliers ayant pris faveur & mérité la protection du Roi Saint-Louis, les Religieux de Saint-Germain-des-Prés devinrent moins rigoureux; ils leur permirent, dix ans après, d'avoir des cloches & un cimetiere. Saint-Louis, charmé de ce procédé de la part de ces Religieux, les en dédommagea par la suite.

Ce saint Roi fit bâtir l'Eglise des Cordeliers d'une partie de l'amende de dix mille livres, au payement de laquelle il condamna *Enguerrand de Coucy*, quatriéme du nom, pour avoir fait pendre, sans forme de procès, trois jeunes Gentilhommes Flamands qui étudioient la langue Françoise dans l'Abbaye de Saint-Nicolas-aux-Bois, & qui, en chassant, avoient eu le malheur de poursuivre leur proie jusques sur les terres de ce Seigneur.

Plusieurs bienfaiteurs se réunirent pour augmenter le domaine des Cordeliers. L'abondance & les succès ne sont pas toujours compagnes de l'humilité, même chez les Moines ; c'est ce que prouve l'anecdote suivante. L'an 1401, le Provincial des Cordeliers fit bâtir des Ecuries dans le Couvent; les Religieux Etrangers qui s'y trouvoient, blâmerent hautement cette conduite, comme opposée aux Statuts de l'Ordre (1). Les Religieux François prétendoient que le Provincial avoit raison de vouloir une écurie; les Etrangers soutenoient le contraire; le feu de la discorde échauffoit toutes les têtes. *A mort tous les François*, crierent les Etrangers; ces mots furent le signal de la bataille. Ces bons Peres se tuoient pour une écurie; l'allarme étoit au quartier; aussi-tôt le Roi envoya des troupes pour faire cesser ce combat Monacal. Les Cordeliers ferment leurs portes; les soldats sont obligés de les enfoncer. Alors toute la fureur Religieuse se tourne contre ceux-ci; ces Moines tuent & blessent plusieurs Officiers. Mais ne pouvant plus résister à la force, plusieurs sautent les murs de la ville; on en prend quatorze dans les fossés, cinq ont le bonheur de s'évader; on s'empare également des vingt autres qui étoient dans le Couvent, & on les conduit tous en prison, où ils furent ensuite jugés par les Juges du Criminel. (*Hist. de Paris*, tom. II, pag. 183). (2).

---

(1) *Nous voulons bâtir*, disoit de son temps Saint-Bonaventure, *nous ne nous contentons plus des pauvres & simples logemens que la Règle nous prescrit.... Nous sommes à charge à tout le monde, & nous le serons encore plus à l'avenir si nous continuons.*

(2) Ce n'est pas la seule querelle qu'ont eu les

Environ un siècle après, en 1502, les Cordeliers jouèrent un rôle plus distingué; ils ne se battirent point pour une écurie; ils ne furent pas non plus traînés dans la prison, interrogés comme des criminels devant le Parlement, ils firent bien mieux, ils accordèrent leur protection à ce même Parlement; ils voulurent bien répandre généreusement leurs grâces en faveur de ce premier Tribunal de la Nation; le Prévôt des Marchands & les Echevins n'échappèrent point à leurs largesses Monacales. Saint-François, comme on sait, fait régulièrement chaque année une descente en purgatoire, pour en tirer les ames de ceux qui sont morts sous l'habit de son Ordre : en conséquence, *Gilles Dauphin*, qui étoit alors Général, accorda au Parlement de

---

Cordeliers pour des sujets de la même importance. Il se forma parmi eux une secte divisée en *Frères Spirituels* & *Frères Conventuels*, à cause de l'usage des greniers & des caves, que les *Spirituels* soutenoient être contraire à la Règle de Saint-François. Ces Moines agitèrent encore la question de savoir si les habits dont ils étoient vêtus, & si le pain qu'ils mangeoient leur appartenoient en propriété. Le Pape Jean XXII décida que oui, les Cordeliers soutinrent que non. Ce Pape fit une bulle en conséquence, excommunia les Cordeliers, fit emprisonner les Peres *Bonagratia*, leur Député; *Occam*, Patriarche des Nominaux, & *Michel de Césène*, Général de l'Ordre, & les déposa; mais ces Moines persistèrent toujours à soutenir que les habits & le pain qu'on leur avoit donné ne leur appartenoient pas.

Paris, & l'année suivante au Prévôt des Marchands & aux Echevins de la Ville, la permission de se faire enterrer en habit de Cordelier.

« En ce temps, (en 1577.), dit l'His-
» torien l'Etoile, fut découverte & prise
» dans le Couvent des Cordeliers de Paris,
» une garce fort belle, déguisée & habillée
» en homme, qui se faisoit appeller *An-*
» *toine* ; elle servoit entre les autres, Frere
» *Jacques Berson*, qu'on appelloit l'En-
» fant de Paris, & le Cordelier aux belles
» mains, (1) pensant, & eux tous, ainsi qu'ils
» le disoient, que ce fut un vrai garçon,
» dont on se rapporta à leur conscience ; &
» quant à cette fille-garçon, elle en fut
» quitte pour la gehenne, & pour le fouet
» que je lui vis donner dans le préau de
» la Conciergerie, qui fut grand dommage
» à la chasteté de cette femme, qui se disoit
» mariée, & par dévotion, avoit servi bien
» dix ou douze ans les beaux Peres, sans
» jamais avoir été intéressée en son hon-
» neur » (2).

Après s'être montré tour-à-tour *Guerriers*

___

(1) C'est ce même Cordelier qui prononça l'O-
raison funebre de Monsieur, frere d'Henri III,
vrai *Discours de Moines*, dit l'Auteur du Journal de ce temps, il concluoit par prier les gens de
la Maison de ce Prince, de prendre patience s'ils
n'avoient reçu du défunt aucune récompense, que
lui-même n'avoit pas été plus favorisé.

(2) Je cite l'Auteur original dans toute son

protecteurs, galans, les Cordeliers éprouvèrent un événement bien désastreux. Un Samedi 19 Novembre 1580, à neuf heures du soir, un Novice pris de vin s'endormit dans une stalle. Il avoit laissé un cierge allumé près le bois du jubé ; le feu prit à la boiserie des stalles du Jubé, & du comble, avec tant d'ardeur, qu'au bout de trois heures tout fut consumé, les marbres furent réduits en poudre, plusieurs bronzes, & les cloches furent fondues ; il ne resta de cet incendie que quelques tombeaux & la façade qui est au couchant, sur le portail de laquelle est assez bien conservé la statue de Saint-Louis, qui est estimée à cause de sa ressemblance.

Les Cordeliers firent courir le bruit que les Huguenots avoient mis exprès le feu à leur Eglise. Mais cette méchanceté ne fit pas fortune, parce qu'il fut prouvé que la négligence du Novice étoit la seule cause de l'incendie (1).

Henri III donna aux Cordeliers des sommes considérables pour faire rebâtir le Chœur. On voit au plafond, au-dessus du

---

intégrité à cause de la fausse interprétation qu'un critique avoit donnée à cette anecdote insérée dans ma précédente édition.

(1) Les Jacobins reprochèrent aux Cordeliers, dit Pierre Mathieu, dans son Histoire de France, qu'eux-mêmes avoient mis le feu à leur Eglise, afin de faire meilleur feu dans leur cuisine, & avoir de quoi bâtir une nouvelle Eglise.

maître-autel, les chiffres de ce Prince. L'ordre du Saint-Esprit qu'il venoit d'instituer, contribua, ainsi que les libéralités de Christophe de Thou & Jacques-Auguste de Thou son fils, à rétablir la nef & les bas-côtés (1).

Deux ans après cet incendie, les Cordeliers essuyerent une autre disgrace. Ils avoient élu un Gardien contre l'ordre du Pape & du Général ; le Nonce, en vertu d'une bulle du Saint-Pere, fit donner la discipline à plusieurs Cordeliers du Couvent de Paris, dans l'Abbaye de Saint-Germain-des-Prés ; le Procureur du Roi appella de l'exécution de cette bulle, & se montra vivement le défenseurs des Moines fustigés. Ceux qui n'avoient point eu la discipline refuserent d'embrasser la défense de leurs Confreres qui l'avoient reçue. Les Cordeliers furent alors divisés en deux factions qui ne se contenterent pas de disputer méthodiquement ; mais qui en vinrent souvent aux coups. Enfin, par les soins de M. le Duc de Nivernois, tout fut appaisé, le Nonce fut blâmé, les Cordeliers fustigés furent plaisantés dans des vers Latins que l'on fit à cette occasion, où l'on comparoit les blessures qu'ils endurerent aux stigmates de Saint-François.

---

(1) Par reconnoissance, les Cordeliers, quelque temps après, le 5 Juillet 1589, couperent la tête à la figure de ce Roi, leur bienfaiteur, qui étoit représentée à genoux, priant Dieu au-dessus du maître-autel.

Cette Eglise est une des plus grandes de Paris; elle a 320 pieds de longueur sur 90 de largeur. Le voisinage d'un monument superbe & très-utile à la société, semble menacer ce vaste batiment de sa destruction. Tous les amis des arts & tous les bons citoyens, renversent d'avance dans leurs pensées le vieux Couvent des Cordeliers, pour y substituer une place commode & magnifique qui manque à la façade de la nouvelle Ecole de Chirurgie. Beaucoup de personnes pensent que les avantages & les progrès de cet établissement l'emportent de beaucoup sur l'utilité d'un Couvent de Cordeliers.

Les Artistes ne trouveront dans cette Eglise qu'un petit nombre d'objets capables de les intéresser. Le tableau du maître-autel est une Nativité, peinte en 1585, par *Jerôme Franck*. Le tombeau d'*Albert Pio*, Prince de Carpi, est un de ceux échappés à l'incendie de l'Eglise. La figure de bronze qui est à demi couchée dessus, paroit avoir été dorée. Cette figure est de *Paul Ponce*, Sculpteur Florentin. Cet Albert Pio, après avoir été dépouillé de sa principauté par le Duc de Ferrare, se fit Auteur; il mourut l'an 1535, & s'étant fait enterrer en habit de Cordelier, comme c'étoit la mode alors, Erasme fit une satyre à ce sujet, intitulée l'*Enterrement séraphique*, & le Poète Marot dit de lui : *Témoin*

le

le Comte de Carpi, qui se fit Moine après sa mort (1).

Dans une Chapelle restaurée aux dépens de la famille de Gougenot, est le tombeau de M. *Gougenot*, Abbé de Chezal, par M. *Pigalle*. Sur un socle de marbre blanc est placé son buste, derriere lequel sont arrangés les attributs en bronze, de son état & de ses talens, avec un médaillon de marbre blanc, où sont représentés, en bas-relief, les portraits de ses pere & mere. Le tableau de l'autel de cette Chapelle est une Annonciation de M. *Vien*. Le devant d'Autel offre un bas-relief de bronze sur un fond de marbre blanc, représentant l'ensevelissement de Jésus-Christ.

Entre le chœur & le sanctuaire, on voit le tombeau d'*Alexandre de Ales*, surnommé le *Docteur irréfragable*. Pour prouver combien les Cordeliers savent louer, & de quelle considération jouissoit ce savantissime Docteur, voici quatre vers de son épitaphe.

Clauditur hoc saxo famam sortitus abundè,
Gloria Doctorum decus, & flos Philosophorum;
Auctor scriptorum vir ALEXANDER variorum
Norma Modernorum, fons veri, lux aliorum, &c.

Cette *lumiere du monde*, cette *fleur des Philosophes*, cette *fontaine de vérité*, fut

---

(1) Ce Prince entrant dans une Eglise de Madrid, offrit de l'eau bénite à une dame, dont la main, fort maigre, étoit ornée d'un très-beau

K

le maître de *Saint-Thomas* & de *Saint-Bonaventure*.

Dans cette Eglise est encore enterré le sur-Intendant des Finances *Bullion*, mort d'une apoplexie le 22 Décembre 1640, âgé de 72 ans, Il retrancha cent mille francs de sa succession pour les donner aux Cordeliers, afin que ces Peres adoucissent, s'ils le pouvoient, le châtiment qu'il appréhendoit en l'autre monde, de ses péchés commis en celui-ci (1).

Dans une Chapelle qui est derriere le chœur, on voit plusieurs tableaux qui pourrissent. L'un d'eux représente un combat ; à la tête d'une armée est un Moine énergumène qui tient un Crucifix à la main. On assure que c'est Jean de Capistran, Cordelier fanatique & orgueilleux, qui accompagna le courageux *Corvin* dit *Huniade*,

---

diamant : il dit assez haut, *J'aimerois mieux la bague que la main.* La Dame, lui répondit sur le champ, en faisant allusion au cordon dont il étoit décoré, *& moi, j'aimerois mieux le licou que l'âne.*

(1) La Reine Anne d'Autriche envoya demander à Bullion cent mille écus, il les donna. Le Cardinal de Richelieu en fut si en colere, qu'il eut envie de lui ôter la Sur-Intendance, & même de le faire arrêter. Bullion s'excusa sur l'obéissance qu'il devoit à la Reine. Le Cardinal exigea du Sur-Intendant un écrit signé de sa main, par lequel il confessât d'avoir volé cent mille écus au Roi. Bullion y consentit, & préféra se reconnoître pour un fripon, que de perdre sa place.

à la journée de Belgrade, où les Turcs perdirent quarante mille hommes. Ce Moine, dans les lettres qu'il écrivit à ses amis & au Pape, s'attribua toute la gloire de cette grande action ; il ne fit mention ni d'Huniade, qui commandoit l'armée Hongroise, ni du Légat Apostolique, Jean *Carvagal*, qui avoit aussi contribué à la victoire. Sans doute que Capistran se repentit de son injustice & de sa forfanterie ; car le Pape Alexandre VIII, le canonisa en 1690, & tous les Cordeliers le regardent aujourd'hui comme un grand Saint de l'Ordre.

La Bibliotheque mérite d'être vue ; mais on ne le peut facilement ; un vieux Bibliothéquaire en garde la clef, & ne permet pas seulement aux jeunes Moines d'y entrer, de peur qu'ils en abusent. Il n'en est pas de même du Réfectoire, il n'est ni curieux, ni difficile à voir ; son extérieur est celui d'une Eglise (1). Il y avoit autrefois une marmitte qui étoit en réputation par sa grandeur, ainsi qu'un fameux gril, monté sur quatre roues ; il étoit capable, dit *Sauval*, de tenir une manequinée de harengs (2).

―――――――――――――――――――――

(1) Henri IV revenant de voir la Bibliotheque des ces Peres, passa dans le Réfectoire, *où il vit dîner les Moines*, dit l'Etoile, *& prit long-temps plaisir à les voir briffer, s'enquérant des raisons pour & comment.*

(2) En 1590, pendant le siége de Paris, les habitans mangeoient la paille, les vieux cuirs, déterroient des cimetieres les ossemens des morts

Cette Maison sert de collége aux jeunes Religieux de l'Ordre qui viennent à Paris étudier en Théologie. Parmi les éleves de cette école, on distingue Jean *Duns*, dit *Scot*, appellé le *Docteur subtil*, *Saint Bonaventure* & *Saint Thomas d'Aquin*. On voit les portraits de ces deux Saints Docteurs dans la Sacristie.

C'est dans une des salles du Couvent que se tiennent les Chapitres de l'Ordre de Saint-Michel chaque année, le 8 Mai & le premier lundi de l'Avent.

C'est encore dans une salle de ce Monastere que se tiennent les séances du Musée de Paris. La premiere assemblée s'y est tenue le 25 Juillet 1786. Il est singulier de voir les enfans de Saint François d'Assise, donner un asyle aux enfans d'Appollon. Voyez *Musée de Paris*.

CORDONNIERS (Voyez *Freres Cordonniers*).

CORPS-DE-GARDE. Ils sont distribués au nombre de quarante-cinq dans les différens quartiers de Paris. Le Guet à pied & à cheval font des rondes jour & nuit, &

---

pour s'en faire une nourriture. Dix mille personnes étoient mortes de faim. Pendant les horreurs de cette famine, on trouva chez les Cordeliers, ainsi que chez les autres Moines, du bled, du biscuit, des viandes salées, & autres provisions pour plus de huit mois.

sont commandés par M. *Dubois*, dont l'activité & la prudence lui ont mérité l'estime générale.

CORRESPONDANCE-GÉNÉRALE & *gratuite pour les Sciences & les Arts*. (Voyez *Sallon de Correspondance &c*).

COURS. *Cour du Commerce*. La partie de cette cour qui est nouvellement reconstruite, est garnie de boutiques de Marchands; elle communique dans les rues des Cordeliers, de la Comédie Françoise, de Saint-André des Arcs, & dans le cul de sac de Rohan.

COUR *du Dragon*. Elle est bâtie sur le terrein qu'occupoit un ancien manege. Un dragon qui est sculpté sur la porte d'entrée, a donné le nom à cette Cour.

COUR *des Miracles*. Elle est située rue Saint-Denis, proche le Monastere des Filles-Dieu. Ce nom étoit autrefois commun à plusieurs Cours habitées par des gueux de profession, qui, contrefaisant dans les rues les borgnes, les boiteux les aveugles &c., & sollicitant par de semblables supercheries la sensibilité & l'aumône des passans, rentroient le soir dans leur Cour, & reprenoient alors leur forme naturelle, c'est-à-dire, l'aveugle voyoit clair, le boiteux étoit redressé &c., comme miraculeusement; & alors ils s'applaudissoient du succès de leur rôle, & se réjouissoit aux dépens des gens charitables qu'ils avoient trompés.

Par Lettres-Patentes du 21 Août 1784, on a construit dans cette cour la *Halle pour la Marée*. (Voyez HALLES).

COURS, (ou *Promenades*).

ANCIEN GRAND COURS. (Voyez *Champs Élysées*).

COURS *la Reine ou petit Cours*. Cette promenade fut plantée par la Reine Marie de Médicis en 1628. Elle s'étend le long de la Seine dans la longueur de quinze cents quarante pas, & n'est séparée de cette riviere que par la grande route de Versailles. Le voisinage des Champs Élisées, celui de la riviere & de la grande route, en feroient une promenade très-agréable & très-animée, si la poussiere épaisse qui s'éleve continuellement de cette route bruyante, ne la rendoit inhabitable la plus grande partie du jour, pendant la plus grande partie de l'année.

COURS *Public*, (ou *Leçons*).

COURS *gratuit de Minéralogie Docimastique*, par M. *le Sage*, Professeur de Minéralogie ; les lundis, mercredis & vendredis, à onze heures du matin, dans le laboratoire de la Chymie, à la Monnoie. Voyez *Hôtel de la Monnoie*.

Quoique ce Cours soit gratuit, l'on doit se faire inscrire.

COURS *de Minéralogie*, au Collége Royal, par M. *Daubenton*. (Voyez *Collége Royal*).

COURS *gratuit d'Architecture*, au Louvre, dans les salles de l'Académie d'Architecture, au-dessus du passage du Coq, par MM. *le Roi* & *Mauduit*, Architectes du Roi.

COURS *gratuit d'Anatomie*, dans les salles de l'Académie de Peinture au Louvre.

M. *Sue* en est Professeur, & il fait aussi la démonstration des muscles sur le corps d'un des quatre modèles attachés à cette Académie.

Il y a plusieurs autres Cours particuliers que les Professeurs ont coutume de faire annoncer dans les Journaux.

CROIX - DE - LA - BRETONNERIE. (*Sainte*) *Fratres de Sancta Cruce, Cruciferi, Cruce Signati, Porte-Croix, Croisiers*. C'étoit les différens noms que portoient les Religieux de ce Couvent, lorsqu'il fut fondé par Saint Louis, en 1258, dans l'emplacement de l'ancien Hôtel de la Monnoie.

En 1518, le relâchement, le désordre, les querelles s'introduisirent parmi les Religieux ; on tenta plusieurs fois de les réformer, mais sans succès. Sous le règne de Louis XIII, de nouveaux désordres s'étant manifestés dans ce Couvent, le Cardinal de la Rochefoucault saisit cette occasion pour y faire entrer quelques Chanoines réguliers de Sainte-Geneviève, afin d'y maintenir la regle ; mais les Religieux de Sainte-Croix renvoyerent bientôt ces réformateurs, & résolurent enfin, en 1641, de se réformer eux-mêmes, & de vivre régulièrement selon la règle de Saint-Augustin.

L'Eglise fut bâtie, dans le genre gothique, par *Eudes de Montreuil*, Architecte du treizieme siècle.

Sur le maître-autel est un tableau représentant Notre-Seigneur mis au tombeau ; à gauche est un grand tableau de la Nativité par *Simon Vouet*.

Dans le chœur est un petit monument ovale de fort bon goût, sculpté par *Sarasin* ; c'est un médaillon de marbre blanc, supporté par une Vertu en pleurs, avec l'épitaphe de l'Abbé *Hennequin*, Conseiller au Parlement. Dans la nef, à droite, est placé un excellent Crucifix de *Philippe de Champagne*. Dans le réfectoire on voit cinq Tableaux par M. *Colin de Vermont*.

Dans le vestibule de ce réfectoire est une Fontaine ou lavoir en forme de demi-coupole ; les colonnes qui la supportent imitent différentes sortes de marbre, les ornemens sont de plomb doré, rien n'est plus galant. En voyant ce morceau d'Architecture, élevé sur les Desseins de *Servandoni*, on ne croit plus être à la porte d'un réfectoire.

CROIX-*de-la-Cité*. (*Sainte*) L'origine de cette Eglise est fort incertaine. Elle fut érigée en Paroisse en 1107, & fut reconstruite avec plus d'étendue en 1529.

Elle est située rue de la Vieille Draperie. *Pierre Danes*, Auteur de deux Dictionnaires à l'usage du Dauphin, en fut longtemps le Curé; le revenu en est très-modique.

Dans un tableau qui est au côté gauche du maître-autel, est écrit une partie de l'Histoire de cette Eglise.

CURES. On compte cinquante-deux Cures dans cette ville; huit en la Cité, dix-sept en la ville, huit dans le quartier de l'Université, treize dans les fauxbourgs, & six dans les lieux exceptés de l'ordinaire.

Un Curé de Paris qui remplit bien ses devoirs, est l'être le plus estimable de la société; il est la bienfaisance & la consolation personnifiées. « Aussi tranquilles qu'ils » étoient turbulens du temps de la Ligue, » dit M. Mercier, ils ont adopté des idées » de paix : la douceur caractérise leurs ac- » tions, l'amertume n'est plus sur leurs lè- » vres. Ils n'ont pas la hauteur des Evêques; » & plus populaires, ils savent à-la-fois » consoler & secourir leurs Paroissiens. Ils » versent le baume sur plusieurs plaies se-

» crettes qu'eux seuls connoissent. Ils tole-
» rent les abus qu'ils ne peuvent plus empê-
« cher, & entrent dans les idées de la Po-
» lice, parce qu'ils sentent que les précep-
» tes Religieux ne peuvent pas s'opposer à
» la tolérance civile ».

DENIS *de la Chartre*. (*Saint*) On prétend que cette Eglise a pris son nom de la cave qui est dessous, dans laquelle on croit que Saint-Denis & ses Compagnons furent mis en prison, & où *Notre Seigneur Jésus le visita, & lui bailla son précieux corps & sang*, comme il est écrit sur la porte de l'Eglise basse. Nous ne contesterons point ce dernier fait, mais nous pensons, avec l'*Abbé le Beuf*, que Saint-Denis n'a jamais été enfermé en cet endroit, & que ce nom de *Chartre*, donné à cette Eglise, vient de ce qu'elle étoit voisine d'une ancienne prison.

Elle est divisée en Eglise haute & basse. L'Eglise haute a été rétablie en 1665. On y admire un bas-relief en stuc, sculpté par *François Anguier* ; il tient lieu de tableau au maître-autel. C'est Notre Seigneur qui administre, dans la prison, le Sacrement de l'Eucharistie à Saint-Denis & à ses Compagnons.

Dans l'Eglise basse, on trouve une grosse pierre percée par le milieu, comme pour y mettre le coup d'un homme. On assure qu'on y a mis celui de Saint-Denis, & que cette pierre a été un des instrumens de son supplice.

Saint-Denis de la Chartre est un Prieuré composé de six Religieux de l'Ordre de Clugny, qui desservent cette Eglise.

DENIS-du-Pas. (Saint) Le nom de cette petite Eglise a occasionné de grandes discussions parmi les savans ; nous ne nous en mêlerons pas. Elle est située derriere l'Eglise de Notre-Dame ; & depuis sa réunion avec la paroisse de Saint-Jean-le-Rond, elle est devenue Paroisse du Cloître, sous le nom de Saint-Denis & de Saint-Jean-Baptiste.

DÉPOT *Militaire du Régiment des Gardes-Françoises, sur le Boulevard; au coin de la Chaussée d'Antin.* C'est à M. le Maréchal de Biron qu'est dû l'honneur de cet établissement, formé en 1764, qui offre une Ecole d'Education Militaire, où l'on reçoit les jeunes gens qui se disposent au service, jusqu'au nombre de 150 ou 200, depuis l'âge de dix ans jusqu'à seize, époque où ils peuvent librement contracter un engagement, ou se retirer, si le métier des armes ne leur convient pas. Dans ce dernier cas, les parens sont tenus de rembourser les frais faits pour leur entretien pendant leur séjour dans ce Dépôt.

Sa Majesté donne pour chacun d'eux 9 sols par jour, ainsi qu'aux Soldats du Régiment des Gardes-Françoises.

Dépôt de Cryſtaux, Emaux & Cendres bleues, de la Manufacture de S. A. Monſeigneur le Duc d'Orléans; rue Tournon.

Dépôt des Cartes, Plans & Journaux de la Marine; rue Saint-Antoine, dans l'ancienne Maiſon des Jéſuites.

Dépôt des Archives de la Chancellerie; au Louvre. On y entre les mardis & vendredis depuis neuf heures juſqu'à midi.

Dépôt du Miniſtre, ayant le département de Paris; aux Grands-Auguſtins (1).

Dépôt de la Guerre; aux Invalides.

Dépôt des Titres, Pieces & Cartes de la Marine; à Verſailles.

Dépôt des anciennes Minutes du Conſeil des Finances & Commiſſions extraordinaires; au Louvre. Il eſt ouvert les mardis & vendredis, depuis neuf heures juſqu'à midi.

---

(1) Les Secrétaires d'Etats reſtoient autrefois en poſſeſſion de tous les papiers de leurs départemens, les Généraux d'armées, & nos Miniſtres dans les Cours étrangeres, de leurs inſtructions; de ſorte, qu'à leurs mort, les pieces les plus importantes du Gouvernement paſſoient ſouvent dans des mains étrangeres, & quelquefois dangereuſes. Le Miniſtre *Louvois*, pour arrêter cet abus, établit le Dépôt des Invalides, pour la guerre, *Croiſſy* en fit ordonner un pour les affaires étrangeres, que *Torci* perfectionna en 1710, & que *Pontchartrain* imita pour la Marine. A la mort de tous ceux qui ont eu part aux affaires du Gouvernement, on examine les papiers qui y ſont rélatifs, & ils ſont remis aux Dépôts auxquels ils appartiennent.

Dépôt de la Maison du Roi; au Vieux-Louvre.

Dépôt des Lettres-Patentes, Edits, Ordonnances, Déclarations & Arrêts enregistrés; au Palais.

Dépôt de Législation; à la Bibliotheque du Roi.

Dépôt des Chartres & autres Monumens Historiques; place Vendôme, au coin de la rue des Capucines, chez M. *Moreau*, Historiographe de France.

Dépôt des anciennes Minutes du Conseil d'État Privé du Roi; chez MM. les Chanoines de Sainte-Croix-de-la-Bretonnerie. Il est ouvert les lundis, mercredis & samedis, depuis neuf heures jusqu'à midi.

Dépôt de la filature des Pauvres de Paris. Un Directeur distribue gratuitement à tous les Curés de la ville, fauxbourgs & banlieue de Paris, une certaine quantité de filasse pour faire travailler leurs Pauvres; l'ouvrage fait, ce Directeur acquitte la main-d'œuvre. Ce Bureau est établi rue de Bourbon-Villeneuve.

DEUILS. Chez les Romains, les femmes portoient le deuil en blanc, & les hommes en brun; à la Chine on le porte en blanc; en Turquie, bleu. En France, ce n'est que depuis le regne de Philippe Auguste, que les deuils sont en usage. Une Ordonnance de Louis XV de l'année 1716, a fixé la maniere de porter le deuil, dont voici la substance (1).

On ne porte les grands deuils que pour pere & mere, grand-pere, grand-mere, mari & femme, frere & sœur, cousin, cousine.

Pour pere & mere il dure six mois, pour les grand-pere & grand-mere, quatre mois & demi : on porte trois semaines les grandes pleureuses, trois semaines les petites, six semaines en laine, & six semaines en petit-deuil.

Frere & sœur, deux mois : la laine pendant un mois, quinze jours la soie & quinze jours le petit deuil.

Oncle à la mode de Bretagne, onze jours : six jours en noir & cinq en noir & blanc.

Cousin issu de germain, huit jours : cinq en noir, & trois en noir & blanc.

Femme pour son mari, un an six semaines, & mari pour sa femme, six mois.

Le Journal de Paris annonce les Deuils de Cour, leur durée, & la maniere de les porter.

―――――――――――――――――――――

(1) Rien ne paroît plus singulier à l'observateur philosophe, que cet usage ou cette ordonnance qui calcule la douleur que doit ressentir un parent à la mort de tel ou de tel de ses parens. Femmes, vous pleurerez vos maris pendant tant de mois ; cousin, neveux, votre cousine, votre oncle, pendant tant de jours : l'usage & la loi ont commandé aux bienséances, & l'amour-propre a obéi.

DILIGENCES, *Messageries, Coches & Carrosses &c.* (Voyez *Bureaux de Diligences*, pages 88, 89, 90, &c.)

DOCTRINE *Chrétienne.* (*les PP. de la*) Cette Maison, dite aussi *la Maison de Saint-Charles*, est située dans le haut de la rue des Fossés Saint-Victor, dans une partie de l'emplacement du Cirque que Childéric avoit fait bâtir en 577.

La Congrégation de ces PP. fut instituée en 1562 par *César de Bus* (1), & établie en 1628 à Paris, où réside le Général. Il y a présentement dans le Royaume soixante Séminaires, Maisons ou Colléges de cette Institution.

Le maître-autel est orné d'un superbe tableau de *Vouët*, représentant Saint-Charles Boromée, à qui cette Eglise est dédiée, offrant à Dieu sa vie, pour le salut des pestiférés. On voit aussi dans cette Eglise un morceau de la vraie Croix, dans un espece de crystal de roche.

Mais ce qui doit intéresser le public, c'est la Bibliotheque qui est fort belle. Elle est ouverte les mardis & vendredis, & fut léguée par *Jean Miron*, Docteur de la Maison de Navarre.

Ces Peres ont une autre Maison à Paris

---

(1) César de Bus étoit fort sujet aux extases. Un jour qu'il étoit dans cet état, *il vit bouillir ses enfans dans une poêle à frire*, ce qui fut un présage des divisions qui arriverent dans son institution.

dite de *la Vallée de Fécamp*, située au haut de la rue de Bercy, dont la Chapelle n'a rien de remarquable.

DOUANE. Les Marchands ou Voituriers qui amenent des marchandises, doivent les conduire directement à ce Bureau, pour y être visitées. Il est situé rue du Bouloir, vis-à-vis l'Hôtel du Roulage.

On perçoit pareillement les droit de sortie sur les marchandises qu'on va déclarer pour passer à l'Etranger, ou aux Provinces réputées étrangeres. Tous les ballots, caisses ou valises &c., concernant les marchandises ou autres choses qui s'y expédient, y sont plombés & ne doivent pas être ouverts aux Bureaux de la route, si ce n'est en cas de fraude.

Les voitures sont tenues, à peine de confiscation & de 100 livres d'amende, de conduire directement les marchandises à tous les Bureaux de la route, d'y présenter leurs acquits, pour y mettre le *vu*.

DRAPIERS, (*Bureau des Marchands*) *rue des Déchargeurs*. Cette Maison a été construite sur les dessins de *Bruant l'aîné*, Architecte.

Dans la salle d'Assemblée, est un tableau représentant Louis XVI protégeant le commerce. Il est de *Lagrenée le jeune*.

EAU *clarifiée*. A la pointe de l'Isle Saint-Louis est une machine hydraulique qui clarifie l'eau de la Seine, laquelle eau est voiturée, dans des tonneaux marqués aux armes du Roi, par tous les quartiers de la ville; on la vend à raison de 2 sols la voie, contenant 36 pintes.

EAU *épurée, ou Fontaines épuratoires.* Placées sur le quai des Miramiones, au Port-au-Bled & sur le quai de l'Ecole; elles fournissent au Public une eau très-purifiée. Elles ont été imaginées & construites par M. *de Charancourt*, Ingénieur de cette ville.

EAU *de la Seine.* Il y a trois réservoirs des eaux de la Seine nouvellement construits par MM. *Gilleron* & *Vachette*, sur la place de la Bastille, sur celle du Palais Bourbon, & sur le quai de la Conférence.

EAUX *de Paris, par le moyen de la machine à feu.* C'est à Chaillot, près la grille de la Conférence, qu'est situé cet utile établissement. Un bâtiment très-solide, construit sur un canal qui communique à la Seine, renferme deux machines à feu de la plus grande proportion. Chaque machine éleve & fait monter, en 24 heures, 48,600 muids d'eau, dans les réservoirs construits sur le haut de la montagne de Chaillot, qui par leur élévation de 110 pieds, peut fournir de l'eau dans tous les quartiers de Paris, sans exception.

Il y a quatre de ces réservoirs où l'eau dépose & se clarifie avant d'être offerte au public.

Cette pompe aussi ingénieuse qu'utile, est bien faite pour intéresser le public, qui doit en attendre sa salubrité. Rien n'est plus admirable que cette méchanique ; elle est l'ouvrage de MM. *Perriers freres*. L'eau s'élève dans les quartiers ou elle se communique déjà, à 12 ou 15 pieds au-dessus du pavé.

Les atteliers sur-tout, sont fort curieux & mériteroient ici un article particulier.

Les Souscripteurs seront servis tous les jours, & à des heures réglées.

L'abonnement qui se paie d'avance d'année en année, est de 50 livres par an pour un muid d'eau par jour, & à proportion pour une plus grande quantité.

La conduite principale de l'établissement est posée depuis Chaillot, en passant par la rue du Fauxbourg Saint-Honoré & le Boulevard, jusqu'à la porte Saint-Antoine. Les distributions particulieres sont déjà établies dans nombre d'Hôtels & de Maisons situés dans les rues adjacentes de la grande conduite.

La Compagnie des Eaux donne *gratis*, toute l'eau nécessaire pour les incendies. A cet effet, elle a établi, dans les différens quartiers où ses conduites principales ont passé, des robinets, dont M. le Commandant des Pompiers a la clef, à l'extérieur desquels est écrit : *secours pour les incendies*.

Le premier de ces robinets est placé rue de Chaillot, à côté de l'Eglise ; le second vis-à-vis l'Eglise du Roule ; le troisieme porte Saint-Honoré ; il y en a un sur chacun des Boulevards du nord, depuis la porte Saint-Honoré jusqu'à la porte Saint-Antoine.

Ces robinets se multiplieront à mesure que les conduits s'étendront dans les différens quartiers de la ville.

Une Ordonnance de Police du 24 Août 1784, annonce que M. le Lieutenant de Police a été autorisé, au nom du Roi, à acquérir l'usage de plusieurs bouches de regards d'eaux provenans des Pompes à feu en faveur des Habitans de cette ville, pour en laver fréquemment les rues & ruisseaux, & en conséquence elle prescrit aux Propriétaires & principaux Locataires des Maisons situées dans les rues où il a été établi des regards provenans desdites Pompes à feu, de faire balayer exactement le devant de leur maison lorsqu'ils entendront passer la sonnette, au moment où les bouches desdits regards seront ouvertes à l'effet de fournir le volume d'eau nécessaire pour former un courant rapide qui rendra les rues plus propres & l'air plus salubre.

ÉCHEVINS. Pour être Echevin à Paris, il faut y être né, y exercer une profession honnête, & être d'une probité reconnue & d'une conduite irréprochable. Les Echevins de Paris sont les seuls du Royaume qui ont l'honneur de prêter serment entre les mains du Roi. En 1706, on leur accorda, puis on leur ôta en 1715 ce que l'année suivante on leur rendit, la noblesse. Sous les Capétiens, ils étoient qualifiés de *Majores*, Maïeurs, Maires; de *Præpositi*, Prevôts, & leurs Assesseurs de *Scabini*, Echevins.

Ces Officiers Municipaux sont au nombre de quatre, deux anciens & deux nouveaux; l'Election se fait tous les ans le jour de Saint-Roch.

ÉCOLES.

ECOLES *de Médecines*. Ces Ecoles sont situées rue Saint-Jean-de-Beauvais, & l'amphithéâtre de cette Faculté est rue de la Bucherie, quartier de la Place Maubert, où les Professeurs démontrent l'Anatomie dans une salle de forme ronde terminée en coupole, soutenue par huit colonnes d'ordre dorique.

La faculté de Médecine est aussi ancienne que l'Université de Paris; tous les membres de cette association étoient autrefois Ecclésiastiques, ils porterent ensuite long-temps le nom de *Physiciens*. Les premieres Ecoles publiques furent construites en 1472 aux dépens des Médecins, rue du Fouare (1).

---

(1) En vieux langage *Fouare* signifie *Paille*, dans les Ecoles, les jeunes gens étoient assis sur de la paille, alors appellée *Fouare*; cette paille a donné le nom à la rue.

Le premier amphithéâtre qu'ils y firent conftruire fut achevé en 1618 ; en 1744, on le fit rebâtir plus beau & plus fpacieux ; enfin en 1776 les Ecoles de la rue de la Bucherie menaçant ruine, la Faculté de Médecine fut obligé de les quitter & de tranfporter leur bibliotheque dans la maifon des anciennes Ecoles de Droit, rue Saint-Jean-de-Beauvais, où fe tiennent aujourd'hui les féances ; cependant les Profeffeurs d'Anatomie, de Chirurgie & d'Accouchement, continuent de donner leurs leçons dans l'amphithéâtre des anciennes Ecoles, rue de la Bucherie.

On ne parvient au Doctorat qu'après plufieurs années d'affiduités, d'études ; qu'après plufieurs examens longs & rigoureux : les titres ne s'acquerent point ici, comme ailleurs, avec de l'argent fans favoir ; mais avec du favoir & de l'argent.

La Faculté de Médecine s'affemble tous les quinze jours ; dans ces affemblées on traite des maladies régnantes tant à Paris qu'aux environs, des cas rares ou finguliers que peut fournir la pratique, & des remedes nouveaux. Tous les famedis, fix Docteurs, trois anciens, trois nouveaux s'affemblent à tour de rôle avec le Doyen de la Faculté, & donnent à chaque pauvre malade qui fe rend à cette affemblée des confultations gratuites, qui font écrites par les Bacheliers fous la dictée des Docteurs & Doyen vifitans. Le nombre des pauvres eft toujours considérable, & il en vient de fort loin. Le 5 Novembre 1778, la Faculté a tenu sa premiere assemblée publique qui est maintenant fixée tous les ans à un jour de la semaine après la Fête de Saint-Pierre.

Le bâtiment où l'on tient aujourd'hui les Ecoles de Médecine est presque en aussi mauvais état que celui de la rue de la Bucherie qu'on a quitté, tous deux ont le même inconvénient : les salles étant sur la rue, le bruit des voitures empêche souvent d'entendre le Professeur.

La Bibliotheque de la Faculté, au-dessus des Ecoles rue Saint-Jean-de-Beauvais, est assez considérable ; on y trouve plusieurs manuscrits très-précieux.

Du côté de la Bibliotheque dans la salle d'Assemblée, on voit un grand nombre de portraits des anciens Médecins de la Faculté de Paris.

ECOLES *de Chirurgie.* Quarante Conseillers, du nombre desquels sont un Président, un Directeur, un Vice-Directeur, un Secrétaire perpétuel, un Trésorier, un Prévôt, &c. ; vingt Adjoints, de plus, un nombre indéterminé de Correspondans & d'Associés, tant étrangers que regnicoles, composent l'Académie de Chirurgie, qui fut établie en 1731, & confirmée par lettres-patentes de 1748.

Elle tient ses assemblées tous les jeudis, & sa séance publique, tous les ans le jeudi de la Quasimodo. On y distribue un grand nombre de prix : 1°. une médaille d'or de cinq cents livres ; prix fondé par M. *de la Peyronnie* : 2° une autre médaille d'or de deux cents livres, nommée prix d'émulation : 3°. cinq médailles d'or de cent livres chacune, pour des Chirurgiens regnicoles qui les ont méritées par des observations ou des découvertes utiles. De plus, on distribue tous les ans, pour exciter l'émulation des Eleves de l'Ecole pratique, quatre médailles d'or, de cent livres chacune, & quatre médailles d'argent, pour le *Accessit*. Feu M. *Houstet*, est le fondateur de ces derniers prix.

Quatorze Professeurs enseignent successivement les différentes sciences relatives à la Chirurgie, celui qui professe la Chymie & la Botanique, a été depuis peu fondé par Sa Majesté Louis XVI.

La Nation & les Arts se glorifient du superbe bâtiment des Ecoles de Chirurgie. Ce monument unique en Europe, où l'élégance & la majesté de l'ensemble se réunissent à la pureté des détails, fut élevé sous le regne de Louis XV, & achevé sous celui de son bienfaisant Successeur, d'après les dessins de M. *Gondouin*, Architecte du Roi.

Un péristile d'ordre ionique antique, à quatre rangs de colonnes ; sur trente-trois toises de face, supporte un attique, que comprennent la Bibliotheque & le cabinet d'Anatomie ; attique où sans doute le bon goût de l'Architecte a été contraint de céder à la nécessité.

Au-dessus du péristile est un bas-relief de trente-un pied de longueur, sculpté par *Berruer*, où l'on voit, accompagné de Minerve & de la Générosité, Louis XV, accordant des priviléges à la Chirurgie, qui est suivie de la Prudence & de la Vigilance, & le Génie de la France, qui présente au Roi le plan des Ecoles. Des grouppes de malades remplissent l'arriere-plan du bas-relief.

L'aile gauche est composée de plusieurs salles, destinées à l'Ecole pratique, aux séances académiques, à la chambre du Conseil, & aux archives.

L'aile droite contient, entre autres pieces, un petit Hôpital composé de plusieurs lits, pour les malades attaqués de maladies susceptibles d'opérations.

Dans la salle des Actes, on voit six figures représentant les différentes sciences Médicinales personnifiées ; elles sont peintes à fresque sur le mur, par M. *Gibelin*, ainsi que la Déesse de la Santé qu'on voit dans l'escalier.

Dans la salle de l'Académie sont deux tableau allégoriques, représentant l'*Accouchement & la Saignée* & un grand tableau dont le sujet est Saint-Louis, portant lui-même des secours aux blessés de son armée.

L'extérieur de l'amphitéâtre est décoré des ordres ionique & corinthien, dont l'effet

fet est admirable ; au-dessus de ces ordres est un fronton, orné d'un bas relief, qui représente *la Théorie & la Pratique* se donnant la main sur un autel. C'est l'ouvrage de M. *Berruer.*

Cet Amphithéâtre, dont Louis XVI a posé la premiere pierre, le 14 Décembre 1774, peut contenir environ douze cents personnes.

On voit dans son intérieur, trois grands morceaux de peinture à fresque, de clair obscur, par M. *Gibelin.*

Le premier représente *Esculape*, enseignant les principes de la Médecine & de la Chirurgie : on lit au-dessous cette inscription :

Ils tiennent des Dieux les principes qu'ils nous ont transmis.

Dans le second morceau, on voit Louis XVI accueillant son premier Chirurgien *la Martiniere,* qui est accompagné de plusieurs Académiciens & Eleves ; les récompenses que le Roi accorde aux talens sont déployées pour les encourager. On lit au-dessous :

La munificence du Monarque hâte leur progrès & récompense leur zele.

Le troisieme morceau offre des combats & des blessés secourus courageusement par des Chirurgiens ; au-dessous est cette inscription :

Ils étanchent le sang consacré à la défense de la patrie.

L

Ces trois tableaux quoique peints par le même Artiste, n'ont pas été trouvés de la même beauté, ce genre difficile de peinture a été depuis exécuté avec plus de succès par ce Peintre.

ECOLE *Royale des Mines*, est professée par M. le Sage, à l'hôtel de la Monnoie; la collection de minéralogie est immense; la salle qui la renferme est décorée d'après les desseins de M. *Antoine*, & le laboratoire n'étant destiné qu'aux essais, est différent de tout ce qui a été fait jusqu'à présent en ce genre.

ECOLES *de Droit, place Sainte-Geneviève.* C'est un bâtiment dont la façade sert à la décoration de la place de la nouvelle Eglise de Sainte-Geneviève. Si l'on s'en rapporte aux gens de l'art, cet édifice ne fait pas beaucoup d'honneur à son Architecte, M. *Souflot*. Sur une table de marbre blanc on lit ces mots: *Scholæ Juris.* Il n'y a rien de bien remarquable dans l'intérieur qu'un portrait de Louis XV, & le grand plan de Paris de l'Abbé *la Grive*.

C'est par un illustre Professeur en Droit, le Jurisconsulte *Barthole*, que fut imaginé le très-ridicule procès entre *la Vierge & le Diable*, où l'on voit ce dernier donner assignation au genre humain, pour comparoître devant le tribunal de J. C. La Sainte-Vierge se présente pour plaider la cause du genre humain, le Diable la récuse pour deux raisons ; la premiere parce qu'elle est mere du Juge, & la seconde parce que les femmes sont exclues de la fonction d'Avocat.

La Vierge allégue contre cette récusation des moyens triomphans ; le Diable est fort en peine, mais il demande une provision comme ayant été possesseur du genre humain depuis la chûte d'Adam, & fait valoir la prescription. Enfin, après bien des débats, des formules & des citations, intervient un jugement définitif, par lequel le Diable est condamné, comme de raison, à la damnation éternelle, & St-Jean Evangéliste est le Greffier qui expédie la Sentence.

ECOLE *gratuite de Dessin.* Elle est située dans l'ancien amphitéâtre de Saint-Côme, rue des Cordeliers, & fut établie en faveur des arts & métiers, le 20 Octobre 1767.

Cette Ecole ne peut contenir que 1500 jeunes gens, & pour cela on n'en admet pas davantage.

De quelque qualité que soit l'enfant, pour y être admis, il suffit qu'il se présente au Directeur ; on l'inscrit gratis, puis on lui délivre un jeton pour 12 sols : s'il veut apprendre le dessin des trois genres qu'on y enseigne : savoir, l'Architecture, la Figure & l'Ornement, il faut qu'il prenne autant de jetons que de genres, & qu'il donne autant de pièces de douze sols que de jetons.

Ces jetons servent de billets d'entrée. C'est M. *Bachelier*, Peintre du Roi, qui est Directeur de cette Ecole.

Quand un Eleve a remporté un premier prix de quartier, il peut aspirer au concours des grands prix qui se distribuent avec grande cérémonie le lendemain de Noël dans une salle des Tuileries, en présence de M. le Lieutenant de Police & de plusieurs autres Magistrats. Les Eleves qui ont remporté ces grands prix, gagnent la maîtrise de l'état ou métier auquel ils se sont destinés.

ÉCOLES *Nationales*. Un homme aussi recommandable à l'état par ses biens & sa noblesse, que cher aux bons citoyens par sa bienfaisance & son patriotisme, est le principal fondateur de cet établissement; c'est M. le Duc *de Charost*, qui, dans cette entreprise, a été secondé par M. le Comte de Thélis, Capitaine aux Gardes Françoises, & par M. de Bruny, Chevau-Léger de la garde du Roi.

Le but de cette Ecole est l'instruction des jeunes Gentilshommes dans toutes les parties de l'art de la guerre. A l'exemple de l'Ecole des Ponts & Chaussées, l'instruction est réciproque; aussi-tôt qu'un Elève est en état d'enseigner deux ou trois autres Elèves, on les lui confie, & il en rend compte tous les jours ou tous les deux jours aux divers Professeurs, chacun selon leur partie,

Les Elèves ne sont admis à cette École qu'à 12 à 13 ans. Les parens n'ont à payer que la nourriture & l'entretien, qui peut aller à 500 liv. à Paris, & à 360 liv. en Bourgogne, où l'Ecole ira bientôt. L'inſtruction eſt payée des bienfaits de la Famille Royale.

ÉCOLES *de Charité*. Il y a dans chaque Paroiſſe des Ecoles gratuites en faveur des pauvres, tenues par les Sœurs de la Charité, qui enſeignent aux enfans à lire, à écrire, & qui vont encore viſiter les pauvres malades de leur Paroiſſe.

ÉCOLE *Royale Vétérinaire*. Elle eſt établie au Château d'Alfort, près Charenton. (Voyez *le vol. des Environs*.)

ÉCOLE *Royale Militaire*. Cette Ecole eſt un magnifique monument de la protection accordée par Louis XV à la jeune Nobleſſe de ſon Royaume. Elle fut fondée par ce Prince en 1751, afin que 500 jeunes Gentilshommes ſans fortune, ou dont les peres ſeroient morts au ſervice, puſſent recevoir une Education Militaire.

Cet établiſſement a éprouvé des révolutions. Sous le Miniſtère de M. de Saint-Germain, l'Ecole fut entierement détruite; & les Eleves furent diſperſés en différens Collèges du Royaume, qui ont pris le titre d'Ecole Militaire.

Enfin, pour occuper les bâtimens, ce

Ministre y établit 150 Eleves qu'il tira de ces Colléges Provinciaux, & y joignit un nombre de Pensionnaires, composé tant de Nationaux que d'Etrangers Catholiques, qui doivent faire preuve de quatre degrés de noblesse. Le prix de ce pensionnat est de 2000 liv. par an.

Les jeunes gens sortant de cette Ecole, jouissent chacun d'une pension de 200 liv. jusqu'à ce qu'ils aient acquis un grade qui leur donne 1200 liv. d'appointement.

La Maison a été construite sur les Desseins de M. *Gabriel*, Architecte du Roi ; elle est vaste & magnifique. L'intérieur renferme plusieurs objets précieux, bien dignes de fixer l'attention des Curieux. Nous en avons fait la description dans le volume des Environs, auquel nous renvoyons nos Lecteurs.

ÉCOLE *ou Institution en faveur des pauvres Orphelins Militaires.* C'est M. le Chevalier de Paulet qui est Auteur de cet Etablissement. Cent cinquante enfans y sont à ses frais entretenus & élevés avec soin.

ÉCOLE *de Natation.* Elle est établie au bas du Pont de la Tournelle, par M. Turquin, avec l'agrément du Corps Municipal. Le prix de la souscription, pour apprendre à nager, est de 36 liv. Et en cas d'absence ou d'autres empêchemens, les Eleves qui ne seront pas assez instruits dans une année, pourront, l'année suivante, se présenter & achever gratuitement leur cours. Ceux qui ne souscriront pas, payeront 30 sols par leçon.

Le 10 Août 1786, M. le Prévôt des Marchands, le Corps Municipal, & MM. de l'Académie des Sciences, ont assisté à cette École, & en ont marqué leur satisfaction. Le Corps Municipal est convenu d'accorder l'année suivante un prix d'encouragement.

ÉCOLE *Royale de Chant, de Déclamation, de Danse, &c.* Développer & perfectionner, s'il se peut, par une éducation soignée, les dispositions qu'annoncent les jeunes personnes qui se destinent au Théâtre Lyrique; assûrer en même-temps à ce Spectacle des Sujets intéressants qui puissent augmenter sa célébrité, voilà le but de cette École, que le Roi, à l'instigation de M. le Baron de Breteuil, a fondée le 3 janvier 1784, & dont l'ouverture s'est faite le premier avril de la même année.

Pour enseigner le Chant, la Musique instrumentale, la Danse, la Déclamation, & on a fait choix de Maîtres dont les talens étoient connus.

Cette École est située rue Poissonniere, au coin de la rue Bergere. Tous les trois mois, il s'y tient une assemblée générale des Maîtres & des Elèves, dans laquelle se fait un examen des progrès de l'institution.

M. Gossec est le Directeur de cet établissement, & c'est à lui qu'il faut s'adresser pour y être admis.

ÉCOLE *de Filature des Enfans Aveugles.* M. Hildebrand, Méchanicien, Directeur de cette Ecole, fait exécuter, rue de la Mortellerie, n°. 150, un travail de Filature par quelques-uns des enfans aveugles secourus par la Société Philantropique, au moyen d'une machine de son invention, & d'une préparation de chanvre qui lui est particulière.

ÉCOLE *de Boulangerie.* Elle est située rue de la Grande Truanderie; M. le Lieutenant-Général de Police qui l'a formée, en est le Président. On y fabrique journellement du pain des deux espèces : du pain blanc, destiné pour l'Ecole Royale Militaire, & du pain bis pour les prisons de Paris.

Les leçons se donnent les Mercredis & Samedis à 11 heures du matin, pendant les mois d'Avril, Mai, Septembre & Octobre, en présence de MM. Parmentier & Cadet de Vaux. M. *Brocq* est le Directeur de cette Ecole.

ÉCURIES. *Écuries de* MONSIEUR, *frère du Roi.* Elles sont situées près le Boulevard des Invalides, & ont été construites sur les dessins de M. *Bronghard*, Architecte du Roi.

ÉCURIES *de Monseigneur Comte d'Artois.* Elles occupent une partie de l'emplacement de l'ancienne pépiniere du Roi, dont Monseigneur Comte d'Artois a fait l'acquisition. Le génie de M. *Bélanger*, qui en est l'Architecte, n'a point trouvé de limites dans la construction de cet édifice; il pouvoit disposer d'une vaste étendue de terrein; aussi voit-on qu'il a réuni la commodité au vrai caractere de son sujet.

ÉCURIES *de Monseigneur le Duc de Chartres*. M. *Poyet* est l'Architecte de ce bâtiment qui est situé rue Saint-Thomas du Louvre. Il faut l'aller voir pour juger du talent de cet Artiste.

ÉGOUTS *de Paris*. Un égout général, qui embrasse toute la partie du nord de la ville, reçoit les eaux de plusieurs autres égouts distribués dans différens quartiers. Il se nettoye par le moyen de quatorze écluses remplies & lâchées à propos.

ÉLISABETH. (*Dames de Sainte*) Ce Couvent est situé rue du Temple. Le Pere *Vincent Mussart* en est l'instituteur. La Reine Marie de Médicis, qui s'en déclara la protectrice conjointement avec son fils Louis XIII, posa la premiere pierre, tant de l'Eglise que du Monastere, & la Mere *Claire-Françoise de Besançon*, la premiere Supérieure, avec ses Religieuses, vinrent s'y renfermer en 1630.

L v.

L'extérieur de cette Eglise, non plus que l'intérieur, n'offrent rien de curieux ; on remarque près le sanctuaire, à gauche, l'Epitaphe de M. *Babinot*, un des bienfaiteurs de cette Eglise.

Les jeunes Pensionnaires portent un uniforme noir. Les pensions d'Education sont de 500 livres.

ENFANT JÉSUS. (Voyez *Communauté de l'Enfant Jésus*, page 104).

ENCEINTES *de Paris*. Les Gaulois, pour se défendre des Romains, ceux-ci pour résister aux conquêtes des Francs, & ces Francs ou François pour se mettre à l'abri des incursions fréquentes des Normands, firent construire successivement de nouvelles enceintes à la ville de Paris. Philippe-Auguste & puis Charles V entourerent encore, l'un après l'autre, cette Capitale de nouvelles murailles, flanquées de tours & bordées de fossés, à l'occasion des guerres contre les Anglois. Du côté du nord, la Bastille, les Portes de Saint-Martin, de Saint-Denis, faisoient partie de cette vaste enceinte, que Charles IX étendit encore en y renfermant le Château & le jardin des Tuilleries.

La même enceinte, tracée du temps de Philippe-Auguste autour de la partie méridionale de Paris, existoit encore vers la fin du règne de *Louis* XIV. Ce Roi fit abattre, en 1672, la muraille dont on voit encore des restes dans le Couvent des Jacobins de la rue Saint-Jacques, & le Fauxbourg Saint-Germain se trouva réuni au quartier de l'Université.

A cette époque les anciens Boulevards servoient de limites à la Ville du côté du nord ; au midi les limites embrassoient le fauxbourg Saint-Germain, passoient entre les Eglises du Val-de-Grace, des Capucins de la rue Saint-Jacques, & renfermoient le Jardin du Roi.

Dans la suite les Barrieres établies pour la perception des droits d'entrée, éloignerent beaucoup les limites de Paris, & celles que l'on fait construire aujourd'hui avec un mur d'enceinte lui donnent encore une étendue plus considérable.

Ce mur commence proche la Gare, sur les bords de la Seine, embrasse l'Hôpital de la Salpetrière, suit le Boulevard jusqu'au-delà des Barrieres construites sur la route d'Orléans ; il entre dans les terres, renferme les premieres maisons de *Vaugirard*, traverse la plaine de *Grenelle*, embrasse le Château de ce nom & aboutit aux bords de la Seine, plus bas que l'extrémité de l'isle des Cygnes.

Sur toutes les routes sont construits des Bureaux & Guérites, & dans l'intervalle de ces Bureaux, aux angles du mur, on a élevé des Pavillons d'observations.

Les Bureaux placés sur les principales routes ont une frise dorique, dans les métopes, de laquelle eſt ſculpté le blaſon de chaque Ville où ces routes conduiſent. Chaque écuſſon eſt accompagné d'une petite figure allégorique de la Ville.

Depuis le premier Bureau placé près de la Gare juſqu'au dernier qui eſt ſur la même rive, au-delà de l'iſle des Cygnes, on aperçoit dans l'Architecture de chacun une progreſſion de ſingularité, & une maniere différente qu'on ne devoit pas s'attendre à trouver dans des conſtructions, qui, ayant toutes le même objet, doivent avoir le même caractere. Cependant les unes, par leur forme ſolide, lourde, ruſtique, par leurs boſſages de tous les genres, leurs énormes aſſiſes qui offrent des rochers entaſſés, ont un caractere de priſon ou de conſtruction ſouteraine ; tels ſont les Bureaux du *Mont Parnaſſe, de la Voirie, de Grenelle, &c.* Les autres préſentent l'extérieur d'une Chapelle, d'une Egliſe, comme celui des *Paillaſſons* & ceux qui ſont conſtruits au deſſus de *Chaillot*, ou d'une Chapelle ſépulcrale, comme ceux de l'Ecole Militaire. Je crois qu'il ne falloit ni Egliſe, ni Priſon, mais une maiſon ſimple & commode pour loger des Commis de Barriere.

Dans la partie ſeptentionale de Paris, le mur eſt commencé en différens endroits, les Bureaux ſont preſque tous fondés ou élevés en partie ; mais la plupart de ces conſtructions n'étant point achevées, je ne peux en donner ici qu'une légere idée.

Du côté du nord, les premiers Bureaux sont placés sur la route de Versailles dans l'angle de la montée des Bons-Hommes : en conséquence l'enclos des Moines à perdu en étendue ce que la route a gagné en largeur.

Le Bureau, contre l'ordinaire, est placé au milieu du chemin ; un péristile & une voussure en cul de four, ornée de caissons, forme l'entrée de ce bâtiment ; aux deux côtés sont deux Guérites, formant socles, sur lesquelles sont assises deux figures en pierre, allégoriques & de douze pieds de proportion ; elles représentent deux Capitales de Province où conduisent la riviere & la route. Celle qui est du côté de l'eau est la ville de *Rennes*, portant son blason & accompagnée des productions de la province de Bretagne.

Celle qui est du côté de la montagne est la ville de *Rouen*, appuyée sur un aviron & tenant aussi son blason : ces deux figures, d'une belle pose, sont l'ouvrage de M. *Moitte*, chargé de la plus grande partie des sculptures qui ornent ou orneront les Bureaux faits & à faire.

Le mur laisse en dehors l'enclos des Bons-Hommes, s'éleve sur la plaine au-dessus de Chaillot, où sont déjà construits des Bureaux en forme de Chapelle, & aboutit à l'étoile de la route de Neuilly.

Les Bureaux, placés sur cette route magnifique, forment deux Pavillons carrés & parfaitement péristiles, de six colonnes doriques sur chaque face. Ces colonnes, d'une grande proportion, comprennent toute la hauteur du bâtiment, & en sont détachées de maniere à laisser entre deux une galerie tout autour.

Sur la route de Bezons, voisine & parallele à celle de Neuilly, est un autre Bureau plus élevé, plus vaste & d'un plan plus compliqué. Les Bureaux qui doivent être les plus remarquables de ce côté sont ceux des fauxbourgs S. Denis, S. Martin & Saint-Antoine : les projets sont d'une magnificence dont on aura lieu d'être surpris.

Ceux du fauxbourg Saint-Antoine, situés au-delà de l'étoile sur la route de Vincennes, annoncent déjà ce qu'ils doivent être. Deux vastes bâtimens symétriques, placés des deux côtés du chemin, ont le caractere imposant d'un monument public : les Guérites avancées sur les bords de la route, serviront de piedestaux à deux colonnes de soixante quinze pieds de haut, chargées de trophées. On arrivera à la cime de ces colonnes par un escalier à vis pratiqué dans leur intérieur.

L'activité que l'on met à la construction de cette longue muraille & de ces Bureaux magnifiques bâtis sur les dessins de M. *le Doux*, fait espérer que leur exécution sera parfaite dans peu de temps, & qu'enfin on pourra sentir les effets de cette entreprise.

ESPIONS *de Police*. Sous Henri II, un

Recteur de l'Université, Espion & délateur du Cardinal de Lorraine, fut cause qu'on donna aux Espions le surnom de *Mouche* ou *Mouchard*, parce qu'il s'appelloit *Mouchi*. Sous le ministere du Cardinal de Richelieu, un Capucin, le Pere *Joseph*, célebre intriguant, imagina les Espions soudoyés par la Police.

Cet état est le plus vil, aux yeux même du peuple. M. de Saint-Foix raconte qu'une fille débauchée ayant, sans le savoir, épousé un Espion de la Police, lui dit, lorsqu'elle connut l'état de son mari : *Apparemment que vous n'avez pris ce métier qu'après avoir réfléchi qu'on risque sa vie à faire celui de voleur & d'assassin ?* elle sort & va se précipiter du Pont-Royal dans la Seine où elle se noya.

Sans doute que les maux qu'ils évitent à la société l'emportent sur les maux qu'ils lui causent. Ils ressemblent à ces caustiques brûlans qui dévorent tout ce qu'ils touchent, & qui par leur qualité destructive arrêtent les progrès d'un plus grand mal.

ÉTIENNE-DES-GRÈS. (*Saint*) C'est une Eglise Collégiale située rue Saint-Jacques, & au coin de la rue qui en porte le nom. Elle est très-ancienne, très-petite & très-dépourvue d'objets de curiosité. Son surnom *des Grès* a occasionné de longues dissertations ; on a soutenu qu'il dérivoit de *Sanctus Stephanus a Gressibus, vel gra-*

dibus, d'autres *a Grecis* ou *ab egreſſu Urbis*. Enfin Raoul de Preſles penſe que ce pourroit bien être *Saint Etienne des Gueux*.

C'étoit dans cette Egliſe que Saint François de Salle, pendant qu'il étudioit en l'Univerſité de Paris, venoit prier la Sainte Vierge de lui obtenir de Dieu la vertu de continence.

ÉTIENNE-DU-MONT. (*Saint*) Cette Egliſe ne fut, dans ſon origine, qu'un Oratoire renfermé dans l'Egliſe baſſe de Sainte Genevieve. Le terrein des environs s'étant conſidérablement peuplé, & les Paroiſſiens étant devenus très-nombreux, on fut obligé, en 1221, de conſtruire une Egliſe Paroiſſiale contigüe à celle de Sainte-Genevieve. En 1491, elle fut augmentée du côté du chœur, & dans la ſuite on conſtruiſit encore, à différentes époques, les différentes Chapelles qui la rendent plus ſpacieuſe, ſans la rendre moins belle.

Il manquoit un Portail à cette Egliſe gothique, & on en fit conſtruire un dans le genre Grec. Ce fut la Reine *Marguerite de Valois*, premiere femme de Henri IV, qui fit, pour cet effet, préſent de 3000 livres, & qui, le 2 Août 1610, en poſa la premiere pierre.

L'Architecture de cette Egliſe eſt remarquable par ſa hardieſſe & ſa ſingularité : elle offre un mélange de genres Grec &

Gothique. Des arceaux surbaissés, naissant au tiers de la hauteur des pilliers qui supportent la voûte de l'Eglise, forment une galerie bordée de balustres, dans laquelle seulement un homme de front peut faire le tour de la nef & du chœur.

Le Jubé, chargé de sculpture d'assez bon goût, est trop bas, &, ce qui est extraordinaire dans l'architecture gothique, il est supporté par une voûte surbaissée. Mais ce qui s'appelle un chef-d'œuvre de construction, ou, pour ainsi dire, un tour de force du génie de l'Architecte, ce sont les deux tourelles à jour qu'on voit aux deux extrémités de ce Jubé. Elles renferment les deux escaliers pour arriver à la galerie dont on vient de parler ; & ce qui en rend l'aspect si surprenant, c'est qu'étant à jour, on voit le dessous des marches portées en l'air par encorbellement, & dont le mur de leurs têtes n'est soutenu que par une foible colonne d'un demi-pied de diamètre, placée sur le bord extérieur de l'appui de la cage, tournée en limaçon.

Vis-à-vis la Chapelle de la Vierge, qui est nouvellement construite, sont incrustés dans le mur trois bas-reliefs en marbre blanc de l'habile *Germain Pilon*. Ces trois morceaux donnent une idée du talent de cet Artiste. En revenant dans la nef, on observera à la voûte du plafond de la croisée, une clef pendante qui a plus de deux toises de saillie hors du nud de la voûte, & où vont aboutir plusieurs de ses arrêtes.

La Chaire du Prédicateur mérite aussi de fixer l'attention des observateurs ; elle a été sculptée par *Claude Lestocard*, d'après les desseins de *Laurent de la Hire*.

Les Tapisseries de cette Eglise, qui représentent le martyr de Saint-Etienne, ont été faites d'après les desseins de *la Hire* & de *le Sueur*. Ces desseins sont conservés dans la salle où s'assemblent les Marguilliers de cette Paroisse.

Dans le passage qui conduit à l'Eglise de Sainte-Géneviève, on voit plusieurs figures en terre, de *Germain Pilon*, qui représente Notre Seigneur mis au tombeau. (*V*. Abbaye de Sainte-Géneviève, p. 13).

Dans cette Eglise sont déposées les cendres de plusieurs hommes célebres. *Blaise Vigenere* de Saint-Pourçain, Secrétaire du Duc de Nevers, & Traducteur estimé de plusieurs ouvrages des anciens. Il est mort à Paris en 1596.

Nicolas Thognet, fameux Chirurgien, mort le 29 Décembre 1642. Il fut inhumé derriere la Chaire du Prédicateur ; son Epitaphe finit par ces deux vers louangeurs.

Mortels, pensez à vous, dans le siecle où nous sommes,
Puisque *Thognet* n'est plus, qui pourra vous guérir ?

Sur une table de marbre blanc, soutenue par un Génie en pleurs, tenant à la main un flambeau renversé, on lit l'épitaphe de *Pierre Perrault*, Avocat au Parlement, originaire de Tours, recommandable parce qu'il eſt le pere de deux hommes célebres, *Claude & Charles Perrault* ; ce pere chéri mourut en 1669. Ce Monument des regrets de ſes enfans, eſt l'ouvrage de *François Girardon.*

L'Abbé *Jean Gallois*, un des quarante de l'Académie Françoiſe &c., qui fut pendant long-temps ſeul Auteur du Journal des Savans : il mourut le 13 Avril 1707.

Un Peintre fameux que la mort à trop tôt enlevé aux beaux Arts & à la gloire de la Nation Françoiſe, Peintre qui a mérité le ſurnom du *Raphaël* de la France, repoſe dans cette Egliſe : c'eſt *Euſtache le Sueur*, dont le pinceau correct, gracieux, ſimple, ſublime, a excité l'admiration & l'envie des plus illuſtres Artiſtes de ſon temps (1). Il eſt mort au mois de Mai 1655, âgé de 38 ans.

Jean Racine, ſi célebre, non pas parce qu'il étoit Tréſorier de France en la Généralité de Moulins, Secrétaire du Roi, ni Gentilhomme ordinaire de Sa Majeſté, mais

---

(1) Le Brun fut toujours extrêmement jaloux des talens de le Sueur. Se croyant ſeul, dans le Cloître des Chartreux, il diſoit tout bas en voyant les peintures de le Sueur : *Que cela eſt beau ! que cela eſt bien penſé ! que cela eſt admirable !* Le Brun étoit furieux de voir que tout le monde préféroit le talent de le Sueur au ſien ; il viſita ce dernier lorſqu'il étoit ſur le point de mourir, & dit en s'en allant, *la mort va me tirer une groſſe épine du pied.*

parce qu'il étoit le Poëte Dramatique *RACINE*. Il mourut le 4 Février 1684, âgé de 71 ans.

Derriere le chœur, auprès de la Chapelle de la Vierge, à main droite, est la tombe sous laquelle fut inhumé un des plus grands, des plus sublimes génies que la France ait produit : c'est *Blaise Paschal*, natif de Clermont en Auvergne ; la mort l'enleva au milieu de son étonnante carriere. Que n'eût-il pas fait, si l'esprit de son siecle n'eût pas été dominé par la vaine manie des guerres Polémiques, dans lesquelles il s'est même immortalisé ! Que n'eût-il pas fait, si la mort n'eût si-tôt arrêté les progrès de sa gloire ! il mourut à Paris le 19 Août 1662, âgé de 39 ans. Son épitaphe, gravée sur une table de marbre blanc, est confondue parmi une foule d'autres, à droite, à côté de la porte de l'Eglise (1). Nous ne la transcrirons point, parce qu'elle n'a rien de remarquable, & nous en rapporterons une autre plus digne du grand homme, & qui peut passer pour un modele par sa simplicité & son énergie.

Hic jacet. Pietas si non moritur,

─────────────────

(1) Dans toutes les grandes Eglises, on est étonné de trouver le Monument d'un Bourgeois de Paris, d'un Marchand de Vin, plus apparent que celui d'un grand homme : mais l'étonnement cesse, lorsqu'on vient à lire que, par contrat passé pardevant tel Notaire, le Bourgeois de Paris, le Marchand de Vin, ont fondé telle rente, cédé tels

æternùm vivet vir conjugii nescius, Religione sanctus, virtute clarus, doctrinâ celebris, ingenio acutus, sanguine & pariter & animo illustris, doctus non Doctor, æquitatis amator, veritatis defensor, virginum ultor, christianæ moralis, corruptorum acerrimus hostis. Hunc Rhetores amant facundum, hunc Scriptores norûnt elegantem, hunc Mathematici stupent profundum, hunc Philosophi quærunt sapientem, hunc Doctores laudant Theologum, hunc pii venerantur austerum, hunc omnes mirantur omnibus ignotum, licet omnibus notum. Quid plura, viator, quem perdidimus PASCHALEM IS LUDOVICUS erat MONTALTIUS ? Heu ! satis dixi, urgent lacrimæ sileo, & qui benè precaberis, benè tibi inveniat, & vivo, & mortuo. Vixit annos 39 &c.

Dans les charniers de cette Eglise on admire la beauté des vîtres, dont les peintures étonnent par la fraîcheur & la vivacité du coloris.

Dans le cimetiere est enterré un des plus fameux Botanistes de l'Europe, *Joseph Pitton de Tournefort*, né à Aix en Provence, le 5 Juin 1656 ; il fut Profes-

---

fonds, afin de faire dire des Messes pour le repos de leur ame. Les pilliers des Eglises sont chargés de Monuments qui transmettront à la postérité que tels Marchands Bourgeois ont vécu & sont morts ; & Racine n'a pas seulement une Epitaphe.

feur en Botanique au Jardin Royal des Plantes à Paris. Puis ayant voyagé par ordre du Roi en Grece, en Asie, en Afrique, on lui donna, en 1702, une place de Professeur en Médecine au College Royal. Il mourut le 28 Décembre 1708 (1).

Simon Pietre, fameux Médecin de la faculté de Paris, fut également inhumé dans le Cimetiere comme il l'avoit précisément ordonné, dans la crainte que la putréfaction de son cadavre produisît des exalaisons nuisibles à la santé de ceux qui s'assembleroient dans l'Eglise. Persuadé de l'insalubrité de cet usage, il voulut le détruire par son exemple. Voici son épitaphe:

Simon Pietre qui fut jadis
Docteur Médecin de Paris,
D'une probité singuliere,
A voulu que son corps fût mis,
Au milieu de ce Cimetiere,

────────────────────

(1) En revenant de l'Académie, & passant dans la rue des Poulies, il fut pressé dans la poitrine par l'essieu d'une charette qui lui fit d'abord cracher le sang, & dont il mourut quelques mois après. Cette charette étoit une de celles qu'on nomme *Haquet*, inventées par *Pascal*. Ce grand homme n'imaginoit pas que cette invention seroit un jour fatale au plus célebre Botaniste de France. C'est ainsi qu'après avoir échappé à mille évenemens dans ses voyages, il fut tué au sein de sa Patrie. Son sort rapelle celui d'un autre célebre Botaniste du regne de Henri III, *Pierre Bellon*, qui après avoir parcouru sans malheurs, la Grece, l'Arabie, l'Asie & l'Afrique, fut assassiné aux portes de Paris, par des voleurs, un soir qu'il venoit un peu tard d'herboriser.

Craignant ailleurs de faire tort
Dans une place mieux choisie,
Et qu'ayant fait à tous du bien pendant sa vie
Il ne pût nuire après sa mort.

Ce fut dans cette Eglise qu'en 1563, le 11 Décembre, un jeune fanatique se précipita sur le Prêtre célébrant la messe, & arracha l'Hostie de ses mains. Il fut condamné d'avoir le poing coupé, d'être pendu étranglé, & son corps brûlé à la place Maubert. Cinq jours après, pour l'expiation de ce crime, il se fit une Procession générale, qui se continue encore aujourd'hui, à laquelle le Roi Charles IX, la Reine mere & toute la Cour assisterent, chacun portant à la main un cierge de cire blanche.

Le Curé de Saint-Étienne-du-Mont est à la nomination de l'Abbé de Sainte-Genevieve, qui y nomme toujours un Religieux de sa Congrégation.

« Le Curé de cette Paroisse, dit M. de
» Saint-Foix, s'étant plaint que le nommé
» *Michau*, un de ses Paroissiens, l'avoit
» fait attendre jusqu'à minuit pour *la bé-*
» *nédiction du lit nuptiel*, Pierre de
» Gondi, Evêque de Paris, ordonna qu'à
» l'avenir cette cérémonie se feroit de jour,
» ou du moins avant souper. Autrefois les
» nouveaux mariés ne pouvoient pas s'aller
» mettre au lit qu'il n'eût été béni : c'étoit
» un petit droit de plus pour les Curés,

» à qui l'on devoit auſſi ce qu'on appel-
» loit *les plats de noces*, c'eſt-à-dire,
» leur dîner en argent ou en eſpeces (1) ».

EUDISTES. Le Père *Eudes*, frere de l'Hiſtorien *Eudes de Mezerai*, inſtitua cette Congrégation de Prêtres ſéculiers qui a porté ſon nom. Elle fut d'abord fondée à Caen, puis à Paris, le 28 Mars 1671. Après avoir été établie dans la Cour du Palais, elle fut enfin fixée en 1727, où elle eſt aujourd'hui, rue des Poſtes. Le décret de M. l'Archevêque pour les y maintenir, ſous le titre de Communauté & de Séminaire pour les jeunes gens de leur Congrégation, eſt du 28 Juillet 1773; en conſéquence, il leur a été permis d'acquérir juſqu'à 6000 livres de rente.

Les Eccléſiaſtiques des Provinces, qui ont quelques ſéjours à faire à Paris, trou-

---

(1) Les Curés de Picardie étoient gênans; ils prétendoient que les nouveaux mariés ne pouvoient pas, ſans leur permiſſion, coucher enſemble les trois premieres nuits de leurs noces. Il intervint Arrêt le 19 Mars 1409, portant *défenſes à l'Evêque d'Amiens & aux Curés de ladite ville, de prendre ni exiger argent des nouveaux mariés, pour leur donner congé de coucher avec leurs femmes la premiere, la ſeconde & la troiſieme nuit de leurs noces*, & fut dit *que chacun deſdits habitans pourroit coucher avec ſon épouſée, ſans la permiſſion de l'Evêque & de ſes Officiers*. (Eſſais Hiſtoriques ſur Paris, par M. de Saint-Foix).

vent dans cette maison un logement honnête pour un prix raisonnable.

EUSTACHE (*Saint*). Sur les ruines d'une ancienne Chapelle bâtie à la fin du XIIe siecle, fut commencée, le 19 Août 1532, la construction de l'Eglise qu'on voit à présent. *Jean de la Barre*, Prévôt & Lieutenant-Général au Gouvernement de Paris, en posa la premiere pierre. Elle ne fut achevée qu'en 1642, par les secours & la protection du Chancelier *Seguier* & de Claude *Bullion*, Surintendant des Finances.

Cette Eglise est une des plus vastes de Paris ; son architecture est un mélange bizare des genres grecs & gothiques.

La Chaire, dont tous les reliefs sont dorés, ainsi que les six vertus qui ornent son pourtour, a été exécutée par d'habiles Sculpteurs, d'après les dessins de *le Brun*.

L'œuvre est la plus magnifique de Paris ; elle a été exécutée par *le Pautre*, d'après les dessins de *Cartaud*. Cette œuvre a coûté 20,000 livres, que M. le Duc d'Orléans, Régent, donna pour le prix d'un tableau de Saint-Roch, qui étoit dans cette Eglise, & dont ce Prince voulut enrichir son Cabinet.

Au-dessus & derriere le maître-autel est un tableau représentant la Cène, par *Porbus*.

Dans la Chapelle des fonds, est un Crucifix de bronze, le plus grand qui foit en France de cette matiere; il pefe 1054 livres. En 1726, on voulut raccommoder un des chaînons qui l'attachoient, on le fit tomber; & on apperçut fous la plante des pieds du Chrift ces infcriptions: *Étienne la Porte m'a fait, & Rufinus Presbyter follicitus eft mei.*

Dans la Chapelle qui fuit celle des fonds, eft un tableau repréfentant Saint-Jean dans le défert, par M. *Vincent.*

On remarque à la voûte du Chœur & à celle de la croifée de cette Eglife, deux Clefs qui font une faillie prodigieufe, au bout defquelles fe réuniffent des faifceaux d'arrêtes détachées.

Plufieurs perfonnes illuftres ont été enterrées dans cette Eglife, dont la plupart n'ont point de monument, ni d'épitaphe; voici les plus confidérables.

Dans la premiere Chapelle à gauche, en entrant par la rue des Prouvaires, eft un petit monument à la mémoire de M. *Secouffe,* précédant Curé de cette Paroiffe; on y voit fon portrait en médaillon & fon épitaphe au-deffous.

Bernard de Girard, Seigneur *du Haillan,* natif de Bordeaux, Hiftoriographe de France. Il a écrit l'Hiftoire générale de France. Il mourut à Paris le 23 Novembre 1610.

Marie Jars de Gournal, Savante à qui le public eft redevable de la compilation des *Effais de Montaigne.*

Vincent Voiture, Poëte, courtisan & un des plus beaux esprits de son temps. Il mourut à Paris le 27 Mai 1648.

Claude Favre, sieur de Vaugelas, de l'Académie Françoise, célebre Grammairien. Il mourut en 1650.

François de la Motte le Vayer, de l'Académie Françoise, Précepteur de Philippe de France, Duc d'Orléans. Il mourut en 1675.

Amable de Bourzeys, un des quarante de l'Académie Françoise, né à Volvic, près Riom en Auvergne, & mort à Paris le 2 Août 1672.

Antoine Furetiere, de l'Académie Françoise, connu par son excellent Dictionnaire; mort le 14 Mai 1688.

François d'Aubusson de la Feuillade, Pair & Maréchal de France, mort subitement la nuit du 18 au 19 Septembre 1691, laissant un fils unique, nommé *Louis d'Aubusson*, qui est mort aussi Maréchal de France.

Isaac de Benserade, Gentilhomme, né en 1612, à Lyons, petite ville de la haute Normandie, Poëte également favorisé de l'amour & de la fortune. Un Chirurgien mal-adroit lui donna la mort en voulant le saigner, le 19 Octobre 1691.

Anne Hilarion de Constantin, Comte *de Tourville*, Vice-Amiral & Maréchal de France, un des plus grands hommes de mer que la France ait produit; la mort l'enleva la nuit du 27 au 28 Mai 1701, âgé de 59 ans; il fut enterré fans épitaphe.

Charles de la Foſſe, un des grands Peintres de l'Ecole Françoiſe, éleve de le Brun; il s'eſt diſtingué par une peinture moëlleuſe, une intelligence de tintes, des effets admirables de couleur, il a excellé dans le payſage & dans la freſque; c'eſt lui qui a peint la coupole de l'Egliſe des Invalides. Il fut Directeur, Chancelier & Recteur de l'Académie Royale de Peinture; il mourut le 13 Décembre 1716, âgé de près de 80 ans.

A côté du chœur à main droite, eſt la Chapelle de Sainte-Marguerite, où font les monumens & épitaphes d'*Hilaire Rouillé du Coudray* & du Marquis *de Vins*.

Auprès de cette Chapelle eſt celle de St-Jean-Baptiſte, où font inhumés le Garde-des-Sceaux d'*Armenonville* & ſon fils. Leur tombeau eſt exécuté par *Bouchardon*. Sur l'autel de cette Chapelle eſt un Saint-Jean dans le déſert, par *le Moine*.

Au chevet de cette Egliſe eſt la Chapelle de la Vierge; on y voit deux tableaux de la Salutation Angélique par *la Foſſe*.

A gauche, à côté de cette Chapelle, eſt un des plus beaux monumens qu'il y ait en France, auſſi intéreſſant par les cendres du grand homme qu'il renferme, que par l'habileté des Artiſtes qui l'ont exécuté. C'eſt le tombeau du Miniſtre *Colbert*, élevé d'après les deſſins de *le Brun*, par *Jean-Bap-*

tiste *Tuby* & *Antoine Coyzevox*, deux habiles Sculpteurs.

M. Colbert est représenté à genoux sur un sarcophage de marbre noir, devant un Ange qui tient un livre ouvert (1). La Religion & l'Abondance, figures grandes comme nature, contrastées sur des fonds noirs, servent d'accompagnement. Coyzevox a sculpté les statues de Colbert & de l'Abondance, & Tubi celles de la Religion & de l'Ange. Dans des cartouches de bronze doré, on voit Joseph faisant distribuer du bled en Egypte, & Daniel donnant les ordres du Roi Darius, aux Satrapes de Perse. Au bas de ce tombeau, du côté de la Chapelle qui lui est adossée, on voit son épitaphe qui est en Latin.

Vis-à-vis de ce monument est celui de Martin *Cureau de la Chambre*, Médecin ordinaire du Roi, un des quarante de l'Académie Françoise.(2). On lit dans un cartouche au-dessus :

Spes illorum Immortalitate plena est

_____

(1) Un homme mécontent de ce Ministre pendit au cou de sa statue un carton où se lisoit, en lettres capitales, le vers suivant :

RES RIDENDA NIMIS, VIR INEXORABI-
LIS ORAT.

C'est une chose bien risible que de voir en prières un homme que les prières ne pouvoient fléchir.

(2) On assure dans un ouvrage moderne qu'il existe une correspondance secrette entre ce Martin Cureau, & Louis XIV, où l'on voit que ce

Et plus bas autour du médaillon de ce Médecin :

Martinus de la Chambre, Archiater, obiit 1669, ætatis 75.

Ce précieux monument est de l'exécution de *Jean-Baptiste Tuby*, fameux Sculpteur, & fut dessiné par le *Cavalier Bernin*.

A droite, en entrant par la principale porte, est gravée, sur une table de marbre blanc, l'épitaphe de M. *de Chevert*, remarquable par sa singuliere précision, & digne de ce grand homme par la noble hardiesse de son style. C'est la plus belle épitaphe Françoise qu'il y ait à Paris.

Cy gît FRANÇOIS DE CHEVERT, Commandeur, Grand'Croix de l'Ordre de Saint-Louis, Chevalier de l'Aigle Blanc de Pologne, Gouverneur de Givet & Charlemont, Lieutenant-Général des Armées du Roi.

Sans ayeux, sans fortune, sans appui ; orphelin dès l'enfance, il entra au service à l'âge de onze ans ; il s'éleva, malgré l'envie, à force de mérite, & cha-

---

Monarque étoit persuadé que son Médecin avoit le talent de connoître sur la physionomie le caractere des personnes, & qu'il le consultoit toujours dans le choix de ses Ministres, &c. On ajoute qu'à la fin du recueil de cette correspondance on lit cette note du Médecin, « si je meurs avant Sa Majesté, » elle court grand risque de faire, à l'avenir, beau- » coup de mauvais choix ».

que grade fut le prix d'une action d'éclat. Le seul titre de Maréchal de France a manqué, non pas à sa gloire, mais à l'exemple de ceux qui le prendront pour modele.

Il étoit né à Verdun sur Meuse le 2 Février 1696 ; il mourut à Paris le 24 Janvier 1769.

Le nouveau portail de cette Eglise construit sur les desseins de M. *Mansart de Jouï*, est formé de deux ordres l'un sur l'autre : le dorique & l'ionique ; aux deux extrémités s'éleveront deux tours carrées ou campanilles, dont une est déjà construite. Au tympan du fronton est un bas-relief représentant le Sacrifice de la Messe, par M. *Berruer*, Sculpteur du Roi. Ce frontispice fait infiniment honneur à M. *Mansart*. Cet Architecte a montré, dans cet ouvrage, qu'il est digne de porter son nom ; ce n'est pas seulement comme Artiste, mais encore par son noble désintéressement, qu'il a des droits à la reconnoissance publique. Il a refusé absolument le prix de ses travaux & de ses soins qui auroient montés à plus de 40,000 livres. Les Marguilliers, sensibles à ce trait de générosité, lui ont assuré, pendant sa vie, un logement *gratis* dans une maison qui leur appartient rue Montmartre. C'est à M. Colbert que l'on doit les premiers fonds affectés à la construction de ce portail. Cette construction se continue maintenant sur les desseins de M. *Moreau*, Architecte du Roi, ainsi que les nouveaux bâtiments qui sont élevés au rond point de cette Eglise, faisant l'angle des rues Trainée & Montmartre. Le rez de chaussée forme un corps-de-garde pour le Guet de Paris tant à pied qu'à cheval, le premier étage sert de sacristie, & le second de trésor.

EXECUTEUR *de la Haute-Justice*, vulgairement appellé *Bourreau*. Il a pour gages 18,000 livres par an ; il n'en touchoit que 16,000 il y a quelques années. « Il avoit
» le droit, dit M. Mercier, de porter ses mains
» immondes sur les denrées publiques, pour
» en prendre une portion. On l'a dédom-
» magé en argent ».

M. Mercier se récrie avec raison contre l'usage qui ne met point de différence entre l'extérieur des citoyens & celui de l'homme qui exerce un métier si atroce. « Il est frisé,
» poudré, galonné, en bas de soie blancs,
» en escarpins, pour monter au fatal po-
» teau : ce qui me paroît révoltant, puis-
» qu'il devroit porter en ces momens terri-
» bles, l'empreinte d'une loi de mort. Ne
» saura-t-on jamais parler à l'imagination,
» & puisqu'il s'agit d'effrayer la multitude,
» ne connoîtra-t-on jamais l'empire des for-
» mes éloquentes ? l'extérieur de cet homme
» devroit l'annoncer » (1).

_____

(1) M. de Saint-Foix parle d'un Bourreau, nommé *Capeluche*, Courtisan de Jean-sans-Peur,

EXPERTS-*Jurés des Bâtimens*. Ils ont été créés par Edit du mois de Mai 1690, pour faire les rapports & estimations de tout ce qui concerne les bâtimens. Ces Offices coûtent 6000 livres; leur Bureau est rue de la Verrerie.

EXPERTS-*Jurés Ecrivains*, (voyez *Bureau académique d'écriture*, page 37).

FABRIQUE *Royale de la soie, vraie galette de France*, & des étoffes connues sous le nom d'*étoffes de Paris*, tenues par les sieurs *Duperron* & la Dame veuve *Pallouis*, grande rue du fauxbourg Saint-Martin, à l'Hôtel des Arts.

FABRIQUE *d'étoffes impénétrables à l'humidité, à l'air & à l'eau*, connues sous le nom de *taffetas de France*, supérieur à celui d'Angleterre; par les sieurs *Tourillon* & Compagnie, rue Pavée Saint-André-des-Arcs, au coin de la rue de Savoie. Ces Messieurs font vendre ces étoffes chez le sieur *Costrejean*, Mercier, rue des Noyers, vis-à-vis celle des Lavandieres, près la place Maubert.

Duc de Bourgogne. « Il fut condamné à mort pour plusieurs crimes, dit cet Ecrivain; étant sur l'échafaud & voyant que celui qui devoit lui couper le cou, s'y prenoit mal, il se fit délier, arrangea lui-même le billot, regarda si le coutelas étoit bien tranchant, tout comme s'il eût voulu faire ledit office à un autre; ensuite, il cria merci à *Dieu*, & fut décollé par son Valet ».

FABRIQUE *Royale de crayons de composition de différentes couleurs*, inventés en faveur des Artistes des Académies Royales de Peinture, Sculpture & Architecture ; par le sieur *Nadaux*, Graveur & Dessinateur, seul possesseur de ce secret. Toutes les espèces de crayons de ce genre se vendent à raison de 12 sols la douzaine, à l'exception des pierres noires d'Italie ferme, qui sont à 20 sols.

FABRIQUES *de crayons & d'encres coloriés, en pains, comme celle de la Chine*, de la composition du sieur *la Fosse*, privilégié du Roi, rue du Carrousel, en face de la porte des Tuileries. Ces couleurs s'emploient comme l'encre de la Chine. On trouve dans le même magasin des pinceaux de la premiere qualité seulement, & des papiers pour tenture d'appartemens, de la manufacture du sieur Réveillon.

FACULTÉS. Quatre Facultés, celle de Théologie, de Droit, de Médecine & des Arts, forment l'Université. Pour connoître quelle a été la marche des Sciences dans la Monarchie Françoise, il faut chercher les époques des établissemens de chacune de ces Facultés. L'Histoire nous apprend que les Ecoles de la Théologie & des Arts ont précédé de beaucoup celles de Jurisprudence & de Médecine. La Philosophie venue la derniere ; elle fut d'abord enseignée de trois façons : la premiere étoit simple & selon la maniere ancienne : la seconde étoit selon les principes d'Aristote & des Péripatéticiens : & la troisieme consistoit en subtilités & en vains discours.

La Faculté des Arts comprend tous les Etudians qui ne sont point Docteurs ; elle a pour objet la Grammaire, la Rhétorique & la Philosophie. La Faculté de Théologie est composée de Docteurs qui sont ou de la Maison de Sorbonne, ou de celle de Navarre, & des Docteurs Ubiquistes, c'est-à-dire, qui ne sont d'aucune société.

FALOTS ou *Porte-Falots*. Ils éclairent pendant la nuit, les particuliers dans les rues de Paris. Ils portent sur leur falot un numéro qui sert à les faire reconnoître, & ils ont toujours sur eux la commission qui leur donne le droit de porter le Falot. Leur Bureau est à l'Estrapade ; en cas de plainte on peut y avoir recours. Le prix de leurs courses n'est point fixé.

FEUILLANS. En 1562, Dom Jean *de la Barriere*, Abbé de Feuillans, dans le Diocèse de Rieux, fut le réformateur de cette Communauté, qui étoit de l'Ordre de Cîteaux. Ce réformateur vint en 1583, prêcher devant Henri III qui fut si charmé de son éloquence & de ses mortifications qu'il voulut le retenir à Paris ; mais le zélé la Barriere préféra d'abord le séjour de son Monaſtere ; enfin cédant aux vives ſollicitations de ce Roi, cet Abbé rangea ſes 62 Religieux en Proceſſion, ſe mit à leur tête, & chantant l'Office, ils firent tous, dans ce même ordre, cette longue route juſqu'à Paris, où ils arriverent le 9 Juillet 1587. Henri III les logea d'abord à Vincennes, dans la maiſon aujourd'hui habitée par les Minimes, en attendant que la maiſon qui leur étoit deſtinée à Paris fût préparée. Le 7 Septembre ſuivant ils revinrent à Paris, & furent mis en poſſeſſion de leur maiſon de la rue Saint-Honoré.

Le Roi Henri IV, en 1601, poſa la premiere pierre de l'Egliſe qu'ils ont aujourd'hui, & ordonna que ce Monaſtere jouiroit de tous les droits & prérogatives dont jouiſſent les maiſons Religieuſes de fondation Royale. Le portail de cette Egliſe, ainſi que la porte d'entrée qui eſt ſur la rue Saint-Honoré & en face de la place Vendôme, ſont élevés ſur les deſſins de *François Manſard*. Les défauts & les beautés de ces ouvrages annoncent à-la-fois la jeuneſſe & le génie naiſſant de ce grand Architecte (1).

Le tableau du maître-autel eſt une Aſſomption par *Jacques Bunel* ; ſa largeur

---

(1) Un particulier exàminoit attentivement le Portail de cette Egliſe ; c'eſt de l'ordre Corinthien, lui dit quelqu'un. *J'aurois juré*, répondit-il, *que c'étoit de l'Ordre de Saint-Bernard*.

n'eſt que de quatre pieds, & ce Peintre a eu l'adreſſe de repréſenter, dans ce petit eſpace, les douze Apôtres grands comme nature, ſans aucun embarras. Ce Peintre Bunel refuſa, parce qu'il étoit Calviniſte, de peindre la figure de la Vierge, *la Foſſe* s'en eſt chargé. Les deux Anges adorateurs, dans un rond au-deſſus, ſont de ce dernier Peintre.

Dans la premiere Chapelle à droite en partant du maître-autel, eſt une figure de marbre blanc de grandeur naturelle, ſupportée par un piédeſtal de marbre noir & blanc, laquelle repréſente *Raimond Phelipeaux*, Conſeiller d'Etat, mort le 2 Mai 1629; dans la troiſieme eſt une ſtatue de la Vierge, qui eſt de *Jacques Sarrazin*; dans la quatrieme eſt un tombeau de marbre noir, accompagné de deux Vertus de marbre blanc : au milieu eſt un buſte auſſi de marbre, qui repréſente *Guillaume de Monthelon*, Conſeiller d'Etat, mort le 11 Mai 1722; la cinquieme renferme le tombeau de *Louis de Marillac*, qui eut la tête tranchée en place de Grève le 10 Mai 1632, un des plus ſages & des plus vertueux hommes de ſon temps, victime ſacrifiée à la cruelle politique du Cardinal de Richelieu. Sa femme *Catherine de Médicis*, fille de Coſme de Médicis, mourut de chagrin peu de temps avant l'exécution de ſon mari (1).

---

(1) Le Cardinal, promoteur de cette exécution révoltante, plaiſanta enſuite les Juges qui

On voit, entre ces deux Chapelles, vis-à-vis la chaire du Prédicateur, un cénotaphe ou tombeau vuide de *Henri de Lorraine*, Comte d'Harcourt, & d'*Alphonse de Lorraine*, son fils. Ce monument est du dessin & de l'exécution de *Nicolas Renard*, Sculpteur de Nanci.

La Chapelle suivante est décorée de plusieurs peintures de *Simon Vouet*. Au plafond, le Saint-Michel qui précipite le Diable dans le fond des enfers, est regardé comme le chef-d'œuvre de ce Peintre. En face de l'autel est un tableau singulier; sur le premier plan sont deux Anges, l'un vêtu d'un manteau Royal semé de fleurs-de-lys, l'autre tenant une flamme à la main. Dans un arriere-plan, on voit un autre Ange qui joue parfaitement du violoncelle &c.

De l'autre côté, dans la plus proche Chapelle du maître-autel, est un sarcophage de marbre blanc de douze pieds de longueur sur douze de hauteur d'un seul bloc. Au-dessus est placée une urne cinéraire, accompagnée de deux lampes antiques & de guirlandes de fleurs de cyprès; il est soutenu par un socle de marbre jaspé, où repose la Princesse *Anne de Rohan*, Princesse de Guémenée, qui de son vivant se fit ériger ce tombeau. Elle mourut le 14 Mars 1685; en face de ce tombeau est un beau Christ.

---

avoient condamné *Marillac* : *Vous êtes bien ignorant*, leur dit-il; *il n'y avoit pas de quoi le faire mourir.*

Dans la troisieme, le plafond offre plusieurs sujets de l'Histoire de la Vierge, peints par *Michel Corneille*, & gravés par lui-même.

La cinquieme appartient à la famille de *Rostaing*; elle est très-riche par ses marbres & sa sculpture. Sur un mausolée de marbre noir, sont représentées, à genoux, deux figures de marbre blanc, chacune accompagnée d'un Génie; sous l'une on lit :

Ci-dessus est la représentation de haut & puissant Seigneur Messire TRISTAN DE ROSTAING, *Chevalier des Ordres du Roi, décédé le* 7 *Mars* 1691, *âgé de* 78 *ans.*

Et sous l'autre est cette inscription :

Ci-dessus est la représentation de haut & puissant Seigneur Messire CHARLES DE ROSTAING, *décédé le* 4 *Janvier* 1660.

Sous quatre colonnes de breche noir & blanc, surmontées de bustes en marbre blanc, sont les corps de *Louis*, *Jean*, *Antoine* & *Gaston de Rostaing*, tous inhumés dans cette Chapelle.

Vis-à-vis l'autel de la même Chapelle, est une colonne de marbre portor, sur laquelle est une urne qui renferme le cœur d'Anne *Hurault*, fille du Chancelier de *Chiverni*, & femme de *Charles*, Comte de *Rostaing*, morte à Paris le 16 Avril 1635.

Dans la Chapelle qui est auprès, on voit la statue à genoux, en marbre blanc, de

Claude de l'*Aubépine*, femme de *Médéric de Barbefières*, Grand Maréchal-des-Logis du Roi ; elle mourut le 22 Juin 1613, âgée de 63 ans.

Dans le Cloître de ce Monastere, il y a quelques peintures d'*Aubin Vouët*, qui repréfentent la vie de Saint-Bernard. Mais on regarde avec plus de plaifir les peintures des vitres, qui repréfentent la vie & les miracles du fondateur Dom *Jean de la Barriere*.

L'Apothicairerie eſt d'un luxe peu convenable à des Moines, & encore moins à des Moines dont la regle eſt fondée entierement fur l'abſtinence & l'humilité (1).

Dans le veſtibule d'entrée font pluſieurs grands tableaux, parmi lefquels on en remarque un de *Nicolas Loyr*, qui repréfente un Seigneur qui defcend de cheval, & vient prendre l'habit de Feuillant.

---

(1) Rien n'étoit plus auſtere que la regle de cette réforme. Les premiers Religieux alloient nuds pieds, fans fandales, la tête nue ; dormoient tout vêtus fur des planches, prenoient leur réfection à genoux, buvoient dans des crânes faits en forme de taffe, ne mangeoient ni huile, ni beure, ni œufs, ni poiſſon, ni même de fel, fe contentans d'herbes cuites, feulement à l'eau, & de pain d'orge pêtri avec le fon. Ils exerçoient toutes fortes de métiers pour gagner leur vie & n'être à charge à perfonne. En une femaine il mourut quatorze de ces Religieux, à cauſe de leur trop grande auſtérité. Cette Regle eſt prodigieufement adoucie aujourd'hui, & ne fait plus mourir perfonne.

Le chapitre mérite d'être vû, Il eſt orné de pluſieurs beaux tableaux ; un de M. *Vien* repréſentant la Réſurrection du Lazare ; un autre peint par *Challes*, & dans le fond eſt un grand tableau de *Reſtout*, dont le ſujet eſt la Préſentation au Temple.

Le réfectoire eſt également curieux par ſes tableaux, dont quatre ſont peints par *Reſtout*, & repréſentent l'Hiſtoire d'Eſther & du Roi Aſſuérus.

On remarque ſur-tout celui qui eſt au-deſſous de la porte où l'on voit le Feſtin donné par le Roi Aſſuérus aux grands de ſa Cour. Le Peintre gêné par la porte, a placé ingénieuſement un eſcalier à deux rampes, par leſquelles on monte à la ſalle du feſtin.

On y voit auſſi un cinquieme tableau qui repréſente un Duc d'Acquitaine, qui fut converti par Saint-Bernard ; il paroît être dans la maniere du Valentin.

L'exemple des Feuillans juſtifie aujourd'hui le propos de Dufreſny, qui parloit ainſi du Louvre à Louis XIV : *Superbe monument, palais digne de nos Monarques, vous ſeriez achevé, ſi l'on vous eût donné à l'un des quatre Ordres Mendians.* Ces Religieux viennent de faire conſtruire, dans la rue Saint-Honoré, un bâtiment immenſe, dont les revenus des loyers les diſpenſe à l'avenir du travail des mains ordonné par leur humble & fervent Fondateur. Voilà ce qui s'appelle de bonnes œuvres, voilà les fruits spirituels de la pénitence.

Dom Bernard de Percin de Montgaillard, fut un des plus grands Prédicateurs de cette Communauté ; il est connu dans l'Histoire de la Ligue sous le nom de *Petit Feuillant*. Son éloquence le faisoit admirer (1) ; mais sa conduite le fit mépriser. Il se déclara d'abord hautement pour le parti du Roi contre celui de la Ligue ; enfin le Duc & le Cardinal de Guise étant morts, il se rangea du côté de la Ligue, & déclama contre le Roi son maître & son bienfaiteur (2).

FEUILLANS *des Anges Gardiens*, rue *d'Enfer*.

---

(1) *Même des Dames, écueil des Moines*, dit le Journal de Henri III, qui ajoute *qu'elles l'alloient souvent voir, & lui firent présent de si bonnes confitures, qu'il y prit appétit, ce disoit-on*. La Satyre Ménipée le représente à la ridicule Procession de la Ligue de la maniere suivante.... « Un Feuillant boiteux, qui armé tout à crud se faisoit faire place avec une espée à deux mains, & une hache d'arme à sa ceinture, son bréviaire pendu par derriere, & le faisoit bon veoir sur un pied, faisant le moulinet devant les Dames ».

(2) *Ravaillac*, l'horrible assassin d'Henri IV, avoit été Frere Convers aux Feuillans de la rue Saint-Honoré ; ces Religieux le renvoyerent avant qu'il eût fait ses vœux, parcequ'ils reconnurent qu'il étoit *lunatique* & même *Démoniaque*. (*Abrégé chronologique de l'Histoire de France, par M. le Président Hénault*).

Ce Monastere fut d'abord destiné pour servir de Noviciat. La premiere pierre en fut posée le 21 Juin 1633 par *Pierre Séguier*, pour lors Garde-des-Sceaux de France. Cette Eglise n'a rien de remarquable.

FEUILLANTINES, *rue Saint-Jacques*. Ces Filles, d'abord établies par le bienheureux *Jean de la Barriere* à Montesquiou, Diocèse de Rieux, puis transférées à Toulouse en 1599, répandoient une odeur de sainteté qui parvint jusqu'à la Reine Anne d'Autriche ; elle les attira de Toulouse à Paris en 1622. *Marguerite de Clausse de Marchaumont* fut la premiere Supérieure de cette Maison. Veuve de deux époux à l'âge de 22 ans, lassée des liens trop fragiles de ce monde, elle voulut devenir l'épouse du Seigneur.

Le tableau du maître-autel est une copie du fameux tableau de *Raphaël* qui est à Versailles, représentant la Sainte-Famille. Cette Maison est sous la direction des Peres Feuillans.

FIACRES. (Voyez *Bureau des Fiacres*, page 92).

FILLES *d'Assomption ou Haudriettes*, *rue Saint-Honoré*. Le Cardinal de la Rochefoucaud, avec une partie de l'emplacement de son Hôtel & avec les biens de l'Hôpital des Haudriettes qu'il réunit à ce Couvent, fit bâtir cette maison & y plaça des Religieuses qui suivent la regle de Saint-Augustin.

L'Eglise de cette Communauté fut achevée en 1676. L'intérieur est de figure ronde & décoré de quatre arcs, entre lesquels sont des pilastres corinthiens qui soutiennent la grande corniche qui regne au pourtour : cette architecture fourmille de défauts de goût & de convenance (1).

Le tableau du maître-autel qui représente la Nativité, est généralement admiré ; il est peint par *Houasse*. Le grand Crucifix qui est vis-à-vis de la porte, est de *Noël Coypel*. On se plaint de ce que la Vierge qui est au pied de la Croix, paroît beaucoup plus jeune que Jésus-Christ son fils. Au-dessus de la porte est un morceau de peinture d'*Antoine Coypel*, fils de *Noël*. Dans une des quatre Chapelles ménagées entre les pilastres, est un excellent tableau *de la Fosse*, qui représente Saint-Pierre en prison, consolé par un Ange.

Les tableaux qui sont dans l'attique, entre les vitraux qui éclairent le Dôme, représentent des sujets pris de la vie de la Vierge. Celui de son mariage avec Saint-Joseph est de *Bon Boulogne* : il est fort estimé. L'Annonciation est de *Stella* ; celui de la Visitation est d'*Antoine Coypel*,

---

1) Le dôme de cette Eglise a fait naître un calembourg, on l'a nommé le sot dôme.

ainsi que celui de la Purification, & la Fuite en Egypte est de *le Moine*. Le plafond du chœur des Religieuses, qui a soixante pieds de longueur, a été peint par *la Fosse*.

FILLES *de la Conception* (1), *rue Saint-Honoré*. Ce Couvent fut bâti en 1635. Son état étoit très-chancelant, lorsque Louis XIV, à l'instigation de M. d'Argenson, lui accorda, par Arrêt du 29 Mai 1713, une loterie qui a produit à ces Religieuses, à raison de quinze pour cent de bénéfice, une somme très-considérable.

Le tableau du maître-autel de l'Eglise est une Conception de la Vierge par *Boullongne l'aîné*, dans une Chapelle à droite est peint Saint-Germain donnant une médaille à Sainte-Genevieve, par *Boulongne le jeune*.

FILLES *de l'Immaculée Conception ou Récollettes*, *rue du Bacq*. Les Récollettes étoient déjà établies à Paris dans la rue du Bacq depuis le 11 Août 1640, lorsque la Reine *Marie-Thérese d'Autriche*, pour remercier Dieu d'avoir mis au monde un

_____

(1) Des ames innocentes & Religieuses, ne sont pas faites pour prévoir les mauvaises interprétations qu'on peut donner à ce titre. Mais il seroit peut-être prudent de ne jamais offrir à la plaisanterie des mondains des expressions qui, dépouillées de ce qu'elles ont de sacré, laissent un sens qui n'est rien moins que respectable.

Dauphin, obtint du Pape Alexandre VII la permission de fonder un Couvent de *l'Immaculée Conception*. Elle jugea les Récollettes dignes de remplir le but de sa dévotion. En conséquence il leur fut accordé de prendre l'habit, l'institut, la regle & la dénomination des Religieuses de l'Immaculée Conception, ainsi que celles établies en Espagne par la Bulle du Pape Jules II. Les Lettres du Roi qui constituent ce Couvent de fondation Royale, furent enregistrées au Parlement le 24 Octobre 1664.

L'Eglise de ces Religieuses, rebâtie à neuf, fut achevée en 1703. Le tableau du maître-autel, qui représente l'Immaculée Conception, est de *la Fosse*.

Dans un Hospice voisin de ce Couvent, habitoient des Récollets, Directeurs de leurs Sœurs Récollettes. Tant que les Freres & Sœurs furent pauvres, la paix régna parmi eux; mais enrichis des bienfaits de la Cour, ils furent bientôt dominés par cette arrogance, fille de l'opulence & mere des dissensions Monacales. Les contestations furent portées au Conseil du Roi, qui par son Arrêt du mois de Mars 1708, condamna les Récollets à se retirer.

FILLES *de la Congrégation de Notre-Dame. Pierre Fourier*, Curé de Mathaincourt, est le fondateur de ce Couvent, qui est situé rue Neuve Saint-Etienne, fauxbourg Saint-Marcel. Ces Religieuses sont

Chanoinesses & suivent la regle de Saint-Augustin : elles prennent des Pensionnaires pour le prix de 4 à 500 livres.

FILLES *de la Croix*, *rue de Charonne*. *Charlotte-Mari Coiffier Ruzé d'Effiat*, enterrée dans le chœur de l'Eglise de ce Couvent, en est la fondatrice. L'Eglise de ces Religieuses est petite, mais jolie & très-ornée ; le tableau du maître-autel est un excellent morceau copié par *Jouvenet* en 1706, d'après un petit tableau original, peint sur cuivre, qui est dans l'intérieur du Monastere. Le sujet de ce tableau est une Elévation de Croix.

Cyrano de Bergerac, Gentilhomme Gascon, Auteur de plusieurs ouvrages pleins de cette imagination qui décèle son pays, & de ce mauvais goût qui caractérise son siècle, fut enterré dans cette Eglise.

On trouve encore dans cette ville trois autres Communautés de Filles de la Croix, dont le but est l'instruction de la jeunesse.

La premiere, située *rue Saint-Antoine*, *cul-de-sac Guémené*. Les pensions d'éducation sont de 350 livres.

La seconde, *rue d'Orléans*, *près Saint-Médard*. Elles ne prennent point de Pensionnaires, mais elles font les écoles de charité.

La troisieme est *rue des Barrez*. Les pensions d'éducation sont de 3 à 400 livres.

FILLES *de l'Instruction Chrétienne*.

Marie Gournay, veuve de *David Rouſſeau*, Marchand, eſt la fondatrice de cette Communauté, où l'on tient des écoles gratuites pour les pauvres filles, & où l'on prend auſſi des Penſionnaires à raiſon de 350 à 400 livres.

FILLES *de la Madeleine*. (Voyez *Madelonettes*).

FILLES *de la Petite - Union Chrétienne, rue de la Lune, à la Villeneuve.* Cette Communauté ſert de retraite à des filles perſécutées par leurs parens, pour s'être converties à la foi Catholique, Apoſtolique & Romaine ; & aux pauvres filles qui cherchent conditions.

FILLES *de Saint-Chaumont*, nommées *l'Union Chrétienne*. Cette Communauté eſt ſituée rue Saint-Denis, & tient des claſſes de charité & des Penſionnaires à raiſon de 4 à 500 livres.

M. *Convers*, Architecte de S. A. S. Madame la Princeſſe de Conti, vient de reconſtruire la Chapelle & une partie de la maiſon ; cette Princeſſe en a poſé la premiere pierre le 28 Avril 1781 ; elle a auſſi fait don d'un très-beau tableau qui orne le maître-autel, repréſentant une Nativité, par M. *Ménageot*, Peintre du Roi.

FILLES *de la Providence ou Couvent de Saint-Joſeph, rue Saint-Dominique.* Cette

Cette maison sert d'éducation aux pauvres filles orphelines. Elles peuvent y entrer dès l'âge de 9 ans, & y rester jusqu'à 18 à 20, lorsqu'elles sont en état de gagner leur vie, de se marier, ou de se faire Religeuses.

FILLES *de la Providence*, *rue de l'Arbalètre*. Les personnes qui composent cette Communauté, ne font que des vœux simples. Pension d'éducation de 350 à 400 livres.

FILLES *de Notre-Dame de la Miséricorde*. La Mere *Madeleine*, fille d'un Soldat, institua à Aix cette Communauté. L'Archevêque, piqué de voir ces Religieuses s'établir sans son consentement, s'y opposa de tout son pouvoir. Mais la Mere *Madeleine* qui, sans doute, avoit hérité du courage de son pere le Soldat, triompha de ces obstacles. La Reine Anne d'Autriche écrivit au Cardinal-Archevêque d'Aix, de lui envoyer cette Mere *Madeleine* avec une colonie de Filles de son Institution ; mais l'Archevêque crut cette émigration dangereuse, & osa refuser à la Reine. Cette Princesse, piquée du refus du Prélat, fit expédier des lettres au nom du Roi, par lesquelles il fut ordonné aux Religieuses de la Miséricorde d'Aix, de venir à Paris pour y établir un Monastere de leur institut. La Mere *Madeleine*, en dépit de l'Archevêque, partit donc avec trois Religieuses, le 12 Novembre 1648. Après avoir essuyé bien des retards & des craintes, occasionnés par les troubles dont Paris étoit alors agité, elle éprouva encore un obstacle de la part de l'Abbé de St-Germain-des-Prés, qui s'obstina très-long-temps à refuser son consentement à ce que ces Religieuses s'établissent où elles sont aujourd'hui rue du Vieux-Colombier. C'étoit une maîtresse femme que cette Mere *Madeleine*; toujours dévote, toujours intriguante, elle vint à bout de fonder plusieurs Maisons de son institution, & de leur procurer une subsistance honnête. Supérieure aux événemens, voyageant de Monastere en Monastere pour ranimer le zele de ses cheres filles répandues dans la Provence, elle donnoit à-la-fois des exemples de fermeté, de dévotion & d'activité, résistoit à ses ennemis, & couvroit des ailes de sa prévoyance sa mystique famille; enfin, persécutée à Paris, elle fut obligée de se retirer en Provence, & voulant aller faire un voyage à Rome, elle tomba malade en chemin, & mourut à Avignon le 20 Février 1678.

Le but de cette Communauté est de donner un asyle aux Demoiselles de condition peu fortunées.

Sur l'autel de leur Chapelle est une Notre-Dame des sept Douleurs, tableau fort estimé.

FILLES *Bleues.* (Voyez *Annonciades Célestes*, page 44).

FILLES de *l'Ave Maria.* Le méchant,

le superstitieux, le dévot Roi *Louis XI & Charlotte de Savoye*, furent les fondateurs de ce dévot Monastere, l'an 1475, comme il est écrit en-dedans du portail de ce Couvent, qui est situé rue des Barrez. Aux côtés de ce même portail sont les statues de Louis XI & de Charlotte de Savoye.

Les Béguines qui, en 1173, étoient au nombre de 400, en 1480 furent réduites, on ne sait pourquoi, à trois. Louis XI qui avoit une dévotion particuliere à la Sainte-Vierge (1), & qui en conséquence a institué la priere de l'*Angelus*, donna le Couvent de ces Béguines aux Religieuses *de la tierce ordre Pénitence & Observance de M. Saint-François*, & ordonna que leur Maison seroit appellée désormais l'*Ave Maria*. Ces Religieuses de Saint-François n'étoient point du goût de l'Université, qui s'obstina à ne point consentir à leur établissement. A peine deux ans s'étoient écoulés depuis leur installation, que l'Université renouvella son opposition. Les Ordres Mendians, le Provincial des Cordeliers &c., s'y joignirent ; la querelle devint sérieuse, & fut portée à la Cour du Parlement. L'Arrêt qui en intervint, condamna l'Université

_____

(1) Il poussoit cette dévotion jusqu'à garnir son bonnet de petites *Notre-Dame* de plomb. On assure qu'il en avoit une à laquelle il demandoit pardon d'avance du crime qu'il vouloit commettre, en lui disant : *Encore celui-là, petite bonne Vierge.*

& ses adhérans, & maintint les Religieuses de la tierce ordre Pénitence dans leur état.

L'Université & Compagnie, en voulant expulser ces Religieuses, proposoient de les remplacer par les Filles de *Sainte-Claire*. Dans la suite, les Filles de Saint-François, édifiées de la vie sainte & pénitente de ces Filles de Sainte-Claire, furent les premieres à les inviter à venir s'établir dans leur Monastere.

La Regle de cette institution est très-austere; l'Eglise n'a de remarquable que les tombeaux des personnes illustres qui y ont été inhumées. Le cœur de *Dom Antoine*, Roi de Portugal, chassé de son Royaume, & mort à Paris l'an 1595, repose dans la muraille, au côté gauche du maître-autel. On y lit deux épitaphes; voici la premiere.

Intra Cancellos magni præcordia Regis
Invenies, quibus hæc urbs decorata fuit
Expulsus Regno, sed non è cordibus unquam,
Condidit in tenero plurima corda suo.

Dans la seconde épitaphe qui est en prose latine, l'Auteur raconte, comme une grande preuve de la grandeur de ce Roi, que son cœur se trouva tout entier parmi ses entrailles qui étoient corrompues. Ce fait, qu'il regarde comme un miracle, ne prouve autre chose que le défaut de connoissances dans l'économie animale, & les inclinations louangeuses de l'auteur de l'épitaphe, qui d'ailleurs étoit un Cordelier, cousin-germain du défunt.

Une superbe figure de femme, à genoux sur un Mausolée de marbre placé dans le chœur, représente la fameuse *Charlotte-Catherine de la Trémouille*, femme de *Henri de Bourbon, Prince de Condé*, morte le 19 Août 1629, âgée de 61 ans.

Dans une des chapelles de la nef, en face de la porte de cette Eglise, sont deux Mausolées; le premier représente la figure d'une femme à genoux, de marbre blanc, sur une table de marbre noir, soutenue par quatre colonnes aussi de marbre. C'est la figure de *Claude-Catherine de Clermont, Duchesse de Retz*, fameuse par son esprit & son érudition; elle possédoit parfaitement les langues savantes; ce fut elle qui répondit en latin, pour la Reine Catherine de Médicis, aux Ambassadeurs de Pologne, qui apporterent au Duc d'Anjou le décret de l'élection à cette couronne. Cette Dame n'eut qu'un jour pour préparer son discours, & il fut préféré d'une commune voix à ceux du Chancelier de Birague & du Comte de Chiverni, qui avoient aussi répondu, le premier pour le Roi Charles IX, & le second pour le Duc d'Anjou. Le second Mausolée qui est dans la même Chapelle, représente *Jeanne de Vivonne*, fille de Claude de Clermont, Seigneur de Dampierre. Au bas de ce Mausolée est une très-longue épitaphe latine.

Sur l'un des piliers de la nef de cette Eglise, est l'épitaphe de *Robert Tiercelin*, Chevalier de l'illustre maison de *Saint-Bernard*, mort le 28 Octobre 1616.

En face du Chœur & attenant la grille, est une tribune de pierre de Liais, au-dessus de laquelle est un cartouche avec cette inscription en lettres d'or:

Le Corps entier de SAINT LÉONCE, *Martyr, donné par Madame de Guénegaud, en 1709.*

Dans le Chapitre des Religieuses, ont été enterrés, par permission du Pape, *Mathieu Mollé*, Garde des Sceaux de France, & *Renée Nicolaï*, sa femme.

FILLES-DE-SAINTE-ELISABETH (Voyez *Elisabeth, page* 249).

FILLES de *Saint-Thomas d'Aquin*, de l'Ordre de Saint-Dominique, dont le Couvent est en face de la rue Vivienne. Elles ont pris le nom de Saint-Thomas, parce qu'elles entrerent dans cette maison le jour que l'Eglise célebre la fête de ce Saint Docteur. La Comtesse de *St-Paul*, leur fondatrice, morte le 2 Juin 1642, fut inhumée dans l'Eglise que ces Religieuses ont eue dans la rue d'Orléans au Marais, & ses cendres ont été transportées dans celle-ci, lorsque ces Filles s'y sont établies.

Dans une Chapelle, est un Saint-Jérôme au désert, par d'*Ulin*.

FILLES de Sainte-Marthe, rue de la Muette, Fauxbourg Saint-Antoine. Cette Communauté a été fondée en 1713 pour l'inſtruction des pauvres Filles, par Iſabelle Jourdan, veuve du ſieur *Théodon*, Sculpteur du Roi.

FILLES-DIEU. Un Evêque de Paris, *Guillaume d'Auvergne*, ayant converti un grand nombre de filles & de femmes de mauvaiſe vie, leur fit bâtir entre cette ville & Saint-Lazare, une maiſon conſiſtante en deux arpens & demi. A la ſollicitation de cet Evêque, Saint Louis, qui n'avoit que douze ans & qui commençoit la premiere année de ſon regne, accorda à ces Filles beaucoup de priviléges & de revenus, & malgré le Curé de Saint-Laurent, le Prieur & les Religieux de Saint-Martin-des-Champs, cet établiſſement prit une conſiſtance ſolide; quoiqu'il n'eût pour but que de *retirer des Pechereſſes qui toute leur vie avoient abuſé de leurs corps, & à la fin étoient en mendicité*: on rapporte que déjà, ſous le regne de Saint-Louis, ces Religieuſes étoient au nombre de 200.

Elles devinrent riches, & les richeſſes, comme on ſait, amenent le relâchement & le déſordre; c'eſt ce qui arriva à ces pechereſſes pénitentes. On leur avoit confié la conduite d'un Hôpital, ſitué où eſt encore aujourd'hui l'enſeigne de l'Echiquier.

Elles ne remplirent, ni leurs devoirs d'hospitalieres, ni celui de la Religion ; leur pénitence n'avoit pas sans doute entiérement effacé le souvenir de leur premier état. Les travaux & les soins qu'exigeoient les malades, les dégoûterent au point qu'on ne vit plus alors que deux ou trois Religieuses & quatre ou cinq Converses. C'est à cette époque que Charles VIII ordonna, par ses Lettres-Patentes du 27 Décembre 1483, que cette Maison seroit occupée à l'avenir par les Religieuses réformées de Fontevrauld. Elles furent tirées, en 1495, du Monastere de la Madelaine, près d'Orléans, & de celui de Fontaine, près de Meaux. Elles prirent le nom de *Filles-Dieu*. Le Roi Charles VIII leur fit bâtir l'Eglise que l'on voit aujourd'hui, & elles exercerent l'hospitalité jusqu'au commencement du siecle dernier (1).

---

(1) En 1784, le Pape envoya de Rome à ce Couvent le corps d'une ancienne Vierge & Martyre, déterrée depuis peu, & qu'on croit être celui de Sainte-Victoire. Ces Religieuses ont exposé pendant quelque temps, cette Relique à la vénération & à la curiosité du public. Les dévots se sont émerveillés de voir un teint aussi frais, aussi enluminé à cette Sainte, morte depuis plusieurs siecles; & c'étoit pour eux un miracle qui prouvoit incontestablement sa sainteté. Les incrédules, qui ne regardent jamais avec les yeux de la foi, comme ces choses doivent être vues, ont pensé que la figure étoit fabriquée, & qu'elle offroit une de ces fraudes pieuses qui ont fourni si souvent des armes à l'impiété. Mais ces incrédules se trompent; voilà la

On voit encore au chevet extérieur de cette Eglise, un Crucifix devant lequel on conduisoit, dans les siecles précédens, les criminels qu'on alloit exécuter à Montfaucon. Ils le baisoient, recevoient de l'eau bénite, & les Filles-Dieu leur apportoient trois morceaux de pain & du vin. Ce triste repas s'appelloit *le dernier morceau du patient* (1).

Quatre colonnes corinthiennes de marbre, du dessin de *François Mansard*, décorent le maître-autel de cette Eglise. Contre un des piliers de la nef, est un morceau de sculpture qui, dit-on, a été fait en Angleterre. Il représente Jésus-Christ attaché à la colonne. Ce n'est pas cette figure qu'on admire, c'est la corde avec laquelle elle est liée, qui est d'une vérité & d'une ressemblance parfaite.

Les pensions d'éducation sont de 400 l.

FILLES *Pénitentes & Volontaires*. Ce Couvent est situé rue de Vendôme, au Marais, en faveur des filles débauchées, pau-

---

vérité : ces Religieuses ont cru devoir couvrir d'un masque de caze la tête de la Sainte & la revêtir entièrement, pour épargner aux yeux du public le spectacle hideux d'un squélette; on doit leur savoir gré de cette précaution.

(1) Cet usage semble être imité des Juifs, qui donnoient du vin de Myrrhe & quelques autres drogues aux criminels, pour les rendre moins sensibles aux supplices qu'ils alloient souffrir.

vres & converties. Elles ne font point de vœux & font gouvernées par les Hospitalieres de Saint-Thomas de Villeneuve.

FILLES *Pénitentes de Sainte-Valere*. Cette Communauté est située à l'extrémité de la rue de Grenelle, fauxbourg Saint-Germain ; elle a été instituée dans les mêmes vues que la Communauté précédente; sur la porte on lit cette inscription :
Si scires donum Dei.

FILLES *Pénitentes ou repenties de Saint-Magloire*, établies rue Saint-Denis; ells furent instituées en 1496 par un Cordelier nommé *Jean Tisseran*. Ce Moine se sentant un grand talent & une inclination particuliere pour opérer la conversion des filles débauchées, voulut mettre en usage ses heureuses dispositions. Il prêcha contre le libertinage, & en démontra si bien les suites dangereuses, qu'un grand nombre de femmes & filles libertines furent touchées & converties, par l'éloquence vigoureuse du Cordelier. Deux cents femmes publiques vinrent se jetter dans les bras de la pénitence ; le Pere Tisseran les reçut & les cloîtra, le Roi Charles VIII autorisa cet établissement, le Pape Alexandre VI le confirma par une Bulle du mois d'Octobre 1495, & Jean Simon de Champigny, Evêque de Paris, voulut lui-même en dresser les statuts, dans lesquels, pour être reçues, on exigeoit que les Filles fissent preuves de libertinage; comme ils sont curieux nous les rapporterons.

On ne recevra aucune Religieuse malgré elle. Aucune qui n'ait mené, au moins pendant quelques-temps, une vie dissolue; & pour que celles qui se présenteront ne puissent pas tromper à cet égard, elles seront visitées en présence des Meres, Sous-Meres & Discrettes, par des Matrônes nommées exprès, & qui feront serment sur les saints Evangiles de faire bon & loyal rapport.

Afin d'empêcher les filles d'aller se prostituer pour être reçues, celles qu'on aura une fois visitées & refusées, seront exclues pour toujours.

En outre, les postulantes seront obligées de jurer, sous peine de leur damnation éternelle, entre les mains de leur Confesseur & de six Religieuses, qu'elles ne s'étoient pas prostituées à dessein d'entrer un jour dans cette Congrégation, & on les avertira que si l'on vient à découvrir qu'elles s'étoient laissées corrompre à cette intention, elles ne seront plus réputées Religieuses de ce Monastere, fussent-elles Professes, & quelque vœux qu'elles aient faits.

Pour que les femmes de mauvaise vie n'attendent pas trop long-temps à se convertir, dans l'espérance que la porte leur sera toujours ouverte, on n'en recevra aucune au-dessus de l'âge de trente ans.

Elles demeurerent à l'Hôtel d'Orléans, où étoit autrefois l'Hôtel de Soissons, & où est aujourd'hui la Halle aux farines. Les Moines de Saint Magloire ayant été transférés dans l'Hôpital de Saint-Jacques-du-Haut-Pas, ces Filles pénitentes furent introduites dans le Monastere de la rue Saint-Denis qu'ils venoient de quitter, & elles y ont toujours demeuré depuis ; mais le but de l'institution n'est plus le même aujourd'hui, il n'est pas besoin, pour y être reçue, de prouver, comme autrefois, qu'on a été une libertine déterminée : on n'y reçoit que des filles honnêtes.

La Ligue ayant porté le déréglement dans les Monasteres même les plus réguliers, il s'étoit introduit dans cette Maison un relâchement, un désordre si scandaleux, que l'on fut obligé de tirer de l'Abbaye de Montmartre la Mere *Alvequin* avec sept autres Religieuses qui entrerent à Saint Magloire le 2 Juillet 1616, pour y rétablir la regle ; mais cependant avec quelqu'adoucissement des anciennes austérités pratiquées dans cette Communauté (1).

L'Eglise n'a rien de remarquable que le

_____

(1) La Reine mere vouloit faire mettre *Ninon de l'Enclos* aux Filles Repenties : Bautru dit à cette Princesse ; *Madame, elle n'est ni fille, ni repentie.*

Maufolée d'*André Blondet*, Seigneur de Roquemont, & Contrôleur-Général des Finances, qui légua 300 livres de rente pour être inhumé dans l'Eglife de ces Filles pénitentes.

Ce Maufolée de bronze eſt le chef-d'œuvre du célebre *Jean Gougeon*, d'autres difent de *Paul Ponce*. C'eſt un demi-relief qui eſt admirable par la compofition & la correction du deſſin ; il étoit auparavant au milieu de la nef dans un fens horifontal, & comme il doit être ; mais parce qu'il embarraſſoit, on l'a placé contre un des piliers de cette Eglife verticalement, comme il ne doit pas être.

FILLES *Publiques.* Charlemagne voulut détruire dans fon Royaume les Filles Publiques ; il les condamna au fouet, & ordonna à ceux qui les auroient logées, ou chez qui on les auroit trouvées, de les porter fur leur cou jufqu'au lieu de l'exécution; l'expérience prouva l'inutilité de ce châtiment. *Les femmes amoureufes ou filles folles de leurs corps*, comme on les nommoit alors, firent bientôt un corps à part, en conféquence furent impofées aux taxes, & avoient coutume de faire tous les ans une proceſſion folemnelle le jour de la Madeleine. On leur aſſigna des rues particulieres où elles pouvoient établir leur *Clapier.* C'étoit les rues Froimentel, Payée, Glatigny, Tiron, Chapon, Tireboudin, Brisemiche, Champfleuri, &c. (1).

En 1420, Louis VIII, pour diftinguer les Filles publiques des honnêtes femmes, défendit à celles-ci de porter fpécialement des ceintures dorées. Vaine défenfe, tout fut comme auparavant ; les honnêtes femmes s'en confolerent par le témoignage de leur confcience, d'où eft venu le proverbe : *bonne renommée vaut mieux que ceinture dorée*.

En 1560, par l'article 101 de l'Ordonnance des Etats tenus à Orléans, tous les lieux de proftitutions publiques qui avoient été tolérés pendant plus de 400 ans, furent abolis (2). Le nombre des Filles ne diminua pas, quoique leur profeffion ne fût plus re-

―――――――――――――――――――

(1) Jeanne, Reine de Naples, & Comteffe de Provence, le 28 Août 1347, établit à Avignon un B.... dont elle dicta elle-même les conftitutions. Elle ordonne que les Filles dudit lieu n'aient entr'elles aucune difpute ni jaloufie; qu'elles ne dérobent point, qu'elles ne fe battent point, mais qu'elles vivent enfemble comme fœurs. Si elles ont quelques démêlés, la Supérieure jugera de leurs différens, & elles fe conformeront à ce qu'elle aura décidée. Qu'il y ait une porte qui s'ouvre à tout le monde, mais qui fe ferme à la clef, de peur que quelques jeunes gens ne voient les Filles de ce lieu fans la permiffion de la Supérieure, qui fera élue tous les ans par le Confeil de la Ville... Défenfe à la Supérieure de fouffrir qu'aucun Juif entre dans ledit lieu : s'il arrive qu'il s'en introduife furtivement, & ait commerce avec une des Filles, il fera emprifonné & fouetté publiquement, &c.

(2) *Celles qui fuivoient la Cour*, difent du

gardée comme un état ; & en leur défendant d'être nulle part, on les obligea de se répandre par-tout.

« On compte à Paris, dit M. Mercier, trente mille *Filles publiques* (1), & dix mille environ moins indécentes, qui sont entretenues, & qui d'année en année passent en différentes mains.....

» Depuis l'altiere Laïs qui vole à long-Champ dans un brillant équipage (que sans sa présence licencieuse on attribueroit à une jeune Duchesse), jusqu'à la

---

Tillet & Pasquier, étoient tenues, tant que le mois de Mai duroit, de faire le lit du *Roi des Ribaults*. Cette charge du *Roi des Ribaults* consistoit à veiller à la police de la Maison du Roi, & à chasser de la Cour les inutiles & les fripons. Cette charge n'existe plus aujourd'hui.

(1) Par un état tenu à la Police, on comptoit, en 1773, jusqu'à 28,000 Filles. Quelle digue opposer à ce torrent destructeur, qui porte avec lui l'outrage & la corruption. Ce n'est pas seulement le respect des bienséances ; ce n'est pas seulement l'innocence des mœurs qu'il détruit ; mais il engendre ce mal funeste & honteux, qui porte le poison jusqu'aux sources de la vie, & qui menace la génération future d'une existence à laquelle la mort est préférable. Dans une ville prodigieuse par sa population, où les Filles publiques sont mises au nombre des maux nécessaires, qui pourra mettre en balance la somme des maux qu'elles produisent, & la somme des maux qu'elles préviennent ? En ce cas, qui pourra déterminer les meilleurs moyens pour faire que le bien l'emporte sur le mal. Ces questions toujours dédaignées, mériteroient l'attention des Académies, qui n'en proposent pas toujours d'aussi utiles.

» *Raccrocheuse* qui se morfond le soir au
» coin d'une borne, quelle hiérarchie dans
» le même métier ! Que de distinctions, de
» nuances, de noms divers, & ce, pour
» exprimer néanmoins une seule & même
» chose ! Cent mille livres par an ou une
» piece de monnoie pour un quart d'heure,
» causent ces dénominations qui ne marquent
» que les échelles du vice ou de la profonde
» indigence ».

FOIRES. Des Spectacles de tous les genres, des curiosités de toutes espèces, des Cafés nombreux, des Restaurateurs, des marchands de pain d'Epice, de Joujoux, de Modes & de Bijouterie : voilà ce qui compose à-peu-près les deux plus fameuses Foires de Paris, la Foire de Saint-Germain & celle de Saint-Laurent, où le plaisir l'emporte de beaucoup sur le commerce.

Dans les commencemens de la Monarchie Françoise, le commerce, bien loin d'être en vigueur, étoit regardé par les Chrétiens comme un état méprisable. Les Marchands, couverts d'opprobre par les sermons des Prédicateurs de ce temps, souvent pillés dans les campagnes par les Seigneurs qui, du haut de leurs donjons, croyoient avoir le droit de saisir tout ce qui passoit sur leurs terres, voyageoient toujours par caravanes ; maltraités dans les villes, ils mettoient tout en usage pour se concilier la bienveillance des habitans qui les avoient en horreur, ils amenoient toujours avec eux des Bateleurs & des Musiciens. C'est-là l'origine de cette association des plaisirs & du commerce.

FOIRE *Saint-Germain*. Située dans le voisinage de Saint-Sulpice à l'extrémité de la rue de Tournon; elle fut fondée par Louis XI, l'an 1480, & donnée à l'Abbaye de Saint-Germain-des-Prés. Elle ouvre le 3 Février, & dure jusqu'au Dimanche des Rameaux exclusivement. L'ouverture s'en fait par le Lieutenant-Général de Police.

La nuit du 16 au 17 Mars 1763, un affreux incendie, qui mit l'allarme dans tout le quartier, consuma entiérement les Halles de cette Foire, dont la charpente étoit admirée de tous les habiles Constructeurs.

L'année suivante, la Foire fut reconstruite telle à-peu-près qu'on la voit aujourd'hui. L'*Ambigu-Comique*, ainsi que les *Grands Danseurs*, y donnent leurs Spectacles. Cette Foire est franche, & tous Marchands étrangers peuvent y venir vendre leurs marchandises; mais elle est beaucoup moins brillante, depuis l'établissement des galleries qui entourent le Palais Royal.

FOIRE *Saint-Laurent*. Elle fut instituée par Philippe-Auguste, qui la donna aux anciens Religieux de Saint-Lazare. Son étendue est d'environ six ou sept arpens;

elle s'ouvre le 28 Juin & dure jusqu'à la Saint-Denis. Elle est plantée d'arbres, les rues sont larges & bien disposées, l'air y est pur ; mieux décorée généralement que la Foire Saint-Germain, elle en a d'ailleurs les mêmes prérogatives, les mêmes Théâtres, les mêmes plaisirs ; elle n'a point de *Waux-Hall*, mais un spectacle d'un genre nouveau en tient lieu, sous le nom de *Redoute Chinoise*.

Des Escarpolettes, une Roue de fortune, un Jeu de Bague, une foule d'autres petits Jeux inconnus, des Danses, des Décorations charmantes & singulieres, un Jardin, un Sallon Chinois pour la Danse, une Grotte pour un Café, un Bâtiment Chinois pour un Restaurateur, c'est en gros le tableau de la Redoute ; tout y est gai, nouveau & varié ; elle a été exécutée sur les desseins & sous la conduite de M. *Mellan*, Architecte, & la peinture est de M. *Munich*. Il en coûte pour entrer 1 livre 16 sols par personne.

FOIRE *des Jambons*. Elle ne dure qu'un jour, c'est celui du Mardi-Saint ; elle appartient à l'Archevêché & au Chapitre de Notre-Dame (1).

---

(1) Les François autrefois aimoient beaucoup la chair de porc. Parmi les titres du Chapitre de Notre-Dame, il en est un qui fait mention de redevances dites, *de carnibus porcinis* : qui sont peut-être l'origine de cette Foire qui de temps immémorial, se tient au Parvis de l'Eglise N. D.

FOIRE *du Temple*. Elle ouvre le jour de Saint-Simon & Saint-Jude. Elle appartient à M. le Grand-Prieur de France. On y vend principalement de la Mercerie, des Manchons, des Fourures, &c.

FOIRE *Saint-Clair*. Elle se tient depuis les rues des Fossés-Saint-Victor & Saint-Bernard, le long de la rue Saint-Victor jusqu'à celle du Jardin Royal. Elle dure huit jours ; les Marchands Forains on la liberté d'y étaler.

Il y a plusieurs autres petites Foires ; il s'en tient une devant chaque Eglise le jour du Patron.

FONTAINES. Il y a 60 Fontaines à Paris, dont 26 donnent de l'eau de la Seine, quelques-unes fournissent de l'eau d'*Arcueil*, telles que les deux Fontaines du Palais du Luxembourg, celles des rues de Seine, Tarrane, Mouffetard & Garencieres, la Fontaine appellée d'*Alexandre* ou de *la Brosse*, rue de Seine près la Pitié, la Fontaine de la Croix du Trahoir, au coin des rues de l'Arbre-sec & Saint-Honoré ; quelques autres de *l'eau du pré Saint-Gervais*, telles que la Fontaine vis-à-vis Saint-Lazare, celle du Ponceau, rue Saint-Denis, & celle Sainte-Catherine, rue Saint-Antoine. Il y a encore des Fontaines qui fournissent de l'eau *de Belleville*, telles que la Fontaine Saint-Martin, près la prison, celle de l'Échaudé, vieille rue du Temple, celle appellée *du Paradis*, près la Merci, celle de la rue Saint-Avoye, celle du Temple, & celle dite de *Vendôme*, rue du Temple. La Fontaine de la rue du Paon, quartier Saint-André-des-Arcs, fournit de l'*eau de Rongis*, ainsi que celle des Carmélites, celle de la place Saint-Michel.

FONTAINE *de Birague*. Louis XIII, pour rendre l'entrée de l'Eglise de la Maison Professe des Jésuites, rue Saint-Antoine, plus libre & plus spacieuse, donna, en 1629, la place qui est vis-à-vis, & que l'on nommoit auparavant le *Cimetiere des Anglois*. Là on éleva cette Fontaine qui a pris son nom de *René Birague*, Cardinal & Chancelier de France, qui la fit achever. Sous la Prévôté de Nicolas Bailleul, Lieutenant-Civil, elle fut refaite, & fut encore reconstruite pour la troisieme fois en 1707.

FONTAINE *des Innocens*, rue Saint-Denis. Quoique le style de cette Fontaine sente un peu son vieux temps (elle fut construite en 1550), elle n'en est pas moins un chef-d'œuvre, digne d'exciter l'admiration de tous les connoisseurs. Rien n'est plus correct, plus gracieux, que les figures en bas-relief qui représentent des Nayades. Les Draperies qui les couvrent sont d'une légéreté & d'une vérité surprenante; en général, la sculpture en est parfaite, & digne de la réputation de son auteur, *Jean Gougeon*. L'architecture n'est pas moins remarquable par la beauté de ses proportions, elle est de *Pierre Lescot de Clagny*. On y lit cette Inscription:

FONTIUM NYMPHIS.

Le Poëte Santeuil fit ces deux vers qui y sont aussi gravés:

Quos duro cernis simulatos marmore fluctus,
Hujus Nympha loci credidit esse suos.
1689.

FONTAINE *de la rue de Grenelle*. Ce charme des proportions qui constitue le vrai beau, cette heureuse & savante disposition des petits détails & des grandes masses qui, en contrastant réciproquement, se font mieux sentir & se font admirer sans embarras; cette noblesse dans la composition qui ne produit que de grands effets, sont les qualités qui se trouvent réunies dans l'architecture de la Fontaine de la rue de Grenelle. Elle fut achevée l'an 1739.

C'est au génie & au ciseau du fameux *Edme Bouchardon* que l'on doit le dessin de ce beau monument, ainsi que la sculpture de tous les ornemens, bas-reliefs & statues.

FONTAINE *de la Samaritaine*. Ce Bâtiment renferme une pompe qui élève l'eau, & la distribue ensuite, par plusieurs canaux, au Louvre & à quelqu'autres quartiers de la ville. Au-dessous du cadran est un Groupe doré qui représente Jésus-Christ & la Samaritaine auprès du Puits de Jacob, figuré par un bassin dans lequel tombe une nape d'eau, qui sort d'une coquille au-dessus. La premiere de ces figures est de *Bernard*, & la seconde de *Fremin*, Sculpteurs de l'Académie de peinture & de sculpture ; sous le bassin est cette inscription,

Fons Hortorum
Puteus aquarum viventium.

Application heureuse de ces paroles de l'Ecriture à la destination de cet édifice, qui est de fournir de l'eau au Jardin des Thuilleries.

Au milieu & au-dessus du ceintre, est une campanille de charpente revêtue de plomb doré, où sont les timbres de l'horloge & ceux du carillon, qui doit jouer à toutes les heures & demi-heures.

FONTAINE *des Audriettes*. Elle est élevée sur les dessins de M. *Moreau*, la simplicité de sa composition & la pureté de ses profils, en font le principal mérite ; la figure de Naïade en bas-relief & les ornemens qu'on y voit sont de M. *Mignot*.

FONTAINE *à la pointe Saint-Eustache*. Cette Fontaine n'est que projettée ;

mais d it s exe u e nce M hr a la fuite des autres embellissements de ce quartier. M. *Pajou* vient de proposer d'y placer le monument qui est en face du pont au change, & qui doit être enlevé, lorsqu'on en démolira les maisons. Ce Monument, bien digne d'être conservé, semble parfaitement convenir à l'emplacement de cette Fontaine.

Fin de la premiere Partie.

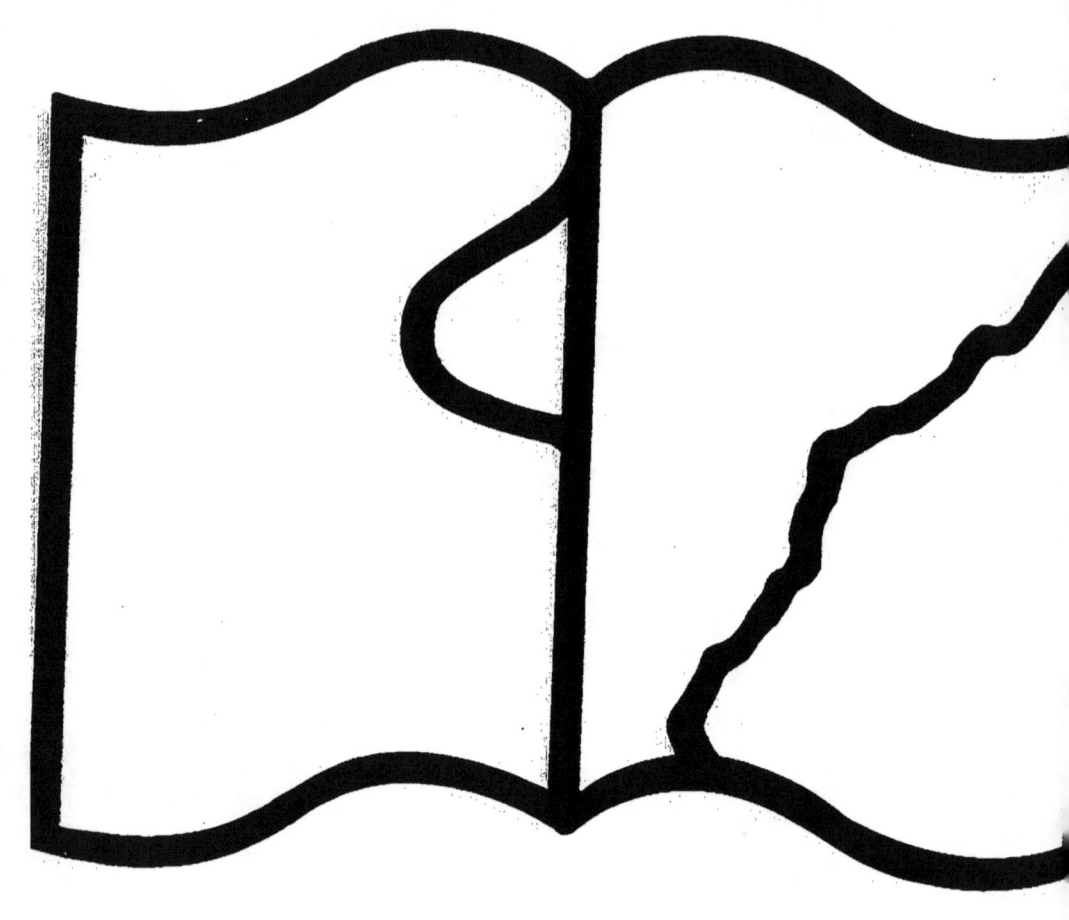

Texte détérioré — reliure défectueuse

NF Z 43-120-11

www.ingramcontent.com/pod-product-compliance
Lightning Source LLC
Chambersburg PA
CBHW050534170426
43201CB00011B/1418